U0066892

俄羅斯政府與政治

[比較政府與政治 2]

葉自成/著

李炳南/主編

《比較政府與政治》

―叢書序―

　　近年來，關於我國現行憲法的修改，以及各種政治規範與結構的調整，一直是各界熱烈討論，但也是爭議叢生的焦點所在。而隨著民主化的進程，國民大會、立法院、省市長先後改由台灣地區人民選舉產生，今年三月，我國順利舉行第一次的總統直接民選，在象徵意義上，終於完成最後一個憲政機關的民主化。就在民主憲政開始步入常軌的同時，我國的政治體制還是存在著一些懸而未解的問題，而這些問題多少會和各國政府體制的架構建立和經驗分析有密切的相關，諸如：

　　一、中央政治體制的定位問題。關於此一重大爭議，大約可以歸納爲三種主要的方向。主張我國政體爲內閣制者，其立論係從憲法本文中明確具有三項內閣制的基本特點出

發，亦即信任制度、副署制度，以及負責制度。主張我國政體爲總統制者，是從實際憲政運作的觀點出發，認爲我國總統具有實質的決策權力，並強調總統的緊急處分權、閣揆提名權、立法覆議權的實質重要性。也有人主張我國應採行以總統爲憲政中心，以行政院長爲行政中心的雙首長制，宣稱此制可整合總統制與內閣制的優缺點，並作爲過渡性權力平衡的安排。不論是主張那一種體制，都會引用民主先進國家的憲政制度和經驗作爲立論的依據。內閣制論者奉英國爲圭臬，總統制論者以美國爲典範，雙首長制論者則標榜法國的先例。

二、副總統兼任行政院長的問題。這個和政體基本定位有關的問題，曾造成朝野政黨在立法院嚴重對立，並在憲法法庭上引發激烈的辯論。持正面看法者常以美國、菲律賓、哥斯大黎加等總統制國家爲例，強調總統、副總統和國務院（行政院）本爲三位一體的行政機關，而副總統是備位元首，無法定的職掌，和行政院長得在職務並無不相容的問題，在功能上亦無相重疊的地方。持反面觀點者則強調副總統與行政院長在憲法上有不同的權力規範，二者職務理當不能相容。

三、聯合內閣的問題。關於政黨聯合組閣問題的討論充斥於當今的台灣政壇，未來我國立法院出現三黨不過半的可能性也不小，關於聯合內閣應該如何組成的問題，將成爲重要的政治議題。從其他國家的先例來看，政治制度的規範與

聯合內閣的組成息息相關,例如德國因為有建設性不信任投票制度,故聯合內閣組成方式相當固定;丹麥因為國會沒有閣揆同意權,故容易形成少數內閣;比利時因為憲法的強制性規定,故政權必然是由荷語政黨與法語政黨分享。

四、廢省或省府虛級化的問題。主張廢省者有以簡化行政層級為出發點,這也牽涉到中央與地方的權限問題。我們觀察其他國家的相關制度,例如法國實行區、省、縣市三級制;日本實施都道府縣、市町村二級制,這些國家的制度當可作為我國的重要參考。

以上四個問題,我們都難免要向其他國家的相關制度汲取經驗,這就是比較政府這門學科存在的必要性。國內學界的前輩對於比較政府的專門論著並不少,像鄒文海、薩孟武、劉慶瑞、羅志淵、張世賢等先進,都是箇中的翹楚。不過如果我們希望找到一套比較有系統、比較詳盡的比較政府叢書,似乎相當困難。因此,揚智文化公司這一套比較政府叢書在台灣地區的出版,自然是本地讀者和研究者的一個福音,因為透過作者新穎周全的資料、縝密細膩的整理、具體明確的論述和妙筆生花的文辭,讀者和研究者必然可以樂在其中地探知這門學科的全貌。當然,如果讀者和研究者想要研究特定國家的政治制度或特定制度的各國比較,也可以輕鬆地從本叢書中得到想要的資訊。因此我們可以肯定,這套叢書將是讀者的啓蒙良師,也是研究者的百科全書。

李　炳　南
謹述於台灣大學研究室

－序言－

　　蘇聯曾是世界上在二分之一世紀中唯一能與美國相抗衡的超級大國，在蘇聯解體後，俄羅斯作爲蘇聯的主要繼承國，仍是世界上一個主要的政治、經濟、軍事大國。毫無疑問，要研究和了解當今世界的政治問題，就必然要了解蘇聯和俄羅斯的政府與政治。

　　作爲長期研究國際問題的一個教師，由於工作和教學的需要，我還在八○年代初期就對蘇聯和俄羅斯問題感興趣。在北京大學讀研究生時，我以《蘇俄二○年代初期的權力和政黨體制》爲題目，完成了我的碩士學位畢業論文。後在北京大學工作時，我又繼續從事蘇聯和俄羅斯政治問題的研究。我有幸在一九八八年去蘇聯莫斯科國際關係學院進修，

親眼目睹了蘇聯發生的急劇的政治變化，對蘇聯和俄羅斯的國情和政治狀況有了親身感受。這對我把握蘇聯和俄羅斯的政治脈胳有很大幫助。當時我尤其對正在成爲俄羅斯政治中心人物的葉利欽感興趣。回國後，我開始寫有關葉利欽政治傳記的著作，並在一九九三年完成和出版了《葉利欽—俄羅斯第一任總統》一書，以後又寫了若干篇有關俄羅斯政治局勢的論文。

後來，我的工作有一些變化，但仍沒有放棄對這一問題的研究。一九九五年，我得知台北揚智文化事業有限公司正在籌備出版一套政府與政治叢書，並約我寫作《俄羅斯政府與政治》時，我表示了很大興趣。這不僅是因爲我可以有機會再次對俄羅斯的政治進行系統研究，而且還因爲這也是我與台灣出版界的第一次合作，也可以說是海峽兩岸俄羅斯學界進行的爲數不多的學術交流的一次機會，雖然我自知學術水平很有限，只是大陸眾多研究俄羅斯政治問題的學者中的一名普通教師，但這畢竟也是一次難得的機會。我只是希望，海峽兩岸的俄羅斯研究的學者今後能有更多的機會在一起交流彼此的成果與心得。

葉　自　成
寫於北京大學燕北園

一前言一

　　俄羅斯政府和政治是國際政治問題研究中一個十分引人注目的課題。這不僅是因為在蘇聯解體後，俄羅斯依然是一個重要的政治大國，而且是因為俄羅斯自一九九一年以來發生了許多重大的政治變化。從一九九二年開始的府院之爭到一九九三年十月炮轟白宮，從蓋達爾上台推行自由化政策到切爾諾梅爾金推行沒有蓋達爾的蓋達爾政策，從哈斯布拉托夫・魯茨科依走紅一時到成為階下囚，過去默默無聞的日里諾夫斯基卻成為俄羅斯政壇上的不倒翁，每次選舉都能名列前茅；一度沉寂的共產黨人又東山再起，一九九五年十二月議會大選成為第一大政黨，一九九六年俄共領袖久加諾夫成為俄羅斯總統強有力的競爭者……這些不僅是轟動一時的新

聞，而且提出了許多政治學研究的新問題。本書力圖簡明扼要地向讀者們介紹和分析俄羅斯政治和政府體制有什麼新變化，有什麼特點，與過去相比又有什麼不同。

當然，要研究這些問題也是很困難的。因爲第一，俄羅斯的政治還在變化發展之中，許多制度還未定型；第二，材料較少，和美國政治和政府研究相比，如果說後者的研究成果是浩如煙海，那麼前者則幾乎還是一片空白。爲了使讀者們更容易理解當前俄羅斯政治和政府體制的基本情況，本書在寫作時注意突出三個特點：

第一，反映俄羅斯政治變化的大趨勢和主要的發展方向，因此本書突出了俄羅斯憲法的內容，主要的體制變化都以憲法規定爲準。雖然許多人對這部憲法並不滿意，但這部憲法是全民公決通過的，而且它所規定的主要方向，如多黨制、議會制、三權分立等，卻是俄羅斯政治變化的大趨勢，是不可逆轉的，即使是俄共上台，也難改變。

第二，把當前的政治大變化與過去的蘇聯時期相比較。作者有意識地在每一章都寫出了過去蘇聯時期相對應的政治體制，使讀者更容易進行比較。實際上，二者之間不僅有重大區別，也有許多聯繫。歷史本來就是這樣，不是人們想割斷就能割斷的；因爲在過去的蘇聯時期的政治體制中，也不完全都是無用的，有不少內容也反映了俄羅斯的特點。

第三，把當前的政治體制與沙俄時期相聯繫。過去的社會主義政治體制解體後，俄羅斯的當權者提出了繼承沙俄時

期的一些資本主義制度的主張，例如，恢復了過去的國旗國徽，重新使用「國家杜馬」等名稱。

本書的基本框架是：

第一章主要介紹俄羅斯的國情和歷史，使讀者們在一開始能對俄羅斯的過去有一些了解。這一部分的重點是分析俄羅斯的政治文化傳統與俄羅斯政治變化之間的聯繫，作者在這裡大膽地提出了影響俄羅斯發展方向的「深層結構」問題，認爲俄羅斯的許多政治變化，似乎時代各不相同，但其內容，特點卻有很多共同特徵，只不過形式有所變化。當然，從這一觀點來觀察問題也不能絕對化，以爲俄羅斯的歷史是在完全重覆過去。作者想強調的是，俄羅斯的歷史的確對現代的俄羅斯政治產生了十分深刻的影響。

第二章分析俄羅斯的憲法原則和政黨制度。俄羅斯憲法在一九九三年十二月得以通過，這應當看成是俄羅斯政治的一大成果，使其尖銳的政治鬥爭有了共同認可的規則，能以較爲和平的方式進行。它把一九九一～一九九三年間俄的一些政治變化的結果法律化，也規定了政治鬥爭的框架和原則。俄羅斯的政黨制度還在演變之中，但多黨制而非一黨制或兩黨制的基本方向已大體確定。除俄羅斯共產黨外，其它的政黨還很不穩定。尤其是中間政黨和中左中右力量的組合還不明朗，因此各種利益集團在政壇鬥爭中影響較大。

第三章對俄羅斯總統制進行了剖析。總統制是俄羅斯政治體制的核心，集中了很大的權力。它表明俄羅斯依然是一

個權力相對高度集中的國家。它是全民選舉產生的，受選民的軟約束，這是它在形式上與過去的蘇共總書記制所不同的，但從它掌握的實權來看，又與後者有很大的共同性。葉利欽作爲第一任總統，對俄羅斯總統制的特點打上了鮮明的個性烙印。

第四章側重分析俄羅斯的政府體制。本章主要把當前俄羅斯的政府體制與過去蘇聯時期的政府體制相比較，並指出它們的職能，組織結構的不同以及與國家元首議會關係的不同。實際上二者的主要職能者在管理經濟上。

第五章的主要内容是俄羅斯的立法和司法體制。這一章對俄羅斯聯邦議會的產生，議會黨團，議會中的常設機構和議會的職能作了介紹。在論述時，還對沙俄時代的國家杜馬制度和蘇聯時代的蘇維埃制度作了對比分析。

第六章主要研究俄羅斯的聯邦體制。在蘇聯解體後，俄羅斯聯邦也存在解體的危險。但俄羅斯所有的政黨在維護俄羅斯聯邦的統一上達成了共識。現行的俄羅斯聯邦制在很大程度上繼承了過去的聯邦制，但不允許任何地方有退出聯邦的權力。俄羅斯當局先後對俄羅斯的地方分治主義和民族分裂主義力量進行了打擊，基本上維護了俄羅斯的統一。但車臣仍是個困難的問題。

第七章討論了俄羅斯一九九一年以來的外交政策。在一九九一～一九九五年期間，俄羅斯的外交發生了很大變化，主要是從開始的親西方外交變爲大國獨立外交。在分析俄羅

斯外交與前蘇聯和沙俄外交的聯繫時，可以看出俄羅斯在任何時候都不會甘心做二等國。俄羅斯的民族主義力量的高漲迫使俄羅斯政府改變外交政策，推行東西方相對平衡的外交。本章重點分析了俄羅斯與獨聯體，中國和美國的關係。

在寫作中，作者盡可能利用較新的材料並做客觀的陳述。但由於作者水平有限，收集的材料也有限，書中錯誤在所難免，還請讀者一一指正。

作者

葉　自　成

一目錄一

第1章
俄羅斯政治的歷史文化背景

第一節　俄羅斯國情

㈠領土和資源

　　俄羅斯，是原蘇聯中的俄羅斯蘇維埃聯邦社會主義共和國，一九九二年四月起國名定爲俄羅斯或俄羅斯聯邦。

　　俄羅斯是按領土面積排名第一的大國，有一千七百零七萬五千四百平方公里土地，占地球陸地總面積的11.4％，是前蘇聯總面積的76.3％。俄羅斯的領土最東端爲白令海峽的杰日尼奧尖角，最西端在波羅的海海岸邊的加里寧格勒，東西長約一萬公

里，橫跨十一個時區，是世界上唯一的歐亞國家。俄領土的四分之一在歐洲東半部，四分之三的領土在亞洲北部。俄羅斯的鄰國在東、南有朝鮮、中國、蒙古、哈薩克、阿塞拜疆、格魯吉亞，與日本、韓國和美國的阿拉斯加州隔海相望；它的西部鄰國有挪威、芬蘭、愛沙尼亞、拉脫維亞、立陶宛、波蘭、白俄羅斯和烏克蘭。俄羅斯的疆界長達五萬多公里，其中三分之一爲陸疆，三分之二爲海疆。中俄兩國有陸上共同邊界約四千三百多公里。

俄羅斯是世界上自然資源十分豐富的國家之一，在它廣闊的國土上，綿延千里的東歐平原、西西伯利亞平原和中西伯利亞平原構成了俄領土的主體，約占一千萬平方公里，歐亞分界線—烏拉爾山脈將其分爲歐洲和亞洲兩個部分。俄羅斯水資源極爲豐富，其年逕流量僅次於巴西，爲三千六百立方公里，水電資源爲一萬九千億度，主要河流有伏爾加河—俄羅斯的母親河，和勒拿河、鄂畢河、葉尼塞河；黑海是世界上最大的鹹水湖，而貝加爾湖則是世界上最深和蓄水量最大的淡水湖，其蓄水量爲二萬三千立方公里，約占世界地表淡水總量的五分之一和俄羅斯淡水總量的五分之四。俄羅斯領土上的石油、天然氣、煤炭、金剛石、有色金屬、稀有貴金金屬以及鐵、錳、鉀鹽、磷鈣石和磷灰石等礦藏儲量豐富，礦種較齊全，是世界上礦產資源自給程度最高的國家，只有鉛、汞、鎢等少數幾種礦藏需要進口；俄羅斯領土上生長著大片的原始森林，森林覆蓋率爲44％，木材總蓄積量爲七百三十六億立方米，約占全世界的四分之一。西伯利亞是世界上迄今尚未完全開發的唯一一個自然資源寶庫，它的煤炭儲量占世界的二分之一，石油占四分之一，天然氣占三分之一，木材蓄積量約占世界的五分之一，此外還有極爲豐富的金屬、植物和海洋水

產資源。俄羅斯擁有一塊極爲遼闊而富饒的土地。

(二)人口、民族和行政區劃

俄羅斯人口一九九二年一月一日爲一萬四千八百八十萬，占前蘇聯總人口的一半，是僅次於中國、印度、美國和印尼的第五個人口大國，但影響俄羅斯的一個很主要的因素，是俄羅斯人口自然增長率一直很低，一九八〇年爲4.9‰，一九八九年爲3.9‰，一九九一年降至2‰，一九九二年爲1.6‰，一九九三年爲1.3‰。在八〇至九〇年代，俄羅斯的人口情況出現了全面危機。除人口增長率持續下降外，還引起了人口老化現象，退休年齡人口在一九九四年已達到19.8%，九名俄羅斯人之中有一位60～65歲的老人；俄羅斯人口平均壽命在一九九三年繼續下降，男子從62.6歲降爲59歲，女子從74歲降爲72歲，全國人民平均壽命爲66歲；男女壽命之差已達13歲，這在全世界都是罕見的。這也導致了性別差的擴大，女性在總人口中的比例大大超過男子的比例。例如，在50歲以上的人口中，男女之比爲1：3。據俄羅斯國家統計委員會和政府經濟情報中心估計，在二〇〇五年，俄羅斯人口將減少約6%（九百萬人），死亡人數比出生人數約多一千二百萬❶。

俄羅斯也是世界上民族最多的國家，約有一百三十多個不同的民族聚居在俄境內，其中最大的民族是俄羅斯族，約有1.2億，占俄總人口的81.5%，是俄羅斯聯邦的基本民族。其他人數較多的民族爲：韃靼族，五百五十多萬，約占3.8%，爲第二大民族；烏克蘭族爲第三大民族，有四百三十多萬，占3%；楚瓦什族有一百七十七萬，占1.2%，還有巴什基爾人一百三十四

萬，白俄羅斯人一百二十萬，摩爾多瓦人一百零七萬，車臣人九十八萬九千，德意志族人八十四萬二千，烏德穆爾特人七十一萬五千，馬里人六十四萬，哈薩克族六十三萬，猶太人五十四萬，最小的民族則只有幾百人。

俄羅斯是個聯邦制國家，下設二十一個共和國，六個邊疆區、四十九個州、兩個直轄市、一個自治州、十個自治專區，共八十九個聯邦主體，基層行政單位是區和村。

第二節　從帝俄、蘇俄到俄羅斯聯邦

㈠基輔羅斯時期

俄羅斯人的祖先是東部斯拉夫人的一支。公元九世紀，東斯拉夫人的民族制度趨於瓦解，逐漸分化出若干部落。經過彼此的吞併、戰爭和征服，東斯拉夫逐漸形成了若干個大的部落聯盟，並在此基礎上出現了一些公國。當時較大的東斯拉夫人的公國有北方的諾夫哥羅德公國和南方的基輔公國。九世紀中葉，從北方斯堪的納維亞半島南下的諾曼人—瓦利亞基人在剽勇悍戰的軍事首領留利克（Люрик）率領下，從北方一路向南征伐，攻占了諾夫哥羅德等地；留利克死後，其弟奧利格（Олег）又繼續率軍南下，攻占了斯摩棱斯克和基輔，並建立了以基輔爲中心都城的大公國，即基輔公國。當時，人們把南方的東斯拉夫人稱爲「羅斯」，因此又叫「基輔羅斯」。留利克及其後裔建立的留利克王朝不斷征戰，逐步建立起一個比較强盛的封建國家。它在雅羅斯拉夫（Ярослав）執政時期達到了空前的繁榮。在雅羅斯拉

夫三世（一○五四年）之後，基輔羅斯開始走向分裂和瓦解。一一二五年，基輔羅斯的最後一位強有力的統治者去世之後，基輔羅斯完全瓦解，爲一些獨立的小公國所取代。

㈡蒙古統治時期

十三世紀初，蒙古的成吉思汗統一各部落後，不斷侵擾中國，並最後征服了宋朝。在這一過程中，一二一九年，成吉思汗曾親率大軍攻打中亞地區，並於一二二三年，遣大將速不台繞黑海征服亞美尼亞、格魯吉亞與阿塞拜疆，越過高加索山進入南俄草原，並在卡爾卡河畔大敗基輔大公率領的羅斯軍隊，占領了伏爾加河東岸。一二四○年，成吉思汗之孫拔都等率軍攻占基輔，一二四二年，拔都率軍攻打東歐時，聞窩闊台汗去世而後徹，經黑海北岸退至伏爾加河下游，建薩來爲都城，號欽察汗，以後又分數郡，建「金帳汗國」，由此統治俄羅斯達兩百多年。蒙古大軍的野蠻搶劫和殘酷統治，使俄羅斯地區政治經濟長期停滯不前。

㈢中央集權制國家形成和鞏固時期

在十四至十五世紀，東北羅斯的經濟有所發展。當時，地處東北羅斯地區中心的莫斯科公國，雖然和其他的小公國一樣臣服於金帳汗國，但它的經濟憑藉有利的地理位置日益繁榮。一三二五年，莫斯科大公伊凡・達尼洛維奇（Иван I Данилович）（伊凡一世）即位。他領導的莫斯科公國不斷擴張，成爲東北羅斯各王公的首領。一四六二年，莫斯科大公伊凡三世（Иван III Васильевич 一四六二～一五○五年）即位後，逐步兼并了周圍

小公國，建立了一個中央集權制的封建國家。一四七八年，伊凡三世殺死金帳汗國索貢的使臣，並於一四八〇年在烏格拉河戰勝金帳汗軍隊。自此，金帳汗國對羅斯的統治開始崩潰。一四八〇年被視為俄羅斯從蒙古統治下解放之年。伊凡三世也由此登上了沙皇的寶座，掌握著全國的行政、司法和軍事大權。伊凡三世建立了一支由服役貴族組成的強大軍隊，制訂了全俄統一的法典和高度集中的中央、地方行政管理制度，奠定了俄羅斯封建專制制度的基礎。伊凡三世時期也是俄羅斯開始擴張的年代。他的兒子瓦西里三世（Василий Ⅲ , Иванович 一五〇五～一五三三年在位）最終完成了統一全俄的大業。瓦西里三世的兒子伊凡四世（Цван Ⅳ Васильевич，一五三〇～一五八四）又稱伊凡雷帝（Иван Грозный）以其殘酷手段來加強中央集權。他削弱了大貴族權力，消滅了封建割據，鎮壓了人民起義，並大規模地對外擴張，使喀山汗國、阿斯特拉罕汗國和西西伯利亞歸併於俄羅斯的版圖。他被稱為莫斯科和全俄羅斯大公，自稱沙皇，還以第三羅馬帝國的繼承者自居。

㈣俄羅斯帝國時期

一六一三年，伊凡四世的親戚米哈伊爾·羅曼諾夫（Михаил Ломанов）被立為沙皇。這標誌著留利克王朝七百多年統治的結束和羅曼諾夫王朝三百多年統治的開始。彼得一世（Пётр Ⅰ Алексеевич，一六八二～一七二五年在位）使俄羅斯成為一個強盛的國家。他在政治經濟軍事文化和宗教上進行了一系列的改革，廢除了大貴族杜馬（Дума），建立了參政院，改革中央和地方行政管理制度，使教會完全服從了中央政權。他使

伊凡三世時期形成的沙皇專制和中央集權制進一步發展。彼得大帝時期，沙俄繼續對外擴張，在一七○○～一七二三年先後進行了北方戰爭和對波斯的戰爭，兩次對土耳其戰爭，爲俄國獲得了波羅的海海口，並建立了彼得堡，使之成爲俄羅斯的新首都。正是在彼得一世執政期間，俄羅斯正式定國名爲「俄羅斯帝國」，成爲歐洲列強之一，開始走上世界舞台。

　　葉卡捷琳娜二世（Екатерина Ⅱ Алексеевна，一七六二～一七九六年在位）期間，俄羅斯的「帝國」性質得到進一步的强化。俄國在這一期間與普魯士、奧地利一起，三次瓜分波蘭，波蘭領土的三分之二歸入了俄國版圖，白俄羅斯、立陶宛也成爲帝俄的一部分。俄羅斯向南部的擴張有了主要的成果，即打敗土耳其，兼併了黑海北岸和克里米亞，打通了黑海的出海口。葉氏對內還强化了專制統治，鎮壓了俄國歷史上最大的一次農民起義，即普加喬夫（Пукачев）領導的一七七三～一七七五年的起義。這一時期成爲俄羅斯封建農奴制的鼎盛時期。

　　帝國的擴張在葉氏去世後繼續進行著。她的孫子亞歷山大一世（Александр Ⅰ，一八○一～一八二五年在位）透過一系列戰爭，吞併了芬蘭，格魯吉亞和阿塞拜彊。一八一二年，入侵俄國的拿破崙軍隊在這片廣闊和嚴寒的土地上遭受慘敗，俄軍則在其著名統帥庫圖佐夫（Кутузов）的率領下攻入了法國，俄國由此在一八一五年又在歐洲君主會議上再次把波蘭併入俄國。俄羅斯帝國這時成了維護歐洲封建統治的主要堡壘。尼古拉一世（Николай Ⅰ Павловин，一八二五～一八五五年在位）時，俄羅斯征服了中亞諸汗國、東北高加索，兼併了東亞美尼亞和高加索的黑海沿岸，控制了黑海。十九世紀後半期，俄羅斯帝國在南

部的擴張因一八五三～一八五六年的克里米亞戰爭失敗而受到遏制，於是把擴張重點轉向了東方，兼併了中亞大片領土和中國約一百五十萬平方公里的土地。至一九一四年，俄羅斯帝國的版圖達二千二百八十萬平方公里，其中一千七百萬平方公里是沙俄吞併和擴張奪取的土地。一百多個民族在沙俄的殘酷統治之下，列寧曾因此把沙俄稱之爲「各族人民的監獄」。

在十九世紀，資本主義在俄羅斯有了很大發展；與此同時，反對沙皇封建專制的革命鬥爭也在俄國開展起來。一八二五年十二月十四日，彼得堡發生了「十二月黨人」反對沙皇專制的起義。四〇至五〇年代，俄羅斯國內興起了革命民主主義運動。在這種背景下，沙皇亞歷山大二世（Александр Ⅱ，一八五五～一八八一年在位）在一八六一年二月十九日簽署了廢除農奴制的宣言和法令，規定農民可用贖金獲取人身自由；此後，亞歷山大二世還建立了地方自治機構，成立城市杜馬（Дума），改革司法機關，實行普遍的義務兵役制。沙俄在保留專制制度和貴族地主制的同時，資本主義得到了進一步的發展。但亞歷山大二世卻被民意黨人於一八八一年三月所刺殺。此後，沙俄專制開始走下坡。一九〇五年，俄國在與日本的戰爭中失敗，引發了國內的革命。一九一四年七月，俄國又捲入了世界大戰，與英法組成「協約國」與德奧作戰。此時的俄國已極度腐朽，戰爭使國內矛盾激化。一九一七年二月，彼得格勒再次爆發反對沙俄專制的革命。起義者推翻了沙皇制度，成立了臨時革命政府。全俄各地紛紛成立群眾性的政權機關—蘇維埃（Совет）。羅曼諾夫王朝300多年的封建統治就此終結。

(五)蘇維埃俄國時期

一九一七年二月革命後,俄羅斯社會發展進入了一個非常時期。當時出現了兩個政權並存的局面,一個是資產階級的臨時政府,另一個是蘇維埃(Совет)代表大會。一九一七年十一月七日(俄曆十月二十五日)列寧(Ленин,一八七○～一九二四年)領導的布爾什維克(Болъшевик)黨發動軍事起義,推翻了臨時政府,當晚,蘇維埃第二次代表大會宣布全部政權歸蘇維埃,成立了蘇俄政府—蘇維埃人民委員會。蘇俄時期由此開始,經過一九一八～一九二○年的國內戰爭和反對帝國主義的武裝干涉,蘇俄政權得到了鞏固。

一九二二年十二月,在原俄羅斯帝國的版圖的基礎上(除波蘭、波羅的海沿岸國家、芬蘭等外),成立了以蘇維埃俄國爲核心的國家聯盟,即蘇維埃社會主義共和國聯盟,簡稱蘇聯,(Союз Советских Социялистических Республик, СССР)。一九二四年一月,蘇俄的締造者列寧去世,蘇俄進入了斯大林(Сталин Джугашвили,一八七八～一九五三)時代。

在二十世紀二○至三○年代,蘇俄的工業現代化建設取得了很大發展。在十多年中,蘇俄成爲工業化強國,其工業產值超過了英法德,居歐洲第一位,僅次於美國居世界第二位。在這一過程中,蘇聯—蘇俄發生了大規模的農業集體化運動,實際上是用各種行政的強迫方法讓農民加入集體農莊,對地主和富農進行了強行剝奪,不僅作爲一個階級加以消滅,而且對富農以及相當一部分富裕農民和反對集體化的人進行了迫害,甚至從肉體上加以消滅。在集體化運動中,蘇俄的農業遭到嚴重破壞。

在二〇至三〇年代，蘇俄在政治上還進行了一場大規模的清洗運動。一九二七～一九三八年，斯大林等依靠國家政治安全機關，先後把建立蘇俄國家時期的重要領導人，如托洛茨基（Троцкий）、季諾維也夫（Зиновьев）加米涅夫（Каменев）、布哈林（Бухарин）、李可夫（Льков）等人以「人民公敵」或「外國間諜」等莫須有的罪名予以處決或驅逐出境，有數百萬人在這一時期死於非命，或被關進集中營和監獄。這是蘇俄史上最黑暗的一頁。

雖然蘇俄是社會主義國家，但沙皇時代的對外擴張政策仍在發生作用。在第二次世界大戰初期，蘇俄一方面是出於反對法西斯德國的需要，另一方面也有其對外擴張的圖謀，採取了一系列軍事行動。一九三九年八月，蘇俄與法西斯德國鑒訂了蘇德互不侵犯條約，並秘密達成了共同出兵波蘭的協議。一九三九年九月，蘇俄軍隊向波蘭出兵，占領了當時屬於波蘭的西白俄羅斯和西烏克蘭地區；一九三九年十一月，又發動了對芬蘭的戰爭，獲取了四萬多平方公里土地；一九四〇年六月，迫使羅馬尼亞把比薩拉比亞和北布科納劃歸蘇聯；同年，蘇聯又強行把波羅的海沿岸三小國立陶宛、拉脱維亞、愛沙尼亞併入蘇聯。

一九四一年六月二十二日，希特勒德國向蘇聯發動了全面進攻，並使蘇軍遭受重大傷亡。蘇聯衛國戰爭由此開始。蘇聯成立了以斯大林為首的國防委員會，並成立以斯大林為最高元帥的最高統帥部大本營。在朱可夫（Жуков）等著名將帥的指揮下，蘇軍先後取得了莫斯科保衛戰、列寧格勒保衛戰和斯大林格勒戰役的重大勝利。一九九四年，蘇俄軍隊全線反擊，解放了蘇聯全境，並進入東歐。一九四五年五月二日，蘇俄軍隊攻入德國首都

柏林。五月八日，德國無條件投降。蘇俄在衞國戰爭中約犧牲了二千萬人，為世界反法西斯戰爭的勝利做出了重大貢獻。

一九五三年，斯大林去世，赫魯曉夫（Xpщёв，一八九四～一九七一）成為蘇聯的最高領導人。他上台後，在一九五六年對斯大林的個人迷信和個人崇拜進行了揭露和批判。赫魯曉夫試圖改革蘇俄的高度集權的政治經濟體制，但未能獲得重大進展。赫魯曉夫（一方面與西方國家改善關係，另一方面又大力發展軍事工業，使蘇聯成為世界經濟—軍事強國。一九六四年十月，蘇聯上層發生了一次「宮廷政變」，赫魯曉夫被他提拔的勃列日涅夫（Брежнев，一九○六～一九八二）等人趕下了台。

在勃列日涅夫當政的年代（一九六四～一九八二年），蘇聯社會政治相對穩定，經濟也發展較快。到七○年代，蘇俄已經是一個可與美國在軍事上抗衡的超級大國，蘇聯與美國在全球展開了爭奪。蘇俄軍隊於一九六八年出兵占領了捷克斯洛伐克，一九七八年又軍事入侵阿富汗，並支持和扶植古巴、埃塞俄比亞、安哥拉等與美國對抗。在國內，俄羅斯歷史上的專制從一黨專制的方式表現出來，帝俄時代的中央高度集權制和官僚制度也進一步發展。到八○年代初，蘇俄實際上步入了老人政治、保守主義和惰性的泥沼。蘇維埃俄國的發展達到了它的最高峰，從此之後就進入了衰落和瓦解的時期。

一九八二年十一月，接替勃列日涅夫職務的安德羅波夫（Андробов，一九一四～一九八四）試圖給衰退中的蘇俄注入新的活力。這位曾擔任過蘇聯克格勃（КГБ，即蘇聯國家安全委員會）首腦的領導人，利用克格勃的力量來整治紀律和社會秩序，懲罰貪污腐敗者，一度使社會顯現一絲新氣象。但他好運不

長，只執政十三個月就病逝。病入膏肓的契爾年科（Черненко，一九一一～一九八五）接任蘇俄的最高領導職務，表明了蘇俄政治體制的腐朽和荒唐。他甚至還沒有來得及嚐到「權力的滋味」就去世了。

一九八五年三月，年僅五十四歲的戈爾巴喬夫（Горбачев，一九三一～）執政標誌著蘇聯也是蘇俄的最後時期的開始。他秉承赫魯曉夫和安德羅波夫的改革思想，在蘇聯全面推行政治經濟的改革，由此引發了社會的政治大動蕩，長期積累的各種矛盾如火山爆發，摧毀了蘇俄在社會主義的意識形態基礎上所形成的政治、經濟、文化、民族關係等制度，社會全面失控，存在了七十多年的蘇維埃俄國終於在一九九〇～一九九一年底停止其存在。

㈥民主俄羅斯時期

在蘇俄時期，俄羅斯實際上是以蘇聯的面目出現的，失去了俄羅斯本身的獨立性質。一九九〇年五月，葉利欽（Ельцин，一九三一～）當選俄羅斯聯邦最高蘇維埃主席職務後，打出了俄羅斯主權的旗幟，向聯盟中央宣戰。六月十二日，俄羅斯聯邦人民代表大會通過了關於俄羅斯聯邦國家主權的宣言，宣布自己是一個主權國家，俄羅斯憲法和法律高于蘇聯的憲法和法律，在俄境內至高無上，俄羅斯保留自由退出蘇聯的權利。這是蘇俄向民主俄羅斯轉變的標誌。這一天後來被定爲俄羅斯的「獨立日」。一九九一年的「八·一九事變」實際上完全摧毀了蘇聯的中央機構，俄羅斯成爲一個完全的獨立國家。在這一過程中，俄羅斯的社會政治經濟制度也發生了根本變化；多黨制取代了共產黨的一黨制，私有制代替公有制逐漸成爲經濟主體，市場經濟取代了計

劃經濟。蘇維埃俄國在向西方式的社會轉化,向民主俄羅斯的方向轉化著。

第三節　斯拉夫情結與俄羅斯歷史發展的深層結構

㈠問題的提出

　　考察俄羅斯的歷史,人們會發現一個令人深思的現象,即俄羅斯社會儘管在幾百年中發生了巨大的變化,但它的歷史發展卻總是朝著一個方向演進;尤其是近一、二百年的歷史,它所發生的重大事件雖然性質完全相反,但其表現形式「卻有著重要的共同之處」❷。這似乎僅僅是歷史的偶然,但認真思考和分析就會發現,在俄羅斯的歷史發展過程中,存在一個深層結構,它超越歷史,超越意識形態,以它那看不見的強有力的「手」,支配、控制、制約和影響著俄羅斯的歷史發展。我們把這一深層結構稱之為「斯拉夫情結」。正如一些俄羅斯學者也認識到的那樣,俄羅斯有一種「舊病復發式的現代化」,「即在摧毀舊結構的過程中,不斷表現出這樣一種趨勢:部分地以相同的形式,而更經常的是以變形的形式再生產出這種舊的結構」❸當然,我們認為,這個結構不僅是舊的、阻礙俄羅斯社會發展的主要因素,而且也是俄羅斯向前發展並保持其民族特點的強大動力和根源。本節擬對這一深層結構的主要構成因素進行分析。

㈡俄羅斯情結——斯拉夫情結的基本因素

斯拉夫情結的基本因素是俄羅斯情結，即俄羅斯人獨特的思維方式和獨特的生活方式，它是影響俄羅斯歷史發展的最主要的因素。

俄羅斯情結是在俄羅斯民族生活的獨特的地理環境中形成的。俄羅斯人生活的歐亞大平原，遼闊寬廣，一望無際，無遮無阻，爲俄羅斯人提供了其他任何民族都沒有的生活空間，使俄羅斯人視野開闊，眼光長遠，富於想像力和邏輯思維，開拓性強，在與寒冷的氣候和艱苦的自然環境的鬥爭中形成了勇敢和粗獷的性格；但同時，在這樣的環境中，俄羅斯人也表現出好高騖遠，空想，不擅嚴整精明的組織和管理，懶惰，思想保守，封閉性強等傾向。歐亞大平原的豐富的土地、礦產和森林資源也爲俄羅斯走自己獨特的歷史道路提供了物質基礎。

特殊的歷史環境也是形成俄羅斯情結的重要條件。來自東南西北四個不同方向的外部因素都曾經對俄羅斯民族的發展產生了巨大影響。來自北歐的瓦里亞基人在留里克和他的繼承人奧列格的率領下，統一了東斯拉夫的各個部落，形成了統一的羅斯國家；之後，羅斯又受到南方的拜占庭的影響，接受了拜占庭的文化和宗教，並於九八八年奉東正教爲國教；在基督教的傳播和發展過程中，羅斯又與天主教的西歐建立了聯繫，西歐的文化也隨之進入俄羅斯；公元十三世紀，東方蒙古成吉思汗及其子孫的大軍征服羅斯並進行長達兩百多年的統治，又使東方的政治軍事制度深深地影響了羅斯人的生活和秩序。更主要的是，這四個方向帶來的是差異極大的外來文化，它們同時對羅斯產生影響，就從

根本上改變了羅斯的發展方向，使其帶有明顯的獨特性。如果說每一個民族都有其獨特性的話，那麼俄羅斯民族的這一獨特性就更爲突出。

獨特的生活環境和歷史環境造就了俄羅斯這一「偉大而天賦很高的民族」❹，使它表現出巨大的創造力和歷史獨特性。俄羅斯文明雖然形成的時間並不久遠，但俄羅斯人幾乎在完全依靠本民族的創造力的基礎上，對世界文明做出了巨大貢獻。在十八世紀以來短短的三百年中，這一民族產生了羅蒙諾索夫（Ломоносов）、普希金（Пушкин）、果戈理（Гоголь）、契訶夫（Чехов）、屠格涅夫（Тургенев）、托爾斯泰（Толстой）、柴可夫斯基（Чайковский）等一大批有世界影響的思想家和文學藝術家，波爾朱諾夫（Полжунов）發明蒸汽機比瓦特早二十一年；彼得洛夫（Петров）在一八〇二年獨自發明了電解和電弧；布洛赤科夫（Буноциков）於一八七五年第一個發明了弧光燈；波波夫（Бобов）在一八九五年第一個發明了無線電報；茹科夫斯基（Жуковский）和齊奧爾科夫斯基（Циорковский）奠定了現代宇航理論的基礎；門捷列夫（Менделеев）發明了元素周期表；還有第一顆人造衛星、第一個宇航員等…。世界上沒有幾個民族像俄羅斯民族這樣，在一個相對封閉的狀態中獨自創造出這麼多的成果。

俄羅斯的獨特性不僅表現在俄羅斯民族在科技和文化方面的偉大的創造力，而且在歷史發展的方向的選擇上，也走著一條與別的任何民族都不相同的道路。東斯拉夫人直到公元九世紀初，還處於原始的民族公社的瓦解過程中，但到九世紀和十世紀時，東斯拉夫人受拜占庭封建國家的影響，跳越了奴隸社會，直接進

入了封建國家的形成和發展過程。而在此基礎上形成的俄羅斯封建社會，既不同於東方的中國、印度的封建制，也不同於西歐的封建制。俄羅斯的封建制帶有許多原始公社的殘餘，有某些奴隸制的特徵；俄羅斯的中央集權程度遠高於任何一個西歐國家，它是東方式的集權；但同時，它的封建制按西歐的方式改革行政制度，建立科學院和大學，對東方國家而言，它又是西歐式的。在十八至十九世紀，俄羅斯的資本主義也開始發展，但俄羅斯的資本主義從一開始就不同於西歐的資本主義；它有西歐式的工廠制度，但沒有雇佣制度，而有大量的沒有人身自由的農奴工人；它有自由經濟的理論，卻沒有過自由資本主義的發展階段，資本主義是以國家資本主義爲主要形式發展起來的。

在十九至二十世紀，俄國歷史發展的道路問題引起俄羅斯思想界的大爭論，由此引發了斯拉夫派與西方派、社會主義派與資本主義派、布爾什維克派與孟什維克派的長期的政治和思想鬥爭。斯拉夫派在十九世紀四〇年代提出了俄羅斯歷史發展道路完全不同於西歐發展的觀點，後來的農民社會主義則把這一思想理論化。自由主義派和孟什維克派雖然是兩種完全相反的意識形態，但兩者都認爲俄國必將走向西歐式的資本主義道路。這場爭論曾引起馬克思的重視，他第一次提出了俄國在歐洲革命的影響下可以「不通過資本主義制度的卡夫丁峽谷」❺而直接向社會主義過渡的著名論斷，既批判了俄國民粹派的觀點，又肯定了俄國發展道路的獨特性這一命題。普列漢諾夫在俄國傳播馬克思的社會主義學說的同時，犯了俄國社會主義道路歐洲化的錯誤，否定了俄國的獨特性。列寧在這一問題上經歷了一個思想變化發展的過程，最終把馬克思的社會主義與俄國的獨特性結合起來，提出

了落後國家向社會主義過渡的一系列理論、方針和政策❻。後來在蘇聯出現的一國建設社會主義的理論，以及在此基礎上形成的蘇聯的計劃經濟、公有制、中央集權等政治經濟制度，在本質上也是俄羅斯情結的獨特性特徵的一種表現。

(三)西歐情結——近現代俄羅斯歷史發展的主導因素

與俄羅斯情結相聯，斯拉夫情結的第二個構成因素是俄羅斯的「西歐情結」，即俄羅斯人對西歐既羨慕崇拜又嫉妒和仇視的矛盾心理，它使俄羅斯的歐化與反歐化兩大思潮長期並存，並成為十七世紀以來影響俄羅斯歷史發展的最重要的因素。

俄羅斯的獨特的歷史發展道路，是在受西方文明的巨大影響的背景下形成的。從公元九世紀起，俄羅斯就一直存在一股使俄羅斯與西歐融合的巨大的潮流，西方派、西歐化和面向西方的思潮和活動，使俄羅斯文化帶有濃郁的西方色彩。公元九世紀的羅斯基督教化，使俄羅斯第一次受到西歐文化的影響；後來，羅斯的統治者如弗拉基米爾、斯維亞托波爾克、智者雅羅斯拉夫等先後娶德國、波蘭、瑞典、英國的貴族和王室公主為妻。在羅曼諾夫王朝統治的三百多年中，俄羅斯曾有過五次學習西歐的浪潮，西歐的文明對俄羅斯產生了巨大的影響，加速了俄國的發展。

從十七世紀起，學習西歐成為俄羅斯的基本方向，俄國的社會精英大多受過西方文明的薰陶。彼得大帝亞歷山大一世等曾遊歷西歐各國，羅蒙諾索夫、拉吉舍夫（Ракишев）、斯坦凱維奇（Станкевич）、赫爾岑（Герцен）、屠格涅夫、普列漢諾夫（Плеханов）和列寧等一大批俄羅斯民族的傑出人物也曾在德國、法國、英國等西歐國家學習和生活過。西方的自由主義、民

主主義、空想社會主義、馬克思的社會主義以及西歐各種政治、經濟、哲學和文學藝術的思潮和流派也隨之進入俄國，猛烈地衝擊著俄羅斯的文化和傳統。對西歐文明極為崇拜的西歐派大聲疾呼俄羅斯應全盤歐化，以為俄國與西歐沒有任何本質的不同，只有走西歐的道路才能發展。當然，學習西方推動了全盤歐化思想在俄國的發展，不過學習西方的不同的派別之間也存在很大的差別。

但是在俄羅斯歷史發展中的主潮是反對西歐的思想和文明的。西歐的文明受到來自四個不同方面的抵制和反對。

羅曼諾夫王朝的歷代沙皇，除個別外，在不同時期都曾是學習西方和使俄羅斯西歐化的倡導者，但從本質上說，歷代沙皇大多又是反對歐化的最主要的力量，因為無論是西方的自由主義、民主主義，還是西方的社會主義、無政府主義，都是反對沙皇專制的，因而當學習西方的運動危害到沙皇專制時，沙皇就會採取措施來壓制這一運動。對沙皇來說，學習西歐只是為了加強沙皇的力量，鞏固其統治的基礎。彼得大帝一方面力圖使俄羅斯歐化，但同時又強化了而不是削弱了專制制度和農奴制度；葉卡捷琳娜二世與法國的啓蒙思想家伏爾泰、狄德羅、孟德斯鳩有良好關係，甚至允許自由主義在俄國的宣傳，但這種自由必須得到她的恩准；她自稱為「共和主義者」，但卻拒絕民主；她的孫子亞歷山大一世在西方思潮影響下，一度計劃實施西歐式的君主立憲制，但最後還是把起草這一計劃的心腹重臣斯貝亞斯基逐出了首都。亞歷山大二世的農奴制改革和一九〇七年斯托雷平改革把俄羅斯的歐化推到了最高點，俄羅斯開始邁向資本主義通路，但這種資本主義仍然處在強化了的專制制度的控制之下。

反對歐化和抵制西方的另一個力量是俄羅斯東正教。隨著與西歐交往的擴大，俄羅斯東正教會越來越強化了自己保衛東正教不受異教徒侵犯的作用，表現出對西歐文化強烈的歧視，對外來文化進行了抵制和排斥。在十七世紀發生的俄羅斯東正教的舊禮儀派大規模的自焚浪潮，表面上是一部分教徒反對尼康的宗教改革，實質上則是俄羅斯民族主義面臨外來先進文化的滲透而採取的一種極端的自我保護，也是對沙皇阿列克謝實行的歐化政策的一種反抗。在俄羅斯的歷史發展中，東正教始終是俄羅斯民族保衛其民族的「純潔性」和反對西方文化的精神支柱。

　　在知識分子中存在著強大的反對歐化，甚至否定西歐文明的力量。從十八世紀的貴族保守派到二十世紀的激進的知識分子，從俄國民粹派到以索爾仁尼琴爲代表的一部分持不同政見者，都表現出強烈的反對和否定西歐文明的思想傾向。十九世紀三〇年代的「斯拉夫派」對彼得大帝以來沙皇的歐化政策進行猛烈抨擊，認爲這種政策使俄國離開了獨特的發展道路，使俄羅斯受到「西方的瘟疫」的毒害，只有恢復俄羅斯的民族精神才能使俄國得到發展。民粹派認爲，歐洲因其自身的「不幸」已陷入「絕境」，它不能做俄國人的「老師」，「俄國人的胃」消化不了「英國人的成熟性」❼。一個半世紀之後，俄國的持不同政見者索爾仁尼琴又重複了「西方文明正在陷入絕境」的觀點，反對俄羅斯步西方技術進步的後塵。

　　最後，在俄羅斯對歐化傾向進行抵制的是廣大的下層群眾。在長期的歷史過程中，對廣大民眾來說，歐化與否都只是上層貴族的事情，他們享受不到歐化政策的任何好處，卻要吞下歐化政策帶來的種種苦果。成千上萬的農民死於建造彼得堡的艱苦勞動

中，在工廠中做著最苦最累的活；歐化帶來的上層貴族、知識分子的思想意識和生活習俗的改變，更拉大了下層與上層之間的差距，生活在鄉村僻壤中生活極爲艱苦、思想閉塞和保守的廣大民衆，對先進的西歐文明抱有強烈的敵意。

因此，俄羅斯的歐化過程一方面帶來了社會長遠的進步和發展，使社會生活發生了巨大變化，但俄羅斯的深層結構仍然向原來的方向繼續發展。

㈣激進主義──俄羅斯民族基本的思想特徵

激進主義是斯拉夫情結中的第三個構成要素，它是指俄羅斯的統治與被統治、改革與反改革以及各種政治鬥爭的雙方都採取激烈的手段和方式來實現自己的目標，是長期影響俄羅斯民族的一個最基本的思想特徵。

在十七世紀下半期的宗教改革中，沙皇阿列克謝曾用各種酷刑來鎮壓反對改革的舊禮儀派，而舊禮儀派則用集體自焚的極端手段來反抗，在一六七五～一六九五年中就有兩萬多人自焚。後來，彼得一世又「用野蠻制服了俄國的野蠻」❽，使用強迫手段和野蠻的辦法來推行歐化政策。斯托雷平（Столыпин）在一九〇七年改革時也認爲，「不用暴力來摧毀陳腐不堪的中世紀的土地占有形式，就不能爲俄國的發展清除道路」❾。在歷代沙皇的殘酷統治的環境中，各種反對沙皇的革命鬥爭和革命思潮都帶有激進主義色彩，「對敵人就應該用一切手段予以消滅」❿，就是其典型表述。從拉吉舍夫到革命民主主義者，從社會革命黨到布爾什維克，都是如此。在俄羅斯也有過改良，有過妥協，但它們從來不是俄羅斯歷史發展的主流。連溫和的自由主義一開始也是

以十二月黨人運動的激進形式出現的；到十九世紀末和二十世紀初，以解放同盟爲基礎的自由主義又再度轉向激進，與專制主義發生直接對抗，並一度成爲自由主義運動內部的主流。在十九至二十世紀中產生的溫和的政治思潮，都未能對俄羅斯產生重大的影響，相反，虛無主義、無政府主義、革命民粹派、布爾什維主義等激進的思潮和流派卻對整個社會產生了巨大影響。

俄羅斯一些學者對此曾指出：「激進的改革思想」是由俄羅斯心理傳統所固有的社會烏托邦所造成的，它既反映在精英知識分子的思維當中，也反映在大眾的意識當中。……俄羅斯意識中的烏托邦源於俄羅斯的歷史經驗：許多世紀的專制和奴役根本排除了任何擺脫國家的改革和革新的活動。想使現存秩序發生某種變化的人，都只是寄希望於某種特殊事件，寄希望於出現奇跡，忽然一下子創造出完全另一種公正和自由的生活。這種奇跡的體現者只能是沙皇改革家，或是人民暴動」❶。正因爲如此，某種激進的、烏托邦的思想在歷史變革時期，對俄羅斯各階層的群眾都容易產生巨大的號召力並爲社會所認同。

另一些俄羅斯學者不僅分析了俄羅斯激進情結的歷史現象，還指出了俄羅斯中派主義、妥協、折中、調和爲什麼在歷史發展中總是帶有悲劇性的原因。他們認爲，「俄羅斯自古以來就曾是一個好走極端的國家。國家的精神史在頗大程度上曾反映俄羅斯激進主義的歷史，俄羅斯激進主義總是追求『在這裡、現在、立刻』就改變生活」❷；導致這種激進主義的主要原因，一是歐洲文化與亞洲文化的對立和在俄羅斯的斷裂，二是歷代沙專制對下層群眾的統治特別殘酷，三是沙皇、貴族的巨富與下層群眾的巨貧之間有不可逾越的鴻溝。這些因素導致極端的革命和極端的反

革命，暴力的鎮壓和統治與暴力的反抗和抗爭。「如果是革命，那總是要多流血，如果是反動，那就要儘可能長時間地搞得更黑暗」⑬。

與此相應，「在俄羅斯政治生活中兩個極端之間的空間幾乎總是空蕩蕩的」⑭。俄羅斯的中派主義如自由主義派、自由民粹派、合法馬克思主義、孟什維克、社會革命黨中派以及中派知識分子，不僅在思想上理論上軟弱，而且在政治上、組織上也不堅定，尤其缺少堅強和强大的中間力量、中間階層的支持，因此在歷史發展中常表現出左右搖擺、猶豫、優柔寡斷，最後都以悲劇告終。中派主義在俄羅斯長期成爲「機會主義」而受到左、右兩派的猛烈攻擊，在兩端過於强大的壓力下，中派在夾縫中很難生存。

㈤歐亞情結──在東西方之間徘徊的俄羅斯

斯拉夫情結中的第四個構成因素是「歐亞情結」，即俄羅斯民族身處東西方文明的交匯點，受到兩種不同文明的深刻影響而產生的一種徘徊、猶豫和矛盾的心理認同狀態。

就俄羅斯的文化、教育、科學、技術、宗教、哲學和政治思潮而言，俄羅斯屬西方文明的一部分或主要受西方文明的影響；但是，俄羅斯的政治、經濟、軍事制度和民族的特點，又更多的受到了東方文明的影響，而且，俄羅斯文化更深厚的根源也要追溯到東方文明，如基督教發源於亞洲，俄羅斯信奉的東正教的主要活動中心也在亞洲等。東西方文明的交匯在這裡形成了有東西方文化特徵的俄羅斯文明。正如俄羅斯學者所說：「俄羅斯四百年間所走過的道路使其成爲獨具特色的『兩種文明交匯的文

明』，這一文明是以偉大的俄羅斯文化爲基礎並吸收了許多其他民族的文化成就，首先是突厥文化成就的文明」❶❺。

但俄羅斯從東西方文明交匯這一獨特之處吸收到的並非只是兩種文明的長處和優勢。這兩種文明在俄羅斯並沒有完全融合爲一體，而是經常處於矛盾和衝突之中，使俄羅斯爲此備受痛苦和折磨。西方派與斯拉夫派的衝突，先進的西方文明與東方式的封建專制的衝突，是這一矛盾的典型表現。

歐亞文明這一特性，使俄羅斯難於與東西方各國融爲一體，經常處於一種自我孤立和自我封閉的境地。在西方國家眼中，由於俄羅斯社會的封閉、保守、落後，由於俄羅斯的專制、擴張，它們把俄羅斯看成是一個東方亞細亞式的國家，並一再相互提醒要防止西方「受亞洲的俄羅斯帝國的禍害」❶❻，這是俄羅斯爲什麼始終未能融入西方文明的主要原因之一。而在東方國家眼中，俄羅斯的西方色彩又太濃，它和西方列強一樣對亞洲東方各國進行侵略擴張，因此又被東方各國視爲危險的敵人。

在先進的西方對落後的東方占據巨大優勢的近代歷史背景中，俄羅斯一直試圖選擇西方的道路而「故意」忘記自己的東方屬性和亞洲屬性。俄羅斯在歐洲力圖作爲一個歐洲大國出現，並把其他的西歐國家視爲競爭對手或合作伙伴，雖也有衝突，但雙方基本上是平等的關係；在西歐國家與亞洲和東方國家的衝突中，俄羅斯站在西歐國家一邊，對東方亞洲國家奉行侵略、擴張和併吞政策。俄羅斯作爲亞洲的一部分歷史本來不太長，而在後來的歷史過程中又幾乎完全「喪失」了自己的亞洲屬性。所謂「歐亞國家」之稱，「歐」是實，「亞」是虛，只有在當西歐國家聯合起來抗拒俄羅斯之時，俄羅斯才醒悟到自己的亞洲屬性；

只有在作為亞洲國家有利可圖時，俄羅斯才會聲稱自己也是亞洲國家或亞太國家。但不管俄羅斯主觀上是否承認自己的「亞洲屬性」，俄羅斯的東方文明和東方屬性的色彩是怎麼也抹不掉的。

正是在這樣主觀與客觀的矛盾中，在與西方各國和東方各國的矛盾衝突中，逐漸產生了俄羅斯的「歐亞情結」，越來越多的俄羅斯人終於意識到，俄羅斯既屬於東方文明又屬於西方文明，既不屬於東方文明又不屬於西方文明，它的歷史地位應當是作為一種獨特的歐亞文明而存在，應當把東方文明和西方文明融合於俄羅斯的獨特性之中，而不是去追逐西方文明大國的地位。但是，「歐亞情結」始終使俄羅斯人困惑的是，怎樣把東西方文明與俄羅斯的獨特性結合？歐亞文明具有什麼既不同於東方又不同於西方的特點？俄羅斯存在的意義是什麼？❿隨著東方的崛起和發展，俄羅斯民族的這一困惑也日益加深。

㈥好沙皇情結──俄羅斯集權與領袖崇拜的主要原因

斯拉夫情結的政治特徵表現為「好沙皇情結」，即俄羅斯社會各階層對沙皇統治既仇視、反抗又崇拜、眷戀的矛盾心理，以及在俄羅斯社會發生重大變革的時期，對政治強人、鐵腕人物和民族偉人的渴盼和呼喚的民族意識和認同。

自一五七四年伊凡四世正式成為俄國的第一個沙皇以來，以沙皇為代表的君主專制被長期視為俄羅斯民族主義的重要組成部分。在此之前，伊凡三世有時也曾自稱「沙皇」。從那時以後，俄羅斯社會逐漸形成了「沙皇」意識，即每個臣民的首要義務就是絕對順從沙皇，忠於沙皇就是忠於國家和俄羅斯民族，沙皇的地位高於一切，擁有無限權力。俄羅斯東正教對這一社會意識的

形成起了重要作用。正是俄羅斯的東正教把伊凡三世和伊凡四世奉爲沙皇，並製造了君權神授的理論。十六世紀一位叫菲洛費伊（Филофей）的長老在致伊凡三世的信中說：「整個基督教會在你這裡合爲一體，因爲兩個羅馬已經隕落，第三羅馬屹然不動，第四羅馬也不會有，……你是普天之下基督教徒的唯一君主」⑱。

俄羅斯沙皇專制的特點，是沙皇以最野蠻和殘暴的方式進行統治，整個國家和所有臣民的財產都由沙皇任意支配；它不僅奴役一般的群衆，而且也奴役和統治俄國的貴族。沙皇專制帶有典型的東方專制君主的特徵，這與蒙古對俄羅斯長達兩個多世紀的統治有直接聯繫。沙皇的這種殘暴的統治，受到了一代又一代俄羅斯勞動群衆的反抗，貴族也有過十二月黨人試圖推翻沙皇專制的革命，甚至連主張君主立憲制的資產階級自由主義者也參加過一九〇五年反對沙皇的鬥爭。這樣，沙皇專制終於在一九一七年二月革命的浪潮中被摧毀。

但是，「好沙皇情結」也在反對沙皇的鬥爭中滋長起來。一六六七～一六七〇年的斯捷潘·拉辛（Степан·Разин）領導的農民反對封建貴族的戰爭，是在「擁護偉大的君主」旗號之下進行的，拉辛並且自稱是沙皇的兒子阿列克賽；一七七三～一七七五年，普加喬夫（Пкачев）領導的農民起義，也是打著「彼得三世」的旗號來反對「爲非做歹的貴族」和「貪污受賄的法官」。正如恩格斯所指出的，「俄國人民……從來沒有反對過沙皇，……相反，沙皇被農民看成人間的上帝」⑲。

不但農民有對「好沙皇」的崇拜，在俄國的知識分子和革命者中也有同樣傾向。俄國資產階級自由主義者把開明君主制和立

憲君主制作爲自己的政治理想。甚至在二十世紀九〇年代，相當多的俄羅斯民族主義者仍把以沙皇爲代表的「君主制度」視爲神聖，認爲「君主制度是國家制度的唯一形式，它帶有宗教性質（沙皇是被上帝在前額塗過聖油的人），所以它是最適合俄羅斯的國家的形式」❷，他們對彼得一世、羅曼諾夫、弗拉基米爾等沙皇和大公依然崇拜。

產生「好沙皇情結」是與俄羅斯的獨特的民族特點和歷史環境分不開的。首先，以沙皇專制形式出現的中央集權制度，是統治和管理俄羅斯這個多民族和領土遼闊的國家的一種客觀需要，沒有一個統一的權力中心，就很難維持這樣一個俄羅斯國家的存在；其次，它是俄羅斯生存和發展、自衛和侵略擴張的需要，俄羅斯民族在蒙古、瑞典和日耳曼騎士作鬥爭的過程中，在它不斷地吞併周圍國家和地區的擴張侵略的過程中，要求有一個高度集權的中央政權來集中和組織全民族的力量，因此，「集權制度的名稱本身並不說明什麼」，它可以是反動的、野蠻的，「也可以是主張改革的、進步的、文明的」❷；再其次，在俄國歷史上，伊凡四世、彼得一世、葉卡捷琳娜二世、亞歷山大一世以及亞歷山大二世等沙皇，雖然其統治也十分殘酷，但他們爲俄羅斯民族的統一、改革和反抗外來侵略，以及社會的發展和進步，做出過歷史的貢獻，因而在俄羅斯民族中受到尊敬，最後，以村社制度爲基礎的宗法制度和小農社會，是產生「好沙皇崇拜」的社會基礎。俄羅斯廣大的農民群衆，在龐大的沙皇專制和國家機器面前感到無能爲力，「他們不能以自己的名義來保護自己的階級利益，⋯⋯一定要別人來代表他們。他們的代表一定要同時是他們的主宰，是高高站在他們上面的權威，是不受限制的政府權力，

……並從上面賜給他們雨水和陽光」❷。正因為以上這些原因，「好沙皇情結」能夠長期地影響俄羅斯民族的政治心理，甚至在沒有沙皇的時代也同樣能發揮其不可低估的作用。

㈦村社情結──俄羅斯民族特性形成的土壤

斯拉夫情結的第六個構成因素是「村社情結」，即俄羅斯民族對古老的村社懷有一種深厚複雜的心情，他們既批評村社的保守、落後、愚昧、閉塞，又懷念它的樸實、純潔。

在俄羅斯的歷史中，最古老、最純潔的民族精神，莫過於在村社中存在的生活方式和道德風範了。村社是在八至九世紀東斯拉夫人原有的氏族公社瓦解之後形成的一種地域性的農村公社或村落共同體。在俄羅斯，它不僅僅是一種過渡性質的社會組織，而是長期存在於俄國社會的歷史中，一直到二十世紀初才最後消亡的一種廣大農村的基本結構形式，它在俄羅斯的南方稱為維爾夫，在北方被稱為米爾。

村社常有鮮明的兩重性：在所有制上，它是公私並存，住宅、勞動工具、牲畜、產品歸個體家庭所有，而森林、土地、牧場、池塘等屬於公社所有；它有中央集權與地方自治的雙重性質：它是地方自治機構，負責管理村社內部的各種事務，但又是沙皇中央集權體系中的基層政權，有行政、警察、稅收、司法職能；它是民主與專制並存的組織，一方面，村社按傳統習慣選舉村長，村長按村民大會決議採取各種措施以解決村社的大事，但同時，村社又是宗法制的、家族制的，村長就是村社的「沙皇」，他以村社的名義可任意對村社農民進行各種處罰，而農民必須絕對服從村社，村長掌握著農民的生殺大權；村社是俄羅斯

社會一切陋習和落後性的縮影，它是愚昧的、封閉的、不開化的、酗酒的、自私的、懶惰的，是阻礙俄羅斯社會進步的保守因素，但村社也孕育了俄羅斯民族的優秀品德和性格，它是善良的，純樸的，農民相互合作，共同生產，鄙視剝削，對集體富有責任心，對他人富於同情心，在平均分配土地中滲透出一種樸素的平等觀念，爲正義的事業勇於獻身，對東正教和民族文化極爲虔誠，在對沙皇的崇拜中表現出強烈的愛國主義精神。

由於這種兩重性，俄羅斯社會對村社長久以來一直有十分矛盾的心情。批評它的人把村社斥之爲俄國落後的根源，堅決主張徹底摧毀它；而崇拜它的人把它視爲俄羅斯純潔的民族精神的象徵，是整個俄羅斯歷史的基石和根源，是俄羅斯歷史發展的巨大動力，正是村社能使俄羅斯免遭歐化的厄運，避免歐洲資本主義的兩極分化、不斷的戰爭、社會分裂的苦難，人們只要革除村社中的弊端，恢復被長期歐化所淹沒的村社的純正和樸實，俄羅斯就能走上安定和繁榮之路。

十九世紀的資本主義和二十世紀的社會主義在俄羅斯的實踐，已經摧毀了村社，但村社卻成爲俄羅斯民族主義的一種象徵而影響著俄羅斯人的思想觀念，並且使資本主義和社會主義都深深地印上了「俄羅斯」的標記。

㈧擴張情結──俄羅斯世界主義的源泉

斯拉夫情結的最後一個構成因素是「擴張情結」，即俄羅斯民族在近一千年的歷史中不斷地擴大自己的版圖和影響的傾向，它是俄羅斯擴張主義，霸權主義、世界主義和侵略的根源。

世界上沒有任何一個民族像俄羅斯民族那樣，在其民族、國

家的形成過程中就開始了民族擴張的進程。可以説,俄羅斯民族國家的歷史就是一部不斷擴張的歷史,「是一部掠奪各地方、各省區、各民族土地的歷史」❷。在十五世紀俄羅斯民族大規模向外擴張之前,俄羅斯已有過三次擴張的浪潮。在伊凡三世和伊凡四世建立中央集權制國家過程中,俄羅斯先後征服了喀山汗國、阿斯特拉罕汗國、伏爾加流域和西西伯利亞。彼得大帝把這一擴張推進到一個新的階段,即俄羅斯帝國向外擴張侵略和爭奪霸權的時期。從伊凡三世到一九一四年尼古拉二世統治的四百年間,俄羅斯平均以每天八十平方公里的速度向外擴張,到一九一四年它的領土已達二千二百八十萬平方公里,其中屬於殖民地的總面積為一千七百多萬平方公里,使它成為一個橫跨歐亞大陸的世界上領土最多的國家。

導致俄羅斯擴張的因素是多方面的。在早期的擴張中,地理因素、自衛因素起很大作用。俄羅斯民族生活的環境,是一望無際的歐亞大平原,從波羅的海直到太平洋,其間沒有不可逾越的山川、沙漠和叢林等天然屏障。這個特定的因素為農民逃避官兵的追捕和漏税、重新尋找生活空間提供了天然條件,也刺激了商人、冒險家深入內陸中心的冒險精神。同時,俄羅斯在歷史上也因此多次受到外部敵人的侵犯,蒙古、瑞典、波蘭等曾征服俄羅斯,為了保衛自己的居住地,俄羅斯人「不得不經常擴張他們的邊界,不讓他們的敵人接近」❷,歐亞大平原人口稀少,遠離東方和西方的政治經濟中心,缺少出海口,以及蒙古帝國的統治崩潰之後形成的空缺,也是造成俄羅斯人擴張的重要原因。

但從彼得一世起直到尼古拉二世,俄羅斯擴張的主要動力則是爭奪歐洲和世界霸權,掠奪歐亞各國的財富,正如恩格斯所

說，「俄國毫無疑問是一個有侵略的野心的國家」❹。爲了爭奪霸權，俄羅斯進行了北方戰爭，俄土戰爭，以及對中國的戰爭，先後取得了波羅的海、黑海和太平洋的出海口，並從一個內陸國擴張爲瀕海強國，成了歐洲大國和世界大國。

在這一過程中，擴張成了俄羅斯民族歷史的重要組成部分，滋生出一種救世主義和世界主義的情結，這個情結把俄羅斯視爲負有某種領導世界的歷史使命的民族，一頭向東一頭向西的雙頭鷹成了這個情結的表面特徵。

俄羅斯的擴張主義是與民族主義和東正教緊密相聯的。它把莫斯科視爲基督教的第三羅馬，試圖繼承君士坦丁堡對東正教地區的統轄權；同時，它又把俄羅斯看成是所有斯拉夫民族的保護人，有義務對東歐和巴爾幹各國進行干涉。這兩者又產生了俄羅斯的東歐情結和巴爾幹情結，前者是指俄羅斯一直想控制波蘭捷克等國以與英、法、德爭奪歐洲大陸的霸權，後者則是在保護東正教和斯拉夫人免遭土耳其和伊斯蘭教踐踏的旗幟下控制羅馬尼亞、保加利亞和南部斯拉夫國家，爭奪黑海出海口。俄羅斯向東部的擴張由於中國和亞洲各國的軟弱和落後，使俄羅斯得以從烏拉爾山一直擴張到太平洋岸邊，占據了一千多萬平方公里的土地並據有了通向太平洋的出海口，充分滿足了俄羅斯向東擴張的「胃口」。因此，俄羅斯成爲世界大國和領土擴張的野心的主要重點就移到了東歐和巴爾幹。

俄羅斯的著名作家陀思妥耶夫斯基（Достоевский）用這樣一段話來表達俄羅斯的救世主義和世界主義：「一個真正偉大的民族永遠不能甘心於它在人類事業中扮演次要的角色，甚至不甘心於扮演一個重要角色，而是經常地和專門地扮演主要的角色」

❷ 。

縱觀俄羅斯的歷史,特別是俄羅斯自十五世紀以來的歷史,可以看出的確存在一個斯拉夫情結,一個影響、控制和制約俄羅斯歷史發展的深層結構。斯拉夫情結的羅斯情結、西歐情結、歐亞情結、村社情結、好沙皇情結、擴張情結和激進情結,從各個不同的方面影響著俄羅斯社會,並構成一個整體,推動俄羅斯向同一個方向運動,而不管這個社會的意識形態是封建社會、資本主義社會還是社會主義社會。

當然,也不能把這個深層結構看成一種全能的、神秘的東西,似乎俄羅斯社會的一切歷史變化都要用這個深層結構來說明。儘管俄羅斯的三種社會形態都深深地打上了它的烙印,但這三種社會形態的特殊機制仍在發揮作用,並且也或多或少地影響和改變著這一深層結構,使俄羅斯歷史發展的每一時期、每一階段都呈現其鮮明的時代特點。更不能認為,用這一深層結構就可以準確地預測俄羅斯社會未來發展的方向。作者僅僅想強調的是,俄羅斯歷史發展中的深層結構過去發生過巨大作用,現在和將來也會對俄羅斯的歷史進程產生不可低估的影響。這正如俄羅斯學者尤‧阿法納西耶夫(Афанасьев)指出的,「在俄國歷史的關鍵時刻,俄羅斯總是選擇了傳統主義的道路」❷。

還應當指出的是,俄羅斯的深層結構包含了較多的俄羅斯的傳統的、保守的和消極的東西,但深層結構本身並不是傳統、保守和消極的同義詞,它也是俄羅斯的國情和民族精神的一種歷史沉澱,也能吸收、容納和消化現代的、新的和進步的成果。

第2章
俄羅斯的憲法原則和政黨制度

第一節　俄羅斯的憲法制度和憲法原則

㈠俄羅斯憲法的演變和一九九三年憲法的制定

　　俄羅斯的歷史長期以來是一部沒有憲法的專制制度的歷史。沙皇擁有至高無上和絕對的權力，沙皇的命令和意旨即爲法律。一九〇五年十月十七日，俄國沙皇尼古拉二世在一九〇五年革命的壓力下，被迫頒發了由俄國著名國務活動家謝・尤・維特首相（С・Ю・Витте，一八四九～一九一五年）起草的《十月十七日宣言》，宣布「賜予」公民信仰、言論、出版、結社和集會自由，

成立國家杜馬，允許各階層居民參加選舉，赦免政治犯。《十月十七日宣言》具有某種「御制憲法」的性質。但這只是沙皇爲鎮壓革命的延緩之計，所謂政治自由並未實現。

一九一七年二月革命推翻沙皇專制後，召開俄國制憲會議以制定俄羅斯歷史上第一部憲法成爲主要的政治問題。布爾什維克黨在十月革命前也曾認可立憲會的重要性，但又認爲立憲會議應承認當時蘇維埃的作用。一九一七年十月二十七日，奪取了政權的蘇俄人民委員會（政府）曾發布決議，要在十一月十二日舉行立憲會議的普選。但在十一月二十八日，蘇俄政府對立憲民主黨組織的「保衛立憲會議」進行了鎮壓，並宣布立憲民主黨爲「叛亂組織」和「人民公敵」，要求各地蘇維埃政權對該黨嚴加管制。一九一七年十二月二十日，蘇俄政府又決定於一九一八年一月五日正式召開立憲會議；一九一八年一月三日，全俄中央執委會（相當於後來的最高蘇維埃主席團）通過了《被剝削勞動人民權利宣言》，並準備在立憲會議上通過。這個宣言宣布「一切政權歸蘇維埃」，立憲會議只能在這一前提下發揮作用。

但是，當時俄羅斯社會還不認可布爾什維克黨的政權，因此在立憲會議選舉中，布爾什維克黨在總數爲七百十五席的立憲會議中，只占一百七十五席，它的盟友左派社會革命黨只有四十人，合起來才二百十五席，不到30％，而反對布爾什維克的社會革命黨獲得三百七十席，占50％還多。在立憲會議開會的當天，蘇俄政府派軍隊包圍了會場。但立憲會議的多數代表仍然拒絕了布爾什維克黨向會議提出的《權利宣言》，一月六日，蘇俄政府又強行下令解散了立憲會議❷。當時，立憲會議曾被視爲俄國政治自由的一個標誌。它的被驅散標誌著俄國脫離了西歐政治發展

的軌道，使俄國沿著一黨專政的方向發展。

一九一八年四月十一日，全俄蘇維埃中央執委會成立了以斯維爾德洛夫（Я·М·Свердлов，一八八五～一九一九年，全俄蘇維埃中執委主席）爲首的憲法起草委員會。該委員會起草的憲法草案在七月十日爲全俄蘇維埃第六次代表大會通過，這就是俄羅斯歷史上第一部憲法，也是世界上第一部社會主義的憲法，即《俄羅斯蘇維埃聯邦社會主義共和國憲法（根本法）》。

一九二四年一月三十一日，又有了蘇聯的第一部憲法《蘇維埃社會主義共和國聯盟根本法（憲法）》。一九三六年和一九七七年，蘇聯又先後兩次通過和制訂了新的憲法。在此期間，俄羅斯作爲蘇聯的主體，沒有單獨制訂自己的憲法。到一九八八年，蘇聯又對一九七七年憲法進行了新的重大修改。

從一九一八～一九八八年，蘇俄七十年間制訂的幾部憲法，形成了以下幾個重要的憲法原則：

一黨領導原則

一九一八、一九二四年的憲法沒有提及共產黨。一九三六年蘇聯憲法第一次明確規定：「蘇共，即勞動者爲建成共產主義的先鋒隊，是勞動者所有一切社會團體和國家機關的領導核心」，一九七七年蘇聯憲法再次重申：「蘇共，是社會主義政治體制的領導和指導力量，是國家機關、社會組織的核心」。這就是後來有名的「憲法第六條」。這一條憲法原則保證國家的一切政權都處於共產黨的領導之下。

民主集中制——蘇維埃制原則

一九一八年的蘇俄憲法規定了集中制的原則。一九七七年蘇聯憲法規定：「民主集中制把統一領導同地方上的主動性創造性統一起來，把國家機關、工作人員、責任心統一起來」。民主集中制在蘇俄的實踐中實際上就是高度中央集權制，在個人服從組織、地方服從中央，下級服從上級和局部服從整體的精神引導下，逐步形成了蘇俄的領袖集權制和少數掌握大權的領導者的專制。它抹煞了個人的自由和地方的創造性，使全國從上到下形成森嚴的等級制。

民主集中制是作爲與西方的三權分立的憲法原則的對立物而形成的，它的國家政權組織形式就是一切政權歸蘇維埃，即蘇維埃制。這就是說，蘇俄的政府形式既不是總統制，也不是內閣制、議會制，而是蘇維埃制，蘇維埃不僅是代表立法機關，而且也是國家的最高權力機關，其地位高於行政權和司法審判機關。

公有制原則

蘇俄的理論把私有制視爲萬惡之源，是一切不平等的根源。因此蘇俄憲法把廢除和消滅生產資料私有制，實行國家、集體公有制作爲一項基本原則加以固定下來。一九一八年的蘇俄憲法宣告廢除土地私有制，全部土地爲全民財產；一九三六年蘇俄憲法規定：「蘇聯之經濟基礎，爲社會主義經濟體系及生產工具與生產資料社會主義所有制，此體系及所有制因剷除資本主義經濟體系，廢除生產工具與生產資料私有制以及消滅人對人剝削而奠定」。蘇聯時期的公有制以國家所有和集體所有爲主，而又把國

家所有視爲最主要和更高級的所有制形式。私有制在一九九〇～一九九一年前幾乎不存在。與公有制相對應，蘇俄憲法還規定了集中管理的計劃體系和「按勢分配」以及社會保障制度。

一九八五年蘇俄開始改革之後，蘇俄的政治形勢發生了很大變化，原來制定的憲法已不能適應蘇俄社會的實際情況。一九九〇年四月，蘇聯人民代表大會對憲法第六條的內容進行了修改，刪去了有關共產黨領導的內容。同年，在俄羅斯也進行了代表機構的選舉，葉利欽等反對派開始登上俄羅斯的政治舞台。一九九〇年六月，俄羅斯首次人代會決定制定俄羅斯憲法，並組成了以俄最高蘇維埃主席葉利欽爲首的憲法起草委員會。一九九〇年十一月，憲法委員會公布了自己的憲法草案，並廣泛徵求社會各界的意見。此後，俄羅斯的政治局勢變化極大，原來制定的新憲法草案也跟不上這種形勢。因此這一憲法草案在一九九一年十月提交俄第五次人代會審議時也未獲通過。

蘇聯的解體過程也引起了俄羅斯社會的巨大動盪。在原來的蘇俄憲法不適用，新憲法又未能及時通過的情況下，政治的無序和鬥爭也加劇了。由於缺乏一部有權威性的國家根本大法，因此各種政治力量和政權機構都引用對自己有利的憲法條文，並指責對方破壞憲法。這種政治鬥爭首先在俄羅斯總統和俄羅斯議會之間展開。雙方都同意維護現有的憲法制度，但又都同意要加緊制定新憲法。但誰能主導新憲法的制定，誰就能在政治鬥爭中占上風。因此，在一九九二～一九九三年間，俄總統與議會在制定憲法上展開了一場激烈的政治鬥爭。

按照過去的原則，制憲權應屬於俄羅斯議會。俄議會公布的憲法草案仍堅持蘇維埃制度，蘇維埃—議會對俄政治有主導權。

而議會的憲法草案遭到俄總統葉利欽的堅決反對。他的支持者指責議會的憲法草案還帶有蘇俄憲法的特點，主張建立以總統爲核心的權力制度。雙方在制憲上的鬥爭越演越烈。到一九九三年，葉利欽總統決定繞過議會，主持召開了俄制憲會議，把俄議會撇在一邊。這又激起議會的憤怒。葉利欽總統終於決定用武力解散俄羅斯議會，並演出了一九九三年十月「炮打白宮」的事件。十月事件後，葉利欽的總統制憲法草案成爲唯一的方案。一九九三年十二月十二日，俄羅斯舉行全民公決，參加投票者以58.4％的多數通過了俄羅斯憲法。

制憲本是一個國家和社會邁向民主社會的一個主要步驟，但它在俄羅斯卻經歷了如此殘酷的鬥爭，以至於使這部憲法也染上了些許血腥，並遭到了許多政黨的批評。共產黨人指責它是「反人民的憲法」，一些民主黨派人士認爲這部憲法「不民主」，是「專制制度的憲法」，是十分危險的工具，有可能給國家帶來災難。儘管如此，俄羅斯九三年憲法的通過卻是無可爭議的，因此它後來也被各黨所接受。

爲了避免類似情況在俄羅斯重演，俄九三憲法在第九章專門就憲法的修改與重新審議作了如下明確規定：

修憲的提出權爲總統、政府、議會和各聯邦主體的議會，或俄議會兩院不少於五分之一的代表集體所有；

俄議會兩院本身不能修憲，它提出修憲的建議如涉及到憲法的一、二、九等三章的內容，須要有五分之三通過，然後由制憲會議審議；制憲會議或贊同修改，或決定無須修改；制憲會議通過新的憲法草案要有三分之二多數同意；這一草案通過後還須由參加全民公決的二分之一以上的選民贊成方被視爲最後通過。

但俄議會兩院有權以三分之二多數修改憲法中第三至八章的內容，通過後即可生效。這幾章涉及的是俄聯邦制、俄總統制、議會制、政府、司法權和地方自治。

㈡俄羅斯九三年憲法的基本原則

九三憲法在第一章中，對俄憲法制度的基礎作了詳盡的表達，這些基本原則是：

俄羅斯是共和制的民主聯邦法制國家

九三憲法把俄羅斯的國名規定爲「俄羅斯聯邦」和「俄羅斯」。蘇俄時期，俄國國名爲「俄羅斯蘇維埃社會主義共和國」。一九九一年十二月，俄最高蘇維埃通過更改國名法，把國名改爲「俄羅斯聯邦（俄羅斯）」。在一九九二年四月的俄第六次人代會上，曾一度以871：30：30（贊成：反對：棄權）通過了「俄羅斯」這一單一國名，否定把「俄羅斯聯邦」作爲國名，認爲俄領土上大部分是俄羅斯公民，各小民族的地位也已受到尊重，不一定非以「聯邦」作國名。但幾經周折，最終還是通過了雙重國名。九三憲法明確載入了這一點，並指出兩個國名含意相同。

共和、民主、聯邦和法制等詞語，實際上是爲俄羅斯的國名定體、定性。它表明，俄是一個共和制國家。這主要針對蘇俄解體之後，俄社會出現了恢復沙皇君主立憲制的呼聲，一些人主張把沙皇作爲俄國的象徵，以體現俄羅斯的傳統性、民族性，一些人甚至還主張把流亡在外的羅曼諾夫末代皇族的後裔請回國，重新繼承王位。九三憲法否定了這一思潮。

民主和人民主權原則

俄九三憲法規定：俄聯邦各族人民是它的主權的擁有者和權力的唯一源泉；民主原則在俄體現為人民可以直接地或者透過國家權力機關和地方自治機關行使自己的權力，全民公決和自由選舉是人民行使權力的最高直接體現。九三憲法還特別載明：任何人不得將俄羅斯聯邦的權力據為己有，對篡奪權力或把權力職能據為己有者，要按聯邦法律追究責任。

聯邦制原則

這一原則體現為兩方面，一方面體現為俄聯邦作為一個整體的主權性、憲法和聯邦法律的統一和最高效力，聯邦領土的完整性和不受侵犯性；另一方面，聯邦由各平等的聯邦主體構成，各聯邦主體擁有自己的憲法和法律，與聯邦實行權力劃分，在相互關係上一律平等。

法制原則

九三憲法規定，各社會團體在法律面前一律平等，宗教團體與國家分離並在法律面前一律平等。憲法具有至高無上的地位，在全聯邦具有最高的法律效力；法制原則尤其體現為，不僅一般公民須守法，而且國家權力機關、地方自治機關、公職人員都必須遵守俄憲法與法律。俄法制原則還力圖與國際社會接觸，它把公認的國際法原則和規範以及俄羅斯聯邦簽署的國際條約作為俄法律體系的組成部分。

三權分立原則

九三憲法在原則上否定了過去的權力高度集中的制度，規定國家權力的行使是建立在立法權、執行權和司法權分立的基礎上，立法、執行和司法權力機關相互獨立。俄立法權主要由俄議會、執行權由總統和政府、司法權由聯邦法院分別行使。但實際上，俄的三權分立是以總統制爲核心的，總統的權力實際上比議會和法院的權力大得多，地位也高得多。俄權力分立的原則也體現在聯邦中央與聯邦地方主體的關係上，在各自範圍它們分別行使自己的職權，地方自治機關在其職權範圍內獨立行事。

政治和意識形態多元化原則

九三憲法規定，俄聯邦承認意識形態的多樣性，任何意識形態均不得被規定爲國家的或必須遵循的意識形態，在俄羅斯承認政治多元化和多黨制。俄聯邦是世俗國家，任何宗教，包括俄羅斯人信奉的東正教，不得被規定爲國家的或必須信仰的宗教。

保護私有制和自由經濟的原則

和過去蘇俄的憲法相比，九三憲法的特點之一是明確地承認多種所有制的存在，平等地承認和保護私有制、國家所有制、地方所有制以及其他所有制形式；與此相應，俄憲法還保障商品、勞務和財政資金的自由流動，鼓動競爭和自由的經濟活動。

社會保障原則

九三憲法與過去的蘇俄憲法也有類似的地方，其中較突出的

一點就是社會保障原則。俄羅斯九三憲法宣布自己是「社會國家」，其政策致力於創造保障人的正當生活和自由發展的條件，俄羅斯保護人的勞動和健康，規定有保障的最低勞動報酬標準，保證國家對家庭、母親、父親、子女、殘疾人和老年人實施幫助，發展社會服務體系，建立國家養老金、補助金以及其他社會保障。

第二節　俄羅斯的人權、自由和新聞媒介

㈠俄羅斯的人權與自由

蘇俄時期，特別強調人的階級性、集體性、組織性和紀律性，很長時間內否定人權和人的個性自由。儘管蘇俄一九三六年憲法和一九七七年憲法中，對人的權利和自由也有明確規定，例如，三六年憲法取消了對公民權利的階級限制，專章規定所有公民都擁有勞動權、休息權、物質保障權、受教育權、男女平等、民族平等、宗教信仰自由、言論、出版、集會、結社、遊行自由等，但實際上，俄羅斯公民的人權和自由沒有得到很好的實現。雖然到七〇至八〇年代，蘇俄人權有一些改善，但在整個蘇俄的七十多年中，公民的人權和自由被嚴重地殘踏了。三〇年代的大規模的恐怖和迫害，使上千萬的人民受到嚴重摧殘和傷害，數百萬人死於非命，使對人權和公民自由的破壞達到了高峰。斯大林時期國家安全機關對公民的迫害，甚至比沙俄時期還要厲害。沙俄時期對列寧、斯大林等反沙俄皇專制的革命者，採用了流放西伯利亞的殘酷手段，但大規模處決革命者的現象較爲少見；而三

○年代中期，安全機關用各種非法手段對公民進行殘酷折磨和嚴利拷打。甚至像布哈林、李可夫、季諾維也夫和加米涅夫等高級領導人，也死於非命。

在五○至六○年代，蘇俄社會開始出現對現政權持反對立場的「持不同政見者」，他們以薩哈羅夫（Сахаров）、索爾仁尼琴（Сорженичн）爲代表，對蘇俄社會中踐踏人權和自由的現象進行了嚴厲批評。保衛人權、爭取言論和出版自由成爲這一運動的主要組成部分。一九七○年，薩哈羅夫爲首組織了「蘇聯人權委員會」。蘇俄社會的這批人權運動的積極分子受到西方的支持。在執政的蘇俄共產黨內，也有諸如赫魯曉夫、勃烈日涅夫等領導人對三○年代的大規模踐踏人權和自由的現象進行批評。在蘇俄的後期，七○至八○年代，人權和自由比過去有一些改善。到八○年代中後期，蘇俄社會中的大多數人對人權和自由都有了新的認識，形成了比較一致的意見。

正是在這種背景下，俄羅斯社會在蘇共、俄共喪矢執政地位的九○年代初期，比較順利地完成了確認人和公民權利與自由這一原則的工作。一九九一年十一月二十二日，俄羅斯聯邦最高蘇維埃通過了《人和公民的權利與自由宣言》。一九九三年十二月十二日，全民公決通過的俄羅斯聯邦憲法又確認，人和他的權利與自由具有至高無上的價值，承認、遵循和維護人和公民的權利與自由是國家的義務。人和公民的權利和自由是俄憲法的最重要的原則，憲法對此作了專章規定，其篇幅也是整個憲法最大的一部分。九三年憲法共一百三十七條，其中關於人權和自由就占了三十八條。

在人權與自由宣言和俄憲法中，俄羅斯社會確認了以下人權

和自由：

平等權

在法律和法庭面前人人平等、男女平等、機會平等，人的權利和自由平等，不以任何條件和情況爲轉移，禁止以任何形式限制公民的這一權利。

生存權

每個人都有生存的權利。在死刑廢除之前，可採用特殊措施懲罰嚴重犯罪者。

保護個人尊嚴

自由和人身不受侵犯，保護私生活權。俄憲法規定，任何事情都不能成爲貶低個人尊嚴的理由，任何人都不應受到任何貶低個人尊嚴的待遇或懲罰；只有法院才可判決對個人實施逮捕、關押、監禁，在法院判決前，拘押不得超過四十八小時；個人私生活不可侵犯，隱私權、秘密通訊、會談等權利受保護，只有法院判決才能加以限制；私人住宅不受侵犯。

自由遷徙權

每個公民可自由遷徙、選擇停留和居住地、自由移往國外，並可不受阻礙地返回俄羅斯。

信仰、宗教、思想、言論、集會和結社自由權

俄羅斯公民的上述權利受國家保護，在上述活動中不受任何

強迫，但禁止宣傳社會、種族、民族、宗教或語言的優越，禁止從事煽動公民互相敵對的宣傳，禁止進行書報檢查，公民集會時不能攜帶武器。

參與國事權

包括享有直接或透過自己的代表參與國事，有權參加選擇或被選舉，有權參加全民公決，公民爲國家服務的機會平等，享有參加司法審判的權利，可向國家、地方機關請願和投送個人或集體請願書的權利。

經濟活動權和私人財產權

公民可自由地利用自己的能力和財產從事經濟活動，私人所有權受法律保護，私人財產不能被剝奪，（法院判決除外），私人財產被國家強性徵用時應給予等值補償。私人財產的繼承權受保護。公民及其團體有權擁有土地私有權。

參與社會活動和社會保障的權利

九三憲法規定，每個人都有自由勞動權，禁止強迫勞動，也享有休息權；母親、兒童和家庭受國家保護，公民因病、致殘、喪失供養等可享受社會保障，可擁有退休金、補助金和享有擁有住宅的權利，有權享受健康保護和醫療補助；每個人有受教育權，國家保障每個人享受免費教育（至基本普通教育和中等職業教育），每個人在競爭基礎上有享受國家、地方和事業給予的免費高等教育的權利；每個人享有文學、藝術、科技的創作和教學自由，知識產權受法律保護，享有參與文化生活的權利。

司法保障權

每個人可向法院控訴國家機關、公職人員,還可向保護人權和自由的國際機構控訴;被告有權獲得法律幫助。

俄羅斯公民可擁有雙重國籍,不能被驅逐出俄聯邦國境或被交給他國

俄羅斯憲法還強調指出,人的基本權利和自由是與生俱有不可轉讓的,是直接有效的,它們決定法律的含義、內容及其適用,決定立法權和執行權以及地方自治的活動,並受到司法保障。人權與自由是俄政治活動的基礎。它和憲法中的第一章即憲法制度的基礎一樣,是俄憲法中不允許聯邦會議(兩院)隨意修改,須經過特別程序方能更改和修正的。

俄羅斯關於人權和自由的規定,很顯然是吸收了西方和國際社會的準則,並結合蘇俄時期人權和自由的實踐中的教訓而制定的。但其中如社會保障條款和參與社會生活的條款,也明顯地是繼承了過去蘇俄時期的一些好的實踐經驗。

應當說,俄羅斯人權和自由宣言和憲法中的有關條文是俄社會進步的一個標誌。當然,從原則上和法律規定是一回事,在實踐中能否做到又是一回事。從俄羅斯一九九一年獨立後的情況來看,俄羅斯比過去是空前的自由,公民的政治自由權利比過去任何時候都多,以至於到了「無序自由」和「無政府」狀態。因此,也有一些學者批評說,在俄羅斯,人們獲得了政治自由,可以上街遊行示威,可以組建政黨,可以批評政府和總統,但大多數人沒有獲得經濟自由;人們可以用錢買到一切,但大多數人正

好沒有錢，所以他們仍然是不自由的，「自由的人生活在不自由的社會中」㉙。在俄羅斯要實現充分的人權和自由，仍需要一段漫長的時期。

(二)俄羅斯的新聞媒介與新聞自由

在蘇俄時代，蘇聯曾是人均書籍報刊擁有量最多的國家之一。一九八〇年，蘇聯出版了八億多種書籍，發行量達十七億多冊，平均每天出版四百八十二萬冊圖書，每一百個居民有六百六十三冊圖書。雜誌在一九八〇年達五千二百三十六種，其中發行量大的有數十種，如《女工》為一千三百萬冊，《農民》六百五十萬冊，《共產黨人》一百萬冊；報刊一九八〇年有八千零八十八種，發行量最多的是《真理報》一千零七十萬份，《消息報》七百萬份，《共青團真理報》一千萬份；此外還有《蘇俄報》、《紅星報》、《勞動報》等。廣播和電視也很發達，但蘇俄時代所有的新聞出版媒介均為官方控制，受官方檢查，所有的報刊書籍電視電台都把宣傳官方的意識形態作為最主要任務。實際上沒有新聞自由。

八〇年代末期，新聞界一統天下，一個聲音的局面開始打破。在戈爾巴喬夫倡導的「公開性」思想的鼓勵下，逐漸形成了俄羅斯社會的自由與論界。它們在促使蘇共瓦解和蘇聯解體的過程中，起了很大的作用，成為從葉利欽為首的反對派奪取政權的重要工具。

俄羅斯在一九九一年獨立後，進一步發展了新聞自由的原則，基本上取消了官方對新聞媒介的檢查。俄羅斯的報刊具有意識多元化的特徵，各種思想都有其陣地。現在在俄羅斯影響較大

的報刊主要有《俄羅斯報》（俄政府機關報），《獨立報》、
《消息報》、《真理報》、《蘇俄報》、《紅星報》、《莫斯科
新聞》以及《論據與事實報》、《星火》周刊等。這些報刊大都
爲獨立報刊，但也具有各自的黨派傾向，如《真理報》是過去蘇
共中央的機關報，現在仍然具有明顯的社會主義傾向，是反對派
的報紙之一。電視廣播系統基本爲俄政府控制。

在俄尖銳的政治鬥爭中，俄政府和議會都曾試圖控制新聞報
刊爲己所用。一九九二年一月二十日，當時的俄最高蘇維埃曾作
出決定，議會在俄國家電視廣播公司設立其代表機構；一九九三
年三月，議會決定在全俄電視廣播公司中增設議會管制的節目頻
道；還把《消息報》作爲自己的機關報進行管制。而葉利欽總統
和俄政府也根據政治鬥爭的需要，或者決定加強和保護新聞自
由，或決定停止一些反對派的報刊的印刷發行。一九九一年八月
二十二日，葉利欽曾暫停了《真理報》、《公開性》、《工人論
壇報》、《莫斯科真理報》、《列寧旗幟報》等報刊的出版，理
由是它們支持了「八‧一九」政變。後在國際記者協會等國內外
新聞界的支持下，這些報紙才得以復刊。一九九三年三月二十二
日，葉利欽總統針對議會將《消息報》變爲其機關報的做法，發
布了《保護新聞自由》的總統令，並責成內務部保護國家電視
台、通訊社和出版印刷部門；一九九三年十月四日，在「炮打
白宮」事件中，葉利欽政府以支持違法行動爲名，勒令《真理
報》、《蘇俄報》、《一日報》、《工人論壇報》、《公開
性》、《俄羅斯法制》、《俄羅斯消息報》等停刊；十二月六
日，葉利欽簽發的總統令決定，中止議會在一九九三年三至七月
間的有關決定，以保護新聞自由的實現。

在俄的新聞活動中，俄通社—塔斯社和俄新社有較大的影響。一九九二年一月，葉利欽總統發布命令，將原蘇聯通訊社—塔斯社與俄羅斯通訊社合併。塔斯社是俄最有影響力的通訊社之一。它是一九〇四年九月一日經沙皇尼古拉二世批准成立的，當時名爲彼得堡通訊社，一九一四年又更名爲彼得格勒通訊社，一九一八年，蘇俄著名詩人馬雅可夫斯基參與了在彼得格勒通訊社基礎上創建俄羅斯通訊社—羅斯塔的工作。一九二五年，蘇聯蘇維埃中央執委會決定將羅斯塔改爲蘇聯通訊社，即塔斯社。它報導了蘇俄歷史上幾乎所有最重大的事件。一九九二年，塔斯社與俄通社合併。一九九三年十二月，根據俄羅斯總統令，俄通社—塔斯社成爲國家中央通訊社，使它具有了官方身份，並得到授權，該社社長、副社長可以政府名義拍發電報。俄通社—塔斯社設一名總社社長和五名政府任命的副社長，享受政府部委負責人的待遇。

俄羅斯新聞社是與俄通社—塔斯社並列的另一家大的國家通訊社。俄新社的前身是蘇聯新聞社，成立於一九六一年。一九九三年，俄新社被確認爲官方通訊社。這家有一千五百人的通訊社是俄國內重要的新聞來源。

俄通社—塔斯社和俄新社一起，幾乎壟斷了俄羅斯新聞的訊息來源。另一家通訊社—國際文傳電訊社的作用遠遜於這兩家新聞社。

第三節　俄羅斯的政黨政治與利益集團

㈠俄羅斯政黨政治的演變

　　俄羅斯的政黨發源於十九世紀。一八一六年，俄國進步的貴族軍官在法國資產階級革命和一八一二年俄法戰爭的影響下，成立了俄國歷史上第一個秘密革命團體「救國協會」，後改組爲「幸福協會」。一八二一年，俄國又成立了以穆拉維約夫（Н·М·Муравьёв，一七九六～一八四三）爲首的「北方協會」和以彼斯捷里（Д·И·Пестель，一七九三～一八二六）爲領導的「南方協會」。他們主張廢除農奴制，建立君主立憲政體，還起草了俄羅斯第一部憲法草案。北方協會和南方協會在一八二五年十二月發動了反對沙皇的起義，被鎮壓。十二月黨人的組織是俄國近代政黨的雛型。

　　十九世紀末和二十世紀初，在反對沙皇專制的鬥爭中，在資產階級的改良運動中，俄國產生了一大批政黨，其中影響較大的有：代表大資產階級和貴族上層的「十月黨」，又稱「十月十七日同盟」。該黨成立於一九〇五年十一月，主張實行君主立憲，召開國家杜馬，使俄國憲法適應沙皇專制的需要；另一個俄國資產階級的政黨是立憲民主黨，一九〇五年十月由資產階級知識分子和自由派地主組成，其主張與十月黨人相似。小資產階級的政黨的主要代表是民粹派政黨。一八七九年民粹派成立了以進行個人恐怖作爲反對沙皇專制主要手段的民意黨。該黨成員曾多次刺殺沙皇政府要員，並於一八八一年三月炸死了沙皇亞歷山大二

世。民意黨被鎮壓後，在一九○二年又成立了民粹派的第二個政黨，即社會革命黨，社會廿命黨繼承了民意黨的個人恐怖策略，主張在聯邦制基礎上建立民主共和國，實行土地社會化，以農民為主體實現民粹派主張的「社會主義」。後來，在一九一七年九月，社會革命黨又分裂出一個左派，名為「左派社會革命黨」。

在西歐的馬克思主義和社會主義運動的影響下，俄國在一八九八年成立了俄國社會民主工黨。該黨在一九○三年的第二次代表大會上又分裂為兩個政黨，一個叫孟什維克（Меньшевик, 少數派）。一個叫布爾什維克黨（Большевик, 多數派）。孟什維克黨是俄國一個類似於西歐的社會民主黨的組織，主要特點是反對暴力革命和無產階級專政。布爾什維克黨就是後來的俄國共產黨的前身。

在一九一七年二至十一月間，俄國歷史上出現了第一次政黨政治的格局。當時，立憲民主黨等把持著臨時政府，孟什維克、社會革命黨把持著蘇維埃權力機構。在一九一七年十月革命後，布爾什維克黨上台執政。一開始，列寧為首的布爾什維克黨也曾試圖與左派社會革命黨聯合執政，並允許孟什維克、社會革命黨活動。但在內戰過程中，布爾什維克黨用「契卡」（即全俄肅反委員會簡稱）對這些政黨進行壓制和鎮壓。到一九二一～一九二二年中，俄國所有的政黨都消失了，只剩下俄共一黨獨存，形成了共產黨的「黨治制」。在斯大林執政時期，斯大林把一黨制用憲法形式固定下來，認為社會主義國家只能允許一個黨，即共產黨的合法存在，其他的政黨，不論是否支持社會主義，都應取締。

蘇俄時期的政治實際上也是一黨政治，即執政的共產黨對國

家政權和國家政治生活的壟斷。這種一黨政治的主要特徵是：

黨對權力的壟斷

在蘇俄的政治體制中，形式上一切政權歸爲蘇維埃，有蘇聯人民代表大會、蘇聯最高蘇維埃等國家權力機構，但實際上一切實權都在共產黨手中。黨的總書記是最高領導職務；總書記有的時期兼任國家行政職務，如部長會議主席（總理）、最高蘇維埃主席等，有時也不兼。但不論怎樣，總書記這一職務是最高的職務，是至高無上的。黨的政治局是最高決策機構，由掌握實權的人物組成，如國防部長、內務部長、安全部長、總理等，往往少數幾個政治局委員就決定了國家的命運。例如，蘇聯入侵阿富汗，就是由當時的總書記勃列日涅夫、國防部長烏斯季諾夫和外交部長葛羅米柯三人決定的。黨的中央書記處及其領導下的各個部，實際上是國家的執行機關。它有著與國家政府平行的部、委機構，例如，蘇共中央設有化工部、重工業部、郵電部、運輸部、商業部等，對相應的國家機關進行歸口領導。總之，在權力結構中，黨的地位高於議會、政府和法院。

黨的決議、組織和生活方式的國家化

在蘇俄的一黨制中，黨的決議就是國家法律，它透過黨員占支配地位的議會形成爲全社會必須執行的法律。黨的組織原則也是國家的政治生活的原則。例如，按照蘇聯憲法，蘇聯各共和國都擁有一定的地方自治權。但是，在蘇共中央與共和國黨中央之間，沒有自治的關係，只有服從關係、等級關係，領導與被領導關係，因此在蘇聯中央與地方國家機關的關係也是一種服從關

係。蘇俄名義上是聯邦制國家，但實際上透過共產黨的一黨制機構，蘇俄實際上成爲一個最嚴格的中央集權制國家。共產黨從上到下的組織網絡，透過黨在議會中的黨團，在政府機構中的黨組以及軍隊中的政治機構，使黨的影響無所不在；蘇共使國民生活也高度意識形態化和政治化，從國民教育到報刊宣傳，再到人們的家庭生活和日常生活，都被蒙上一層「紅色」。在一黨制下，黨就是國家，黨就是法律，黨就是道德準則和良心的化身。黨就是一切。

黨的特權制

在一黨制下，黨的權力至高無上，實際上處於不爲社會監督的特殊地位。更主要的是，黨的合法性不是來自於以選舉方式而實現的社會認可，而是來自於理論的權威性和真理性，來自於黨掌握了社會發展的規律。因此，黨的執政地位、領導地位是不可更替的。黨一執政就將永遠持續下去，一直到實現共產主義。這種理論爲蘇俄時期的黨的幹部的特權製造了理論依據。由於黨的領袖不取決於人民的選舉和認可，因此蘇俄時期黨的幹部大多是終身制、長期一貫制、上級任命制，只對黨的上級機關負責，不對下層群眾負責，甚至由於在黨內也缺乏真正和嚴格意義上的選舉制，因而黨的幹部實際上也不對黨員和黨本身負責。蘇共黨的各級幹部不受監督，成了社會上的一個特權階層。他們之中的許多人利用職權爲自己和身邊的人撈取好處。他們享有一般老百姓無法享受的特殊的住宅、醫療、食品和交通、療養的待遇。

從政治學的角度看，從蘇俄的實踐來看，雖然不能否認一黨制也有某些長處，例如決策迅速，執行權力集中，能保持社會的

持續穩定，也促進了蘇俄的經濟社會的發展等，但這種一黨政治使權力過於集中，產生決策上的盲目和爲所欲爲，貪污腐敗之風日盛一日，社會道德如江河日下，對整個社會產生敗壞的作用。

正是這樣一種體制的弊端之發展，導致了八〇年代中後期蘇俄社會的政治大變化。隨著政治改革的進行，蘇俄社會中產生了一種要求改變這樣一種一黨政治的勢力。在一九八八年後，蘇俄的各種社會政治團體和政黨如雨後春筍般湧現。據當時的非正式統計，在蘇俄出現了約六萬多個非正式的組織。這些組織五花八門，從極端保守的保皇黨人到最極端的民族主義者，都在各種組織中聚合起來。

但在這一時期，最引人注目的是這樣一些政治組織：(1)民主聯盟。這是一九八八年五月在莫斯科成立的一個最早公開反共反社會主義的政治組織，主張在蘇俄取消共產黨的領導，實行多黨制，並仿照西方實行廣泛的自由原則。但這一組織的影響不大，很快被其它組織所淹沒；(2)另一個最重要的政治組織是以葉利欽和薩哈羅夫（А·Д·Сахаров，一九二一～一九八九，蘇聯著名的核物理學家和持不同政見者，諾貝爾和平獎獲得者）等爲首的「蘇聯跨地區議員團」，它成立於一九八九年七月，是蘇聯人民代表大會中的激進民主派的有組織的反對派。一九九〇年三月，蘇聯人民代表大會通過憲法修正案，對著名的憲法第六條做了重大修改，刪去了原文中有關共產黨領導的內容，實際上允許其他政黨的合法存在。一黨制也就此宣告結束。俄羅斯進入了多黨政治的時代。

㈡當代俄羅斯的主要政黨和政黨體制

在蘇俄時代，共產黨是唯一的全國性的大黨。它有一千八百多萬黨員和數萬計的基層組織。在一九九一年八月事變後一個時期，蘇共、俄共被禁止活動和自行解散。此後，在過去一黨制的廢墟上逐步形成了俄羅斯的政黨體制。當然，這一政黨體制還極不成熟，還處在發育過程中。但它已經具備了一些與過去明顯不同的特徵。

俄羅斯憲法第十三條規定：「在俄羅斯聯邦承認政治多元化和多黨制」。俄羅斯在一九九一年正式獨立後，就在俄國實行了多黨制，允許各種政黨的存在，允許公民自由建立政黨和政治組織，俄羅斯憲法只「禁止建立旨在用暴力手段改變憲法制度的原則、破壞俄羅斯聯邦的完整、危害國家安全，成立武裝組織、煽動社會、種族、民族和宗教糾紛的社會團體聯合的活動」。除此之外，其他政黨，不論是自由主義還是保皇主義，也無論是社會民主主義、社會主義還是宗教性質的政黨，都允許活動。一九九二年俄羅斯司法部正式對政黨和政治組織進行法律登記，共有一千多個政黨和組織登記後成爲合法組織。

最能說明俄羅斯的多黨政治的是關於是否允許俄共合法活動的審判案。一九九一年的政治變化是以俄羅斯社會的反共、排共爲其主要特徵的。一九九一年八月二十三日、二十五和十一月五日，俄羅斯總統葉利欽先後簽署三項法令，宣布停止俄共蘇共活動，沒收其財產，禁止其在俄羅斯境内進行活動，解散其組織機構，主要根據是因爲蘇共和俄共參與和支持了一九九一年八月的「叛亂」；同時，一九九一年八月二十四日，蘇共中央總書記戈

爾巴喬夫也發表叛黨聲明，宣布辭去總書記職務，要求蘇共中央自行解散，各加盟共和國和地方黨組織自行決定自己的前途。

一九九一年十二月，三十七名原共產黨的人民代表向俄羅斯憲法法院提出申訴，要求審理葉利欽的上述命令是否違憲。俄共議員在申訴中認為，葉利欽作為總統在法律上無權取締共產黨，葉的命令干涉了司法機關的權限；公民結社權受法律保護，不應由共產黨員對八月事變承擔責任，由黨員交納的黨費形成的財產，政府無權沒收，共產黨雖犯有錯誤，但對國家也有重大貢獻。經過一年的訴訟，俄羅斯憲法法院在一九九二年十一月三十日作出判決，決定停止審理這一案件，並判定：葉利欽總統關於停止蘇共和俄共在俄羅斯領土上的活動的決定是符合憲法的，但解散基層組織是違法的；關於共產黨的黨費和財產，一部分是無爭議的，另一部分有爭議，交由地方仲裁法庭審理。這一判決實際上給予共產黨合法生存的機會。一九九三年二月，俄共在莫斯科召開二大，宣布重建俄共，成為一個合法政黨。俄共恢復其合法地位也表明了俄羅斯的多黨政治原則得到實現。

俄羅斯政黨制度的另一個特徵，是把政黨與國家行政機關區分開來，禁止政黨干預國家行政機關的工作。一九九一年七月二十日，葉利欽總統為了對抗蘇聯中央政權，針對蘇共在軍隊、國家機關、企業事業單位中透過黨的基層組織進行控制的特點，頒布了俄聯邦國家機關非黨化的命令，不允許各政黨和政治組織在聯邦各級國家行政管理機關、經濟組織中建立黨的組織，公民是否參加政黨不應成為其擔任公職的理由，擔任公職的人在其公務活動中不受政黨和政治組織的決定的限制，國家工作人員只能在非工作時間，在國家機關、團體、組織和企業之外參加政黨和政

治組織的活動。葉利欽的這一命令表面上禁止一切政黨在國家機
關中活動，實際上主要禁止俄共的活動，因爲當時只有俄共在這
些機關中有基層組織。在一九九三年四月，當俄共重新恢復活動
時，葉利欽再次頒布總統命令，對一九九一年的上述命令作出了
補充規定。

　　實際上，俄羅斯的各個政黨，不管是共產黨，還是自由主
義、民主主義政黨，對俄羅斯國家權力機關、武裝力量以及國家
的政治生活的影響是很有限的。各政黨參與政治的主要途徑是透
過選舉進入國家杜馬，在其中組成議會黨團，力圖對杜馬通過的
決議和法律施加自己的影響，並透過杜馬對國家權力機構進行有
限的制約。和西方國家的政黨政治相比，俄羅斯各政黨對政治的
影響力是很弱的。國家總統是無黨派人士，他有權組織政府，憲
法也沒有明確規定由在選舉中在議會占多數席位的政黨組成內
閣，總統完全根據自己的意願從各政黨成員和無黨派人士中挑選
人選，總統任命部長或解除部長職務都不受政黨的制約。因此，
嚴格說來，俄羅斯無所謂執政黨和在野黨之分。那些在政府中有
其成員參加的政黨可以稱之爲參政黨，而那些反對總統和政府方
針的政黨可以稱爲反對黨。這也可以說是俄羅斯當前政黨政治的
一大特色。

　　與此相連，俄羅斯政黨政治的第三個特徵，是俄羅斯在今後
較長時間裡，很難產生一個強大的全國性政黨。一九九二～一九
九五年，在俄羅斯政壇上較有影響的政黨主要有：

俄羅斯共產黨

　　從人數和組織規模上看，俄共有約五十至六十萬黨員，在俄

八十九個聯邦主體中的八十八個主體有二千個區級組織，有二萬個基層組織，是俄羅斯最大最有組織的政黨。俄共的前身是俄國社會民主工黨—布爾什維克黨。一九九二年成立蘇聯時，各加盟共和國都有單獨的共和國黨中央，而俄共則變爲聯共和蘇共，在俄羅斯聯邦境內不存在單獨的俄羅斯共產黨。直到一九九〇年六至八月，俄共才召開第一次代表大會，正式宣布成立俄羅斯共產黨。一九九三年二月，俄共二大恢復了俄共活動。一九九五年一月二十二日，俄共又召開了第三次代表大會。俄共和過去的蘇共相比，放棄了一些過時的概念，如傳統的無產階級革命、無產階級專政和階級鬥爭的主張，接受了共產黨過去一直反對的政治多元化、多黨制、議會民主、經濟多元化等，但它申明，俄共是忠實於工人階級、勞動農民、人民知識分子和全體勞動者的利益，仍堅持社會主義理想。供我黨綱規定，俄共的目標是透過合法選舉和和平手段恢復蘇維埃式的人民政權。俄共的最低綱領是提前進行總統選舉，並把葉利欽政權趕下台，建立人民信任的政府。俄共拒絕參加葉利欽的政府。俄共反對私有化，反對土地和自然資源的買賣和私有制，但主張公私混合經濟，以公有制爲主體；俄共主張廢除獨聯體協定，在自願基礎上逐步恢復原來的蘇聯。

俄共在恢復其合法地位和重建後，在政治鬥爭中採取了比較靈活的策略。例如，在一九九三年的政治鬥爭中，俄共支持反對葉利欽的俄羅斯議會，但又沒有參與十月事件。在一九九三年十二月的議會大選舉中，俄共共獲得六十二個議席，成爲國家杜馬中的第三大黨。俄共中央執委會的五位副主席之一雷布金還以農業黨候選人身分當選爲議會議長。一九九五年十二月，俄共在俄議會選舉中又成爲國家杜馬中的第一大黨，和其盟友一起占有杜

馬中近三分之一的議席，俄共議員謝遼茲尼夫當選國家杜馬主席。俄共主席久加諾夫還在一九九六年六至七月參加了總統選舉，得到近40％的選票。

俄共的優勢在於有過去的組織基礎，可以利用許多人對過去蘇聯時代的好的東西的懷舊之情（如社會保障、政治安定等）；同時，俄共的影響力的大小還與俄的經濟復興有聯繫，如果俄經濟遲遲不能復興，則俄共威信會上升，相反，如俄經濟逐漸好轉，則俄共的影響難有大的擴展；另一方面，以蘇共繼承者自居的俄共，也要爲蘇共過去歷史中的陰暗面承擔責任；俄共儘管人數最多，但黨員中大多爲中老年人，青年黨員少，缺少活力；此外，俄羅斯社會也發生了不可逆轉的變化，大多數人雖然感到社會生活的艱辛，但俄羅斯比過去自由多了，民主多了，不期望再回到昔日的一黨制時代，這些對俄共的進一步發展都是有制約作用的。

在俄羅斯，除俄共外，還有一些較極端的左翼共產黨組織，如俄共產主義工人黨、全聯盟（布）共產黨等。它們與俄共有較大的分歧，彼此之間也在進行鬥爭。

俄共的中央領導機構是俄共代表大會選出的中央委員會，約一百四十人組成；俄共中央全會選舉八十九人組成中央執行委員會和中央監察委員會。在一九九三年二月的二大上，久加諾夫（Жуканов）當選爲俄共中執委主席和中監委主席，庫普佐夫（В‧Купзов）別洛夫（Ю‧Белов）、戈里亞切娃（С‧Голиячева）拉普申（М‧Лапшин）佐爾卡爾采夫（В‧Жоркалцев）和雷布金（И‧Рыбукин）當選爲副主席。久加諾夫一九四四年生於俄羅斯奧爾洛夫洲，大學數學系畢業，當過中

學教員、大學教員和共青團州委第一書記。一九八三年起在蘇共中央機關工作，一九九〇年當選為俄共中央書記和政治局委員，在當時曾對戈爾巴喬夫的改革方針進行過抵制。在俄共領導人中，還有原蘇聯最高蘇維埃主席盧基揚諾夫（А·И·Лукьянов）等。

俄羅斯農業黨

俄農業黨成立於一九九三年二月，是在俄政壇異軍突起的一個農民政黨。一九九四年十月時約有二十萬人，在八十六個聯邦主體中有其組織機構。農業黨自稱代表廣大農民和農村居民、國營農場、集體農莊的利益。它主張實行有條件的土地私有制，把土地無償分配給農民使用，反對買賣土地和把土地變成私人資本，主張國家和政府更多地實行保護農業和農村居民利益的政策，認為俄羅斯的復興將從農村的復興，從恢復對農民的歷史正義開始。農業黨的主要領導人是拉普申。拉普申一九三四年生於阿爾泰地區，畢業於莫斯科農學院，一九六一年任國營農場場長，此後長期從事農村事業。達維多夫和扎韋留哈也是該黨的著名人物。達維多夫（Давидов）是有一千四百萬成員的俄農工綜合體的工會中央委員會主席，是經濟學副博士，以前曾在蘇共中央和工會工作多年。扎韋留哈（Завилюха）是葉利欽政府中主管農業和農工綜合體的副總理（一九九二年起）。扎韋留哈畢業於農學院，曾擔任過國營農場經濟師、集體農莊主席、農業管理局局長等職。農業黨是俄共的友黨，與俄共在政治活動中密切合作。農業黨主席拉普申還是俄共中執委的副主席之一。

俄羅斯民主選擇黨

這是俄羅斯最大的自由主義政黨，又稱為保守黨、貴族黨，約有成員二十至三十萬，是一九九三～一九九五年議會中成員最多的政黨，在一九九三年十二月議會選舉中占有九十六個議席，是杜馬第一大黨團。但在一九九五年十二月議會大選中，未能進入議會。

俄羅斯民主選擇黨是在一九九三年十二月杜馬選舉時的「俄羅斯選擇」聯盟基礎上，於一九九四年六月正式成立的。一九九三年六月，當時任全俄私有化企業和私有企業協會領導人的蓋達爾和菲利波夫，自稱代表在一九九三年四月二十五日全民公決中支持葉利欽方針的人的利益，發起成立選擇聯盟。在一九九三年十月事件中，蓋達爾等人曾支持葉利欽。同年十月十六至十七日，俄羅斯選擇競選聯盟正式成立，許多黨政要員曾參加該聯盟，如當時俄第一副總理舒梅科（Шумыко），副總理丘拜斯（Чубайс）和費奧多羅夫（Феодоров）外交部長科濟列夫（Козылев），總統辦公廳主任菲拉托夫（Филатов），以及葉利欽的顧問波爾托拉寧（Болтолонин）布爾布利斯（Бульурис）等。由於它與葉利欽總統關係密切，因此一度被稱為「總統黨」。

蓋達爾曾指出，俄羅斯民主選擇黨在意識形態上與英國的保守黨、德國的基督教民主聯盟接近。民主選擇黨主張採用休克療法，即透過貨幣穩定來穩定財政，認為要恢復和發展生產，必須制止通貨膨脹，為此就必須緊縮銀根，嚴格限制貨幣發行量。民主選擇主張俄羅斯外交和安全政策的核心要面向西方，把西方視

爲俄羅斯的天然盟友和伙伴，俄的軍事力量應與西方一體化。

選擇聯盟在一九九三年十二月議會大選中未能取得預想的選票，按政黨選舉所得的選票還不如自由民主黨，因而被認爲在杜馬選舉中遭到了失敗。原來估計選擇聯盟能獲得30％至35％選票，但實際上未如預期。一九九五年十二月大選未獲40％的選票而出局，遭到慘敗。

民主選擇黨的主要領導人大多是主張在俄羅斯推行激進改革方針的人，其中主要有：蓋達爾（Гайдар），一九五六年生，經濟學博士，曾任蘇聯科學院和蘇聯國民經濟體制改革研究所所長。在一九九一年，蓋達爾等人起草了向市場經濟過渡的計劃，後稱爲「五百天計劃」；一九九一年底成爲俄政府副總理兼財政部長，一九九二年三月爲第一副總理。蓋達爾是在俄國推行激進的經濟改革方針—「休克療法」的主要人物。由於休克療法在俄國不得人心，蓋達爾在一九九二年底被迫辭去了第一副總理職務。一九九三年九月，在總統—議會鬥爭的關鍵時刻，蓋達爾再次被任命爲第一副總理。因在一九九三年十二月大選中失利，蓋達爾拒絕擔任第一副總理職位。一九九四年六月，蓋達爾當選爲民主選擇黨主席。

民主選擇黨的社會基礎是企業家階層。奧爾比康采恩領導人、國家貸款銀行行長博伊科（Бойко）在一九九四年六月當選爲民主選擇黨執委會主席。博伊科一九六四年生，是一個新富的商人和企業家，他領導的企業總資產達一萬億盧布，約二至三億美元。因此，該黨堅決主張在俄羅斯加快私有化過程，把私有化視爲經濟發展的極爲重要的先決條件。

民主選擇黨曾是葉利欽的積極支持者。但一九九四年十二月

車臣事件發生後，蓋達爾等人對此進行了抨擊，表示不再支持葉利欽。而外交部長科濟列夫等則因支持葉利欽而退出了民主選擇黨。民主選擇黨還與切爾諾梅爾金政府保持距離。

亞─博─盧集團

亞─博─盧集團是在一九九三年十二月杜馬選舉的基礎上形成的一個政治組織，是以該組織的三個主要領導人的名字的簡稱而得名。該集團也是俄羅斯的自由主義政黨之一，但不如民主選擇黨激進，是溫和的自由主義。該集團的主要領導人是：亞夫林斯基（Явлинский），一九五二年生，是俄激進經濟改革的最早的代表人物之一，他因起草五百天計劃而聞名，後因該計劃被擱置，辭去了政府副總理職務，以後俄經濟改革由蓋達爾等主持；博爾德列夫（Болдлев），一九六〇年生，是社會學家，在政壇上很活躍；盧金（Лукин）是俄羅斯知名的外交家，一九三七年生，曾擔任過俄駐美大使職務，國家杜馬外交委員會主席。

亞博盧集團是在俄羅斯立憲民主黨、新民主黨、共和黨、社會民主黨基礎上組建的。該集團的主張和民主選擇一樣，主張俄羅斯應面向西方。但兩者又有所不同：亞博盧集團反對蓋達爾的私有化證券的做法，認爲應使外國和本國公民投資到俄企業，才能形成真正的私有化；和蓋達爾等相比，更強調對廣大勞動者的社會保護；在經濟改革速度上，亞博盧集團認爲俄國需要十至十五年才能逐步轉變爲現代化工業國家，而不是如民主選擇黨認爲的一至二年；在對外政策上，蓋達爾集團親西方色彩更重，亞博盧集團雖也贊同學西方，但較多地考慮俄羅斯民族利益。

統一和諧黨

　　俄統一和諧黨成立於一九九三年十月十七日，因其活動多強調維護地方的利益，又被稱爲「地方黨」。該黨的基本主張是：在俄羅斯實行聯邦主義，即實現中央與地方的和諧。這主要靠擴大地方的經濟權限來實現，因此聯邦主義實際上是「經濟聯邦」，地方應保留一定的稅收，中央爲地方提供統一的經濟空間和優惠貸款，並建立扶持落後地區的機制，促進資金、商品、勞力、技術在全聯邦內的流動；聯邦政府不應忽視地方的利益，應讓地方在政府中有自己的代表，參與制訂聯邦的經濟政策，而地方應維護聯邦的統一；同時，聯邦還應實行更多的地方自治，擴大地方自治機關的權力，尤其是地方在私有化、管理國有財產方面的權力。統一和諧黨重視社會保護政策，主張實行較溫和的「面向社會的市場經濟」，認爲經濟改革不應引起社會動盪，政府應對老人、兒童、殘病者、失業者提供各種形式的保護。

　　統一和諧黨的主席是沙赫賴（Сахлай）。沙赫賴生於一九五六年，是哥薩克後代，畢業於羅斯托夫州，法學副博士，一九九○年當選爲俄人民代表，一九九一年十一月起任政府副總理。沙赫賴曾是葉利欽的積極支持者。後在政治鬥爭中逐漸與葉拉開了距離，並試圖問鼎總統寶座。一九九二年五月，沙曾因葉拒絕他的主張而提出辭職。但不久又恢復副總理職務，主管民族事務。除此之外，統一和諧黨的骨幹成員還有擔任過俄政府主管經濟事務的副總理紹欣（Шасин 一九九四年十月因盧布風波事件而辭職），尤·卡爾梅科夫（Ю·Калмыков，俄政府司法部長，一九九四年十二月因反對葉利欽的車臣問題方針而辭職）、米·

馬列伊（М‧Малей，總統顧問）以及總統辦公廳第一副主任安‧謝邊佐夫（А‧Себинзов）等人。

按其政治傾向，統一和諧黨是一個較溫和的自由派政黨，有中右政黨的色彩。

公民聯盟

俄羅斯公民聯盟是一個中間政治組織。它成立於一九九二年六月二十一日，一九九三年一月在司法部登記。公民聯盟成立時，曾引起俄政壇轟動，當時加入這一政黨聯盟的有沃爾斯基（Волский）領導的俄工業企業家聯合會，實業家聯合會，弗拉季斯拉夫列夫（Владиславлев）領導的全俄復興聯合會、副總統魯茨科伊（Руцкой）領導的自由俄羅斯人民黨、特拉夫金（Травкин）領導的俄羅斯民主黨，成員多達十七萬，擁有強大的政治經濟資源，如工業企業家聯合會下屬企業生產了俄60％的工業產品。在一九九二～一九九三年，公民聯盟在俄羅斯議會中起著重要的主導作用，是葉利欽政府的「建設性反對派」，曾在一九九二年十二月逼迫葉利欽撤換了蓋達爾政府。但後來公民聯盟內部分裂，民主黨退出了公民聯盟。在一九九三年十月的白宮事件中，魯茨科伊等人又被捕入獄，公民聯盟的影響力遭到打擊而大大削弱。一九九三年十二月，公民聯盟以「為穩定、正義和進步」的口號參與競選，形成新公民聯盟。新公民聯盟的基本主張是採取合理的、溫和的改革，反對革命式的改進和休克療法，逐步過渡到民主和市場的公民社會。新公民聯盟自稱是一種克服各種極端、尋求妥協、力求避免對抗的中派建設性力量。新公民聯盟在一九九三年十二月杜馬大選中失敗，未能進入杜馬。

一九九四年十一月，新公民聯盟又以「俄羅斯公民聯盟」（第三勢力）的面目正式宣布成立，爲新一輪的杜馬大選做準備。加入這一新公民聯盟的有工業企業家聯合會、多數人黨、全俄復興聯盟和以前蘇軍總參謀長莫伊謝耶夫（Моисеев）爲首的「爲祖國服務」軍官協會等十一個團體。

新公民聯盟的主要領導人是沃爾斯基等人。沃爾斯基生於一九三二年，畢業於鋼鐵學院，在汽車廠當過工人和車間主任。一九七○～一九八八年在蘇共中央工作，當過蘇共總書記安德羅波夫的經濟助理，後又爲戈爾巴喬夫當顧問，作爲蘇聯最高蘇維埃駐納卡地區的代表。一九九○年沃爾斯基創立了科學工業聯盟，一九九二年該聯盟改建爲工業企業家聯盟。沃爾斯基雖未當過高官，但較有政治經驗，葉利欽曾多次拉他入閣均被拒絕，仍擔任工業企業家聯盟主席。

弗拉季斯拉夫列夫是新公民聯盟的另一位領導者。他是科學博士，俄科學院院士，一九三六年生，擔任全俄知識協會主席、俄總統企業委員會主席，是俄中派政治組織復興聯盟的主席，也是俄中派主義思想的主要制定者之一。

俄羅斯自由民主黨

俄自由民主黨的前身是蘇聯自由民主黨，成立於一九八九年十二月，是當時蘇聯合法成立的第一個非共政黨。一九九一年六月，該黨主席日里諾夫斯基（Жириновский）參加俄總統選舉，出人意料地獲得了六百二十二萬張選票，僅次於葉利欽和雷日柯夫（Рыжков），名列第三。自由民主黨一是主張用強硬手段管理國家，因此它在一九九一年八·一九事件中支持緊急狀態

委員會，在一九九三年十二月，雖然反對葉利欽政府的內外政策，但卻支持葉利欽提出的總統制的憲法方案，認爲俄國需要強有力的總統。自由民主黨的主張多變，但其基本點是高舉愛國主義和民族主義旗幟。該黨認爲，要在前蘇聯範圍內發展和鞏固俄羅斯國家，而且要取消蘇聯時期的各個加盟共和國的劃分，恢復帝俄時期的版圖；在經濟上反對強行把國有財產私有化，工業的私有化只應限制在中小企業上，而大工廠企業仍應歸國家掌握，停止軍工企業轉產，繼續向外出售軍火；在社會保護方面，允諾讓俄羅斯人的生活水準提高，方法是停止俄所有外援、大量出售軍火、打擊貪污腐化；在對外政策上，應執行獨立、中立、俄羅斯利益優先的方針。自民黨自稱爲「中偏右的有愛國主義綱領的溫和的保守的自由主義政黨」，但由於日里諾夫斯基經常發表危言聳聽的極端言論，被一些民主派抨擊爲法西斯主義。但在一九九三年十二月的杜馬大選中，日里諾夫斯基的自民黨在按政黨選舉的投票中，獲選票最多，占22％，在各政黨中名列第一，在杜馬中擁有七十多席。在一九九五年十二月議會大選中，自民黨的選票有所下降，但仍取得好成績，僅次於俄共，成爲第二大政黨。

　　自由民主黨一九九二年時有黨員七萬多，一九九三年時達十萬多人，在俄羅斯二十多個城市中有自己的組織。自由民主黨每年召開一次代表大會，選舉黨的主席、副主席、總書記、最高理事會和中央委員會。

　　日里諾夫斯基是該黨的創始人和主席。日里諾夫斯基一九四六年四月生於阿拉木圖，在莫斯科大學亞非學院和法律系畢業，曾在部隊服役兩年，先後從事工會、出版、司法多種工作。一九

八三～一九九〇年曾擔任出版社法律部主任。在蘇聯改革年代，他積極投身社會政治活動，以其驚人的語言表達能力和不同凡人的思維吸引一批追隨者，並創辦了自由民主黨。在一九九三年十二月杜馬選舉和一九九四～一九九五年的活動中，日里諾夫斯基曾口出狂言，主張德國與俄國重新瓜分波蘭，俄羅斯應征服土耳其並把它肢解爲幾部分，德國政府因他在德國會見德國極右翼首腦弗賴而拒絕他再次入境，因在保加利亞讓其總統熱列夫「退休」而被保加利亞政府限其二十四小時內離境，而羅馬尼亞政府針對日氏挑撥保羅關係而稱他爲「小丑」和「瘋子」。日里諾夫斯基還被自由民主黨的一些領導人指責爲在黨內搞獨裁。蓋達爾還在一九九四年撰寫文章《俄羅斯的最大危險來自民族愛國主義者》，重申了一九九三年杜馬競選時所説「日里諾夫斯基先生讓我想起了一九二九年時的希特勒」的觀點，並認爲「法西斯主義政黨、思想體系和個性的所有階級特徵同日里諾夫斯基及他所領導的自民黨的特徵完全吻合」❸。

　　除了上述九個政黨外，俄羅斯還有四十多個全俄的和三百多個地區的政黨和組織。而且，由於政治力量的改組分化，俄羅斯還在產生新的政黨。如一九九四年五月前俄羅斯副總統魯茨科伊將其原來的自由俄羅斯人民黨改名爲社會民主人民黨，主張把社會民主與民族愛國主義思想結合在一起，並在該黨基礎上創立「大國運動」，以恢復前蘇聯版圖的俄羅斯大國；一九九四年十月三十日，俄羅斯社會民主人民黨、社會民主黨、社會民主中心、勞動黨等聯合成立了俄羅斯社會民主聯盟，選舉利皮茨基（Либицикий，社會民主人民黨主席）和奧博連斯基（Оболенский，社會民主黨主席）爲該聯盟主席。

更引人注目的是，在俄各主要政黨中，幾乎沒有什麼黨明確宣布支持葉利欽及其政府。爲了改變這種局面，在葉利欽總統的支持下，俄羅斯政壇的上層人物試圖仿照美國的政黨模式，創建俄掌權的政黨基礎。一九九五年五月十二日，由俄政府總理切爾諾梅爾金（Черномырдин）發起和領導的「我們的家園—俄羅斯」這一新的政治組織宣告成立，旨在爲一九九五年的議會大選創造條件。這一政治組織宣稱，維護俄羅斯和俄羅斯人的自由尊嚴和個人人身安全，建設強大的高效率的國家，在自由和各族人民與地區平等基礎上發展統一的聯邦，是自己的主要目標。由於這一組織的成員中包括了政府總理、第一副總理、副總理和三十多位政府部長、共和國和州一級的行政首腦，因此它又被人們稱之爲「權力黨」。沙林賴所領導的統一和諧黨作爲唯一的集體成員加入了這一運動，但在一九九五年九月又宣布退出。該黨成立半年，就參加了一九九五年十二月的議會大選。並在國家杜馬中占有10％的席位，位居第三。

其它的新黨主要有由原杜馬主席雷布金出面組織議會中的「中左」集團組成的黨，以及由斯科科夫和列別德領導的「俄羅斯公衆大會」等。

儘管在俄政壇上出現了一些較有影響的政黨，但所有這些政黨的政治影響力都很有限。因爲首先，俄按社會政治意識形態分，分成了三大部分，即社會主義類型的政黨、自由民主主義的政黨和民族愛國主義政黨；其次，每一類型又分裂成若干政黨和團體，如信奉社會主義的分成共產黨的社會主義和社會民主黨的社會主義，共產黨的社會主義又分成俄共、俄共產主義工人黨、全聯盟共產黨等，社會民主黨本身又分爲社會民主人民黨、社會

民主黨、社會民主中心等，在自由民主主義政黨中，也分爲民主選擇黨、亞博盧集團、我們的家園—俄羅斯、民主俄羅斯、民主改革運動等；民族愛國主義力量不僅有日里諾夫斯基的自由民主黨，而且也成爲大多數政黨用以爭取選民的一面共同的旗幟。因此，完全可以說，俄羅斯在可見的將來不會形成美國式的兩黨制，也不會形成一黨主導的多黨制，而可能會出現五至六個力量相當的政黨角逐政權的局面。現有的許多小黨將逐漸消失。俄羅斯的政黨法中將形成這樣的條文：即只有成員不少於五千人，並在一半以上的聯邦主體（不少於四十四個）中沒有地區性機構，或者在全俄競選中不少於5％選票的黨，才被承認爲全國性的政黨，有資格參與全國範圍內的政治鬥爭。俄《獨立報》總編曾認爲「俄羅斯永遠都不會產生比較強大的統一的全國性的政黨，無論是民族主義的還是民主的，連像美國民主黨和共和黨這樣強有力的競選黨在俄羅斯也很可能不會產生。俄羅斯現在沒有全民族的理想，在國界變成歷史記載下來的假定邊界之前，這種理想能否形成也不得而知」❸。

㈢俄羅斯的利益集團

在蘇俄時期，俄羅斯存在許許多多的群眾性組織和團體、協會，如工會、青年團、婦女聯合會、知識協會、作家協會、建築師協會、新聞工作者協會等。它們雖然也表達不同階層、不同行業的居民、勞動者的特殊利益，但它們嚴格說來，不同於西方的壓力集團、院外集團，甚至也不是一種利益集團。因爲所有這些群眾社團、組織都是在共產黨的領導和控制之下，是共產黨領導的國家機器中的組成部分，是一種官僚性很強的半官方機構。蘇

聯解體和俄羅斯社會政治制度變革之後，原來的這些群眾性社團、組織、協會也發生了很大變化，其中一部分因政治或經費或人員方面的原因而自行解散和消失，另一部分則漸漸具有了某些利益集團的特徵，同時，俄羅斯社會上還無形中形成了一些新的行業、階層的利益集團，它們有的是以新的組織形式出現，有些則是不定型的，沒有固定的組織，有些是合法的，得到官方支持，有些則是非法的。

在俄羅斯的利益集團中，對俄社會影響較大的主要有以下幾個：

工會

這是俄羅斯最大的利益集團。在俄羅斯大變革的年代，俄羅斯的工會大多採取了獨立的立場，即使在政治上對某一政黨有緊密聯繫，但也並不完全聽命於某一政黨，完全不同於蘇俄時代服從黨和政府的工會。在經濟改革過程中，俄大多數工薪階層的收入和生活水準有所下降，這使多數工會對葉利欽政府持反對立場。儘管一九九四年四月許多工會簽署了社會和睦條約，承諾不舉行和組織罷工等，但由於俄經濟長期持續下降，使廣大勞動者痛苦不堪，因而還是經常發生工會領導的罷工和抗議活動。例如，一九九四年十月二十七日，俄羅斯最大的全國性工會—獨立工會 聯合會在莫斯科、聖彼得堡和全俄各地發動了以工人為主體的首次全國性統一的大規模集會，抗議「勞動人民的社會經濟狀況不斷惡化」，要求政府歸還拖欠工人的工資，實現工人月收入的指數化，減少失業人數。全俄約有五百五十多萬人參加了各地的集會。由於工會的活動，切爾諾梅爾金政府也在保護工人收

入方面採取了一些措施。

傳統的國家壟斷集團

對俄羅斯政治影響最大的利益集團是傳統的國家壟斷集團。它包括蘇俄時代形成的龐大國營工業各行業和國營農業的形形色色之利益集團，其中最有影響力的是軍工集團、燃料能源集團、農工綜合體集團和金融中心等。

在蘇俄時代，俄羅斯社會形成了極爲龐大的軍工集團，以適應當時與美國爭奪霸權的軍事需要。這一集團不僅包括直接從事軍事戰略物資生產的部門，如航空部門、軍火生產部門、飛機製造等，而且還包括與其相關的部門。據一些專家估計，原蘇俄國民經濟體系中約有60％～70％的產值與軍工集團相關。它們過去是支撐蘇俄社會的經濟支柱，集中了社會的精華和大量的資金、物資。在向市場經濟過渡中，軍工部門成了首先被改造、精簡、轉化的部門。很顯然，這一變化從長遠看有利於國家和社會，但在近期卻會損害相當大一部分軍工集團的既得利益。因此，軍工部門對俄政治經濟變化有一種抵制情緒。爲了減少自己的損失，軍工集團一直在以各種方式表達自己的利益，如對政府施加壓力，減緩軍工部門轉爲民用的過程，增加國家撥款，促進軍工產品出口等。軍工集團表面上沒有一個正式的、定型的組織來表達自己的利益，但它們與俄政界有千絲萬縷的聯繫。實際上，俄羅斯許多重大的政治行爲和政治變化，都反映了軍工集團的利益，例如反對北約東擴，對原來的東歐國家和獨聯體國家持強硬態度，暗中支持部分表達軍工集團利益的自由民主黨等，都有軍工集團的影子。

燃料能源綜合體集團是一個新興的影響很大的政治利益集團。在軍工集團地位下降之後，燃料能源集團成爲勢力最雄厚的集團。石油、天然氣等部門，是唯一受社會變革影響較小的部門，它們的產品永遠都是有市場和受歡迎的緊俏產品和必需產器。它的出口收入幾乎占俄羅斯出口收入的一半。因此，它對俄羅斯的內政外交都有一定的發言權和影響力。尤其是在過去主管能源的大老板切爾諾梅爾金當政府總理之後，能源集團更受寵，它的所有要求幾乎都可得到滿足和優先照顧。

新俄羅斯人——新富集團

在俄變革過程中，俄有三條渠道不斷產生出一批又一批的「新俄羅斯人」，即新興的富有者階層：(1)私有化過程使俄數十萬家企業實行了私有化，到一九九四年六月已有一百多萬人成了中小業主；(2)一部分人以各種非法手段趁社會混亂之機掠奪大量的資產變成富人。據估計俄犯罪集團大約控制著四萬多家企業；(3)俄新舊體制轉軌時期，經濟秩序不健全，一部分人利用手中職權侵吞國有資產。一些西方專家估計，在俄羅斯大約有一千萬新富翁；在俄最富有的十分之一的居民手中聚集了全俄私人總收入的30％，他們的平均收入是最貧困的十分之一居民的十一倍。新俄羅斯人在一百零九家交易所、六百個投資基金會和二千多家銀行以及一萬多家貿易公司賺錢。

爲了維護他們的利益，新富集團急於在政壇上占有自己的地位。他們透過不同的道路對政界產生影響：一些人利用手中的金錢直接參與議會選舉，如轟動全俄羅斯的三 M 股份公司大老板甚至在被關押之時仍當選爲議員，沃洛格達州的商人蘇羅夫有三

十四家商店，參與該州議會競選，當上了議員；有些人則參與政黨活動，與俄政壇的主流聯合，例如，蓋達爾的民主選擇黨中就有許多新富者，其中國家貸款銀行行長、大富翁博伊科當選為該黨的執委會主席，民主選擇黨還大量吸收大、中、小商人入黨；還有些則試圖公開組織自己直接控制的政治組織，如國家杜馬議員列波奧欣就自稱為「企業家爭取新俄羅斯聯合會」的政治總理；還有一些則透過出錢資助政黨的活動施加影響。總之，俄羅斯的新富現在急於抓權，正利用各種形式形成為一個越來越有影響的院外集團❸。

第3章

俄羅斯總統制

第一節　俄羅斯總統制的產生和確立

(一)從蘇俄的總書記制到蘇俄總統制

在蘇俄歷史上，實行一黨執政或一黨制，國家權力完全掌握在執政的共產黨手中，而共產黨透過民主集中制的機制，又把這種權力逐步控制在黨中央、政治局、書記處手中，尤其是黨中央的總書記，掌握的權力特別大。因此，黨治制也可以說是中委領導制、政治局領導制，最後具體表現為總書記制，或黨的領袖制。

在蘇俄七十多年歷史中，黨的領袖都是不同時期黨和國家的化身，是權力的象徵，它的地位和權威是至高無上的。先後擔任過蘇俄共產黨領袖的，有蘇俄的締造者列寧，其後依次是斯大林、赫魯曉夫、勃列日涅夫、安德羅波夫、契爾年科和戈爾巴喬夫。列寧雖然在黨內沒有擔任明確的最高領導職務，但他實際上是布爾什維克黨的領袖，是黨的靈魂。在一九一七～一九二三年間，列寧擔任了政府首腦的職務，他的指示具有無可爭議的權威性。列寧去世後，當時任黨的總書記的斯大林，逐步排斥和打擊了其他黨的高級領導人，把總書記變成了黨的最高領導職務。從此後總書記制就成爲蘇俄權力體制中的核心。總書記制有如下特徵：

(1)總書記是黨政軍的實際上的最高領導職務。在一九二四～一九四一年，斯大林只擔任總書記職務，一九四一年五月，斯大林任蘇聯人民委員會主席，六月任國防委員會主席，八月任武裝力量最高統帥。此後，黨的總書記先是兼任政府首腦（赫魯曉夫時期），後從勃列日涅夫開始，總書記不再兼任政府首腦，而是兼任最高蘇維埃主席和國防委員會主席。總書記是國家元首，是蘇俄領導的象徵。

(2)總書記實際上掌握著黨政軍等大權。總書記透過政治局、中央書記處和中委及其中委的各個部委，全面控制國家政治、經濟、文化、軍事和外交，擁有最高和最後的決策權。總書記實際上有權否決或更改任何黨政軍機構的決定，或者説，沒有總書記同意，任何機構都不能解決任何重大的問題。當然，在總書記作出某種決策的過程中，他也要聽取或徵求黨政軍權力機構的意見，但最終決策權在總書記手中。

(3)終身制和不受監督制。名義上，總書記由中央委員會選舉，在政治局中與其他政治局委員地位平等，政治局和中央委員會是最高決策機構，但實際上中央委員會對政治局和總書記的選舉都不具有實際意義。政治局委員通常是由總書記提名的，而總書記也往往是政治局少數資深委員事先內定的，中央委員會的選舉只不過履行一種程序，使其當選在黨內合法化。因此，總書記往往透過控制政治局來控制黨中央，而政治局又不擁有撤換或罷免總書記的合法權力，且政治局組成多半是由總書記的親信組成的。這樣，黨的總書記往往是終身任職，實際上也不受任何機關的監督。蘇俄的總書記大多是死於任上，只有兩個人除外，一個是赫魯曉夫，由於他所提拔的親信背叛了他，被黨內的「宮廷政變」趕下台。還有一位就是戈爾巴喬夫，因改革失敗而失去實權，在一九九一年八‧一九事變後辭去了總書記職位。

對總書記制的變革也是從戈爾巴喬夫開始的。按戈爾巴喬夫的設想，總書記制及其所代表的黨治制、黨對權力的壟斷制在二十世紀八〇年代已經失去了活力，已經變成官僚和停滯機制的同義語。因此，蘇俄的政治改革首先要改變這種權力體制，要把黨的權力與國家權力分開。第一步，戈爾巴喬夫提出了「一切權力歸蘇維埃」的口號，體現為一九八九年召開蘇聯第一屆人民代表大會；後來，到一九九〇年二月，戈氏又提出了設立總統制的設想，實際上是要把權力重心轉到總統手中。實際上，戈爾巴喬夫還在一九八八～一九八九年就已開始醞釀總統制。他在蘇聯人代會上提出的設立最高蘇維埃主席，而不是過去的最高蘇維埃主席團主席，已經含有向總統制過渡的意義。當時提出的三權分立，即把行政權與立法權、司法權分開的思想，也包含了使行政權從

隸屬於人代會和蘇維埃分出去的想法。在此時，戈氏還派人去西方考察總統制問題。一九九〇年二月，戈氏在蘇共中央二月全會上，以改革需要一個落實和執行法律、政策的可靠和有效的機制爲由，提出了總統制問題。這一設想在會上遭到蘇駐波蘭大使布羅維科夫等人的堅決反對，但全會通過了戈氏的設想。實際上，戈氏急急忙忙地在蘇實行總統制的另一個重要的原因，是他在黨內的領導地位已不穩，擔心黨內會重覆一九六四年十月赫魯曉夫下台的事件，設立總統制可避免此類事件。

一九九〇年二月，蘇聯最高蘇維埃經過激烈的辯論，最終以347：24：43票的絕對多數票通過了設立總統制並修改憲法的決議。一九九〇年三月，蘇聯人民代表大會召開第三次大會，對總統制進行討論。大會作出的決定是：設立總統制，總統可以兼任總書記，總統有權實行緊急狀態，當選總統年齡限制爲三十五至六十五歲，第一任總統由蘇聯人民代表大會選舉，以後各屆再由全蘇選民直接選舉；由於蘇聯總理雷日科夫、蘇聯內務部長巴卡京放棄總統候選資格，三月十四日，人代會以一千二百二十九人（占代表總數二千二百四十五人的59.2％）贊成票選舉戈爾巴喬夫爲蘇聯第一任總統，首開在蘇俄設立總統制的先河。但戈爾巴喬夫在這個問題上所犯的最大錯誤，在於他沒有直接由全民選舉。由於全蘇人代會一半代表是由政黨團體選舉，在隨後蘇共地位急劇下降之時，其合法性也打了折扣。同時，戈氏在後來也犯了一系列政治錯誤，使他成爲蘇聯唯一的和最後的總統。

一九九〇年三月十四日，蘇聯人民代表大會通過的《關於設立總統職位和蘇聯憲法（基本法）修改補充法》，對蘇聯的總統制作了如下規定：

蘇聯總統是國家元首；任期五年，一人不能連任兩屆以上；由選民直接選舉產生；

蘇聯總統的職權是：

⑴對維護蘇聯公民權利和自由、維護蘇聯憲法和法律起保障作用。

⑵採取必要的措施維護蘇聯和各加盟共和國的主權、國家安全和領土完整，實現蘇聯民族國家制度原則；

⑶在國內和國際關係中代表蘇維埃聯盟；

⑷領導國家管理機關體系並保證它們和蘇聯最高國家權力機關相互合作；

⑸向蘇聯人民代表大會提出關於國情的年度報告，向蘇聯最高蘇維埃通報蘇聯對內和對外政策的重大問題；

⑹根據聯邦委員會的意見並與蘇聯最高蘇維埃協商組成蘇聯內閣，更換其成員，向蘇聯最高蘇維埃提出總理職務人選，根據與蘇聯最高蘇維埃的協商免除總理職務和蘇聯內閣成員；

⑺向蘇聯最高蘇維埃提出蘇聯最高法院院長、蘇聯總檢察長、蘇聯最高仲裁法院院長職位的候選人並提請蘇聯人代會批准；可提出解除上述人員職務的報告，最高法院院長除外；

⑻簽署蘇聯法律，有權在不遲於兩週內把法律連同不同意見退回以重新討論和表決，最高蘇維埃可以三分之二多數票再次批准原先的決定，蘇聯總統制則須簽署法律；

⑼有權撤銷蘇聯內閣的決定和命令、蘇聯各部委局的文件，有權中止共和國政府違反憲法和法律的決議、命令的效力；

⑽領導蘇聯安全委員會，其成員由蘇聯總統在考慮聯邦委員會建議並同蘇聯最高蘇維埃協商後任命。

(11)協調國家機構在確保國家防禦方面的活動，是蘇聯武裝力量的最高統帥。

(12)主持談判並鑒署蘇聯的國際條約，接受外國使節國書和辭任國書，任命和召回蘇聯駐外使節；

(13)授予蘇聯勳章、獎章和蘇聯榮譽稱號；

(14)決定加入蘇聯國籍、退出和取消蘇聯國籍的問題，提供避難，實行特赦；

(15)宣布總動員或者局部動員；宣布戰爭狀態並把它提交蘇聯最高蘇維埃審議，宣布在個別地區實行軍事狀態；

(16)在個別地區宣布緊急狀態的警告，在徵得蘇聯最高蘇維埃和共和國最高國家權力機關的同意下，宣布實行緊急狀態；可在一些共和國實行總統臨時統治；

(17)解決蘇聯最高蘇維埃兩院之間的分歧，如果不能解決，則可向蘇聯人民代表大會提出兩院的重新選舉。

蘇聯總統如違反憲法和法律，由蘇聯人民代表大會三分之二多數罷免。

總統如不能履行職權，由副總統和蘇聯最高蘇維埃主席依次替代行使其職權，直至三個月內選出新總統❸❸。

㈡俄羅斯總統制的產生

俄羅斯的總統制是受蘇聯的總統制刺激而產生的。但它從一開始又與蘇聯的總統制產生的背景不同。

一九九〇年三月，俄羅斯舉行了人民代表大會代表的選舉。在一千零二十九名人民代表中，表面上蘇共—俄共代表占86％，但實際上在俄人代會中起主導作用的是以葉利欽為首的反對派。

他們在俄人代會中占了23％左右。而且在俄共人民代表中，已經有相當多的人不再贊成俄共立場。一九九○年五月，俄人代會第一次會議開幕，選舉俄最高蘇維埃主席。經過三輪激烈的角逐，葉利欽以535：467戰勝了俄共候選人弗拉索夫（Фросов），當選為俄最高蘇維埃主席。這意味著俄聯邦—這個蘇聯最大的加盟共和國的政權落入了反對派之手，俄共在俄喪失了政權。

葉利欽在任最高蘇維埃主席之後，出於三方面的原因急於在俄設立總統制：

其一，在俄人代會中共產黨代表和「民主派」代表旗鼓相當，兩大陣營相互鬥爭，使雙方提出的議案都難以通過。這大大箝制了葉利欽的手腳。但身為人代會選舉的最高蘇維埃主席，葉利欽又無法繞過人代會推行自己的政策；

其二，俄共在人代會仍有強大的勢力，葉利欽隨時面臨被拉下台的威脅。一九九一年三月，俄共一些代表就試圖在人代會上提出罷免葉利欽的問題；

其三，由於葉利欽受俄議會和人代會牽制，無法與蘇聯中央政權抗衡。一個擁有強權的俄羅斯總統，是實現俄羅斯主權和擺脫蘇聯中央政權絕對必需的。而戈爾巴喬夫當選蘇聯總統為俄羅斯提供了一個可行的樣版。

葉利欽還在一九九○年八月時，就已產生了在俄實行總統治理的構想。在一九九一年二月十九日，葉利欽借蘇聯中央政權在波羅的海沿岸三國動武事件，指責蘇聯總統戈爾巴喬夫引導國家走向獨裁；一九九一年三月，葉利用蘇聯就是否保留聯盟進行全民公決之機，俄聯邦決定在俄全境同時就是否設立俄總統問題進行全民投票。結果，俄公民不僅贊成戈爾巴喬夫的保留聯盟的設

想，而且也有52％的選民贊成設立俄總統職位。這使葉利欽的總統制設想爲俄民眾所確認。三月二十九日，在俄人代會第三次會議上，俄共代表團曾設法阻止人代會通過有關總統制的決議，但以456：447之比被否決。後來，因魯茨科伊等部分俄共議員贊成葉利欽的提議，俄人代會於四月二日通過決議，授予葉利欽以臨時總統的權力，並在六月十二日由全民直接選舉俄羅斯總統。這一決議獲人代會六百零七票的多數贊成而通過。一九九一年四月二十四日，俄最高蘇維埃通過了《俄羅斯聯邦總統法》，一九九一年五月二十一至二十五日，俄第四次人代會舉行，批准了這一法案並相應修改和補充了俄羅斯憲法。至此，在俄設立總統制的法律程序基本完成。

一九九一年六月十二日，葉利欽在總統大選中戰勝雷日柯夫、巴卡奇（Бакатин）、日里諾夫斯基等人，以57.3％當選爲俄歷史上第一任總統。

鮑里斯·尼古拉耶維奇·葉利欽，一九三一年二月一日生於俄羅斯聯邦斯維爾德洛夫斯克州達里范基區布特卡村，父母均爲農民。葉利欽一九五五年畢業於烏拉爾工學院，先後擔任過建築工程工程師、總工程師、建築局長；一九六一年加入蘇共，一九六八年在斯維爾德洛夫斯克州黨委工作，一九七六～一九八五年爲該州黨委第一書記；一九八一年，葉利欽入選蘇共中央委員，戈氏的改革爲葉利欽的政治崛起提供了大好機會。一九八五～一九八六年，葉利欽連升四級，先後任蘇共中央建築部長，蘇共中央書記，莫斯科市委第一書記，蘇共政治局候補委員。但一九八七年十一月，葉利欽因在蘇共中央全會上反對黨内的保守派而被解除職務，改任蘇聯國家建設委員會部長級的第一副主席。

一九八八年，戈氏的一切權力歸蘇維埃的設想再次爲葉利欽搭起了政治舞台。他在蘇俄歷史上第一次比較自由和民主的選舉中，在莫斯科以89.4％的選票當選爲蘇聯人民代表，隨後又當選爲蘇聯最高蘇維埃建築委員會主席。一九九〇年五月，葉利欽當選爲俄羅斯聯邦最高蘇維埃主席。同年七月，葉利欽與蘇共決裂，退出了蘇共。一九九一年六月，葉當選爲俄首任總統，使他成爲俄羅斯歷史上一個重要人物，也是總統制在俄産生的一個標誌。

(三)俄羅斯總統制的進一步確立

但在一九九一年六月，俄羅斯的總統制只是其發展形成過程中的第一階段。在這一時期，俄羅斯的總統制，根據一九九一年四月俄議會制定的俄總統法和有關俄憲法條文的修改和補充，具有以下幾個特點：

(1)其地位在俄人民代表大會之下。這一文件規定，人民代表大會是俄聯邦最高國家權力機關，而聯邦總統不是國家元首，而只是聯邦最高公職人員和俄聯邦執行權力機關首腦。

(2)權力範圍較小。俄聯邦總統的主要權力範圍是行政方面，無權規定國家對內對外政策的總方針，人事提名權也限制在政府和軍隊方面，對最高法院、最高檢察長等無提名權；即使在政府的人事上，總統在任命外交部長、國防部長、安全部長和內務部長時，也須徵得俄最高蘇維埃同意；總統也無權解散和中止人民代表大會和最高蘇維埃的活動；也無權直接解散政府，須徵得議會同意。

(3)總統的立法動議權和行政命令權受限制。這一時期的俄憲

法規定，總統享有立法動議權，法律簽署權和發布命令權等。但憲法同時規定，總統的權力不得用於改變俄國家體制，解散和中止任何合法選出的國家權力機關的活動，如違反，可立即中止總統權力；總統令不得與憲法和法律相抵觸，在發生抵觸的情況下，憲法和法律準則繼續有效。俄最高蘇維埃可中止總統令執行。

(4)總統可被罷免。俄羅斯人民代表大會有權通過關於撤銷俄羅斯聯邦總統的職務的決定，俄最高蘇維埃可以提出罷免總統的動議，請人民代表大會以三分之二多數通過。

俄總統制本是與蘇共、俄共和蘇聯中央政權對抗的產物。在一九九一年八‧一九事件後，俄總統葉利欽抓住時機，對蘇聯中央政權發動了猛攻，把原歸蘇聯中央的權力掌握在自己手中，同時一九九一年九月的俄第四次人代會又授予俄總統以特別權力，這使俄總統的權力急速膨脹。在蘇共—俄共一度停止活動，蘇聯中央政權機構被摧毀之後，在俄總統與俄議會之間便發生了尖銳矛盾。俄議會利用俄現行憲法，試圖收復過去本屬於議會的權力，而葉利欽總統則以改革需要爲名，強調加強行政權力。由於一九九三年前俄憲法是在一九七八年蘇俄憲法上不斷修改而成的，因此本身也有很多矛盾和漏洞。葉利欽在一九九一～一九九三年間採取的許多行動，如嚴格用當時的憲法來衡量，都是嚴重違反憲法的。例如一九九三年三月二十日葉利欽宣布實行總統治理，舉行全民公決的總統令就是違反當時的俄憲法的。當時俄憲法一百零四條規定，俄聯邦人民代表大會通過關於舉行全民公決的決定，而俄總統一章中，沒有規定總統有權舉行全民公決的決定；又如，一九九三年九月二十一日葉利欽的總統令，決定「中

止俄羅斯聯邦人代會和俄羅斯聯邦最高蘇維埃的立法、管理與監督職能；俄羅斯聯邦憲法、俄羅斯聯邦法律，凡與本命令不矛盾的部分繼續有效」。這是違反俄憲法關於總統無權中止人代會和最高蘇維埃的有關條文，憲法還規定，凡總統令與憲法和法律相矛盾的，憲法和法律繼續有效，而葉利欽的總統令則倒過來了。總統令的其他條文也多處違反俄當時的憲法。

在這樣一種情況下，只有兩種解決辦法，要麼放棄總統制，要麼制訂新憲法，使之重新確定俄總統制的內容，改變總統制違憲的現實。透過一九九三年十月的鬥爭，葉利欽用大炮轟掉了過去的蘇維埃，也轟掉了一九七八年起延續多年的俄憲法。一九九三年十二月十二日俄通過的新憲法，確定了俄總統制在權力結構中的重要作用，使俄總統制進一步得到了發展和確立。

第二節　一九九三年憲法中的總統制

㈠一九九三年憲法中的總統制的內容

九三年憲法在第四章對俄羅斯總統制作了專章規定，確立了總統在俄權力結構中的核心和中心地位。九三年憲法對俄總統制作了如下規定：

總統的地位和作用

憲法規定，俄羅斯聯邦總統是國家元首，是俄羅斯聯邦憲法、人和公民的權利與自由的保障，在國內和國際關係中代表俄羅斯聯邦。總統的作用是，按聯邦憲法規定的程序採取措施，捍

衛俄羅斯聯邦的主權、獨立與國家完整，保障國家權力機關協調地行使職能並相互合作；根據憲法和法律決定國家對內對外政策的基本方向。

總統的產生

俄羅斯聯邦總統由具有普遍的、平等的和直接的選舉權的俄羅斯聯邦公民用無記名投票方式選出，任期四年。（任期比過去減少一年）

當選俄總統的資格，一是在俄羅斯聯邦常住期不少於十年的公民；二是當選者年齡應在三十五歲以上。原來的蘇聯憲法和俄憲法中，還有當選總統年齡的上限，即不大於六十五歲。但九三年憲法中沒有這一上限限制，主要是因為葉利欽一九九六年正好滿六十五歲，如有這一條，葉利欽就失去了爭取連任總統的資格。九三憲法還規定，同一個人不能成為兩屆以上就任的俄羅斯聯邦總統。總統候選人可以由各政黨組織團體提名，也可以由無黨派人士擔任，但均須要有十萬以上選民的簽名方可有效；總統候選人經俄羅斯中央選舉委員會確定後即為正式候選人。總統候選人可在法律規定範圍內參加競選，展開宣傳活動，由在選民選舉中得票率超過投票選民半數以上的候選人當選。

俄羅斯總統當選後，按憲法規定要在隆重的就職儀式上作如下宣誓：「我宣誓，在履行俄羅斯聯邦總統權力時，尊重和保護人和公民的權利與自由，遵守和保衛憲法，捍衛國家的獨立、安全和完整，忠實地為人民服務」，宣誓就職時，要有聯邦委員會委員、國家杜馬代表和俄羅斯聯邦憲法法院法官參加。就職儀式後，總統正式行使其職權。

總統的主要職權

(1)人事任免和提名權。經國家杜馬同意後任命俄羅斯政府總理，根據政府總理的提議，任免政府副總理和聯邦部長；向國家杜馬提出任命和解除俄羅斯聯邦中央銀行行長職務的問題；向聯邦委員會提出任命或解除憲法法院、最高法院、仲裁法院法官和聯邦總檢察長的職務問題；直接任命其他聯邦法院的法官；任免俄羅斯總統全權代表；任免俄羅斯聯邦武裝力量最高統帥部；與聯邦會議兩院有關委員會協商後，任命和召回俄駐外使節。

(2)領導俄羅斯政府的工作。總統有權主持俄羅斯聯邦政府會議，有權作出俄羅斯聯邦政府辭職的決定。

(3)軍隊統帥權。俄羅斯總統是俄聯邦武裝力量的最高統帥；有權批准俄羅斯聯邦的軍事理論；當俄羅斯聯邦遭到侵略或受到侵略的直接威脅時，俄羅斯聯邦總統可在俄羅斯聯邦境內或其某些地區實行戰時狀態，並立即將此決定通報聯邦委員會和國家杜馬。

(4)組成和領導由聯邦法律確定地位的俄羅斯聯邦安全會議。

(5)依據憲法和法律確定國家杜馬的選舉。

(6)按照俄憲法規定的情況與程序解散國家杜馬。

(7)按照聯邦憲法法律規定的程序決定全民公決。

(8)立法動議權，向國家杜馬提出法律草案。

(9)聯邦法律簽署的頒佈權。

(10)協商仲裁權和中止聯邦立法執行機關的權力。俄羅斯總統可以利用協商程序解決俄聯邦的國家權力機關與聯邦主體的國家權力機關之間、以及聯邦各主體的國家權力機關之間的分歧。如

不能達成一致的解決辦法，總統可以請有關法院審議爭端並加以解決；在俄羅斯聯邦主體執行權力機關的法規與俄聯邦憲法、法律以及俄羅斯聯邦的國際義務相抵觸，或者侵犯人和公民的權利與自由的情況下，俄總統有權中止其效力，直至由有關法院解決這一問題。

(11)對外事務領導權。俄羅斯總統領導俄羅斯聯邦的對外政策，主持談判並簽署俄羅斯聯邦國際條約，簽署批准證書，接受外國使節的到離任國書。

(12)實施緊急狀態權。俄總統可按聯邦憲法法律規定的情況與程序在俄羅斯境內或其某些地區實行緊急狀態，並立即將此決定通報聯邦委員會和國家杜馬。

(13)發布總統令和總統指示權。俄總統有權發布命令和指示。俄聯邦全境都必須執行總統的命令和指示，但總統令和指示不應與俄憲法和法律相抵觸。

此外，俄羅斯總統還有權決定俄羅斯聯邦國籍和提供政治避難的問題；頒發俄羅斯聯邦的國家獎勵，授予俄羅斯聯邦的榮譽稱號、最高頭銜以及其他最高專門稱號。

總統的罷免和權力的中止

俄九三年憲法規定，總統人身不受侵犯。

俄羅斯聯邦總統行使其權力從其宣誓時開始，其停止因任期屆滿即到新當選的俄羅斯聯邦總統宣誓時為止。當俄羅斯聯邦總統辭職、因健康原因不能使賦予他的權力或被解除其職務時，其權力提前停止行使。在此情況下，俄羅斯聯邦總統選舉應在總統權力提前停止行使後的三個月內舉行。

凡遇俄羅斯聯邦總統不能履行自己的職責時，由俄羅斯聯邦政府總理臨時代理，但代總理總統無權解散國家杜馬、確定全民公決以及對俄憲法條款提出修改補充的建議。

對俄羅斯總統的罷免要符合下列情況：

聯邦委員會只有根據國家杜馬提出的，由俄羅斯聯邦最高法院關於俄羅斯聯邦總統的行為中有犯罪跡象的結論書，以及俄羅斯憲法法院關於提出的指控符合規定程序的結論裁定所證實的對總統叛圖或犯有其他重罪的指控，才能罷免俄羅斯聯邦總統。

國家杜馬關於提出指控的決定和聯邦委員會關於罷免總統職務的決定，必須在由國家杜馬不少於三分之一人數代表提議，並在由國家杜馬成立的專門委員會作出結論的情況下，經兩院分別以三分之二代表表決同意後才能通過。

聯邦委員會關於罷免俄羅斯總統職務的決定應在國家杜馬提出指控之時起不遲於三個月內作出，如聯邦委員會未能在這一期間作出決定，對總統的指控則被視為被駁回。

㈡一九九三年憲法中的總統制的特點

和一九九一年時的俄總統制相比，九三年俄羅斯的總統制地位、權力、作用都明顯提高，它的特點是：

(1)俄總統的地位明顯高於議會和司法權。

(2)俄總統的權力比過去大大增加，例如在人事提名權上，過去中央銀行行長、最高法院和憲法法院以及仲裁法院的法官、最高檢察長都由議會提名，現在改由總統提名，突出總統的作用，又如部長和副總理任免均不用再徵得議會同意等；同時，議會也無權中止總統的命令和指示；總統獲得了全民公決、解散議會等

重要權力。

(3)對總統的罷免更難實現。過去罷免總統也要有三分之二多數方可由人民代表大會罷免。現在增加了許多限制條件：首先要杜馬不少於一百五十名議員提出動議方可列入杜馬議程；其次，過去可以政治理由罷免總統，現在必須要證明總統有犯罪（叛國罪或其他重罪）的兩個法院的裁定書才能進行。

俄羅斯的總統制在其發展進程中，毫無疑問是參照和借鑒了西方的總統制形式。但是，俄羅斯的總統不僅與美、法的總統制有共同點，也有明顯的區別。

與美國的總統制相比較，俄羅斯總統制與其共有的特徵是：都是直接或間接由選民選舉，都是國家元首；都有行政執行大權，但兩者也有不同點。美國總統的行政權更爲直接，他是直接的政府首腦，擁有一切行政大權，行政權比俄羅斯總統更大；但俄羅斯總統的權力在總體上要大於美國總統，這表現在：俄總統有直接的立法動議權，美國總統則只能以總統咨文形式間接向議會提出自己的立法動向；俄總統有權解散議會，美國總統則無此權；俄總統可提出全民公決，美國總統無此權；美國總統任命部長需徵得國會同意，俄總統實際上能更自由地任免部長。因此，可以認爲，俄總統權力比美國總統在國內的權力更爲廣泛。

俄羅斯的總統制與法國的總統制更接近。例如都是總統透過總理領導政府，都有權解散議會、發布命令、實行全民公決等。只不過法國總統任期更長，爲七年，而俄總統任期只有四年。

第三節　俄羅斯總統制的運行及其機制

(一)俄羅斯聯邦安全會議——總統決策中心

　　一九九一年修改的俄羅斯憲法規定，俄羅斯總統領導俄羅斯聯邦安全會議，採取措施保證俄羅斯聯邦的國家安全和社會安全，但憲法又規定，安全會議的結構、權限和組織程序由俄羅斯聯邦法律確定。一九九三年十二月的俄羅斯憲法也有相同的規定，而且使總統不僅領導安全會議，而且也有權組成安全會議。

　　在總統制實施過程中，俄聯邦安全會議是一個十分重要的機構，它雖然不是總統的工作機構，但卻是在總統直接領導下的最重要的權力機構、決策機構。

　　俄聯邦安全會議的模式源於戈爾巴喬夫時期。一九九〇年三月十四日蘇聯人民代表大會通過了《關於設立總統職位和蘇聯憲法（基本法）修改補充法》規定，蘇聯總統領導蘇聯安全委員會。蘇聯安全委員會負責制定實施全聯盟國防政策，可靠地維護國家安全、經濟安全、生態安全、克服自然災害和其他非常局勢後果，保障社會安定和法律秩序諸方面的建議。蘇聯安全委員會成員由蘇聯總統在考慮聯邦委員會建議並與蘇聯最高蘇維埃協商後任命。在借鑒蘇聯安全委員會的模式的基礎上，俄羅斯總統葉利欽根據俄羅斯安全法的有關規定，於一九九二年三月正式建立了俄羅斯聯邦安全會議。

　　俄聯邦安全會議的成員通常包括總統（一九九二～一九九三年時還有副總統）、政府總理、安全會議秘書、政府中的國防、

外交、内務等部委的部長，以及其他成員。一九九三年十月前，安全會議的成員構成要經俄最高蘇維埃同意，俄最高蘇維埃派第一副主席參加其工作。

一九九三年十月二十二日，葉利欽總統在摧毀俄人代會和最高蘇維埃後，在新議會未選出之前，根據自己的意願，簽署和發布了《關於俄羅斯聯邦安全會議成員的命令》。該命令說：

根據俄羅斯聯邦《安全法》第十四條，決定批准俄聯邦安全會議下列成員：

葉戈爾·蓋達爾—俄政府第一副總理，經濟部長。

尼古拉·戈盧什科（Глушико）—聯邦安全部長。

帕維爾·格拉喬夫（Грачев）—俄聯邦國防部長。

維克托·丹尼洛夫—丹尼爾揚（Данилов）—聯邦生態和自然資源部長。

維克托·葉林（Енин）—俄聯邦內務部長；

尤里·卡爾梅科夫（Калмыков）—聯邦司法部長。

安德烈·科濟列夫（Козылев）—聯邦外交部長。

愛德華·涅恰耶夫（Нечаев）—俄聯邦衛生部長。

葉夫根尼·普里馬科夫（Примаков）—聯邦對外情報局局長。

鮑里斯·費奧多羅夫（Феодоров）—俄政府副總理，聯邦財政部長。

謝爾蓋·沙赫賴（Сахлаи）—俄政府副總理，聯邦和民族事務委員會主席。

另外，聯邦安全會議的常委也是安全會議的當然成員，他們是：

葉利欽，俄聯邦總統，安全會議主席。

切爾諾梅爾金，政府總理，安全會議常委。

洛博夫，安全會議秘書、常委。

根據後來安全會議組成人員的變化，一九九三年十二月俄議會選舉之後，聯邦委員會（上院）主席舒梅科、國家杜馬（下院）主席雷布金，也是聯邦安全會議的成員。這樣，俄聯邦安全會議成員主要由總統、總理、兩院主席、安全會議秘書、安全部長（反間諜局局長）、國防部長、生態與自然資源部長、內務部長、司法部長、外交部長、衛生部長、對外情報局局長、財政部長、經濟部長等約十五至二十人組成。它的組成說明，總統領導下的安全會議是一個十分重要的權力決策機構，它涉及社會政治經濟外交和軍事的所有重要領域。因此，人們把俄羅斯聯邦安全會議比做過去「蘇共中央的政治局」是有道理的。

安全會議下設若干委員會和機構，如對外政策、生態安全、軍事政策、經濟、聯邦事務、國家機密、國防工業戰略以及跨部門委員會。

安全會議由俄總統主持和領導，但其日常事務由安全會議秘書主持。安全會議秘書不是一般的秘書，實際上是秘書長，其級別相當於副總理，高於一般的部長，是個很有實權的人物。從一九九二年到一九九六年，安全會議秘書已換了五個，先是斯科科夫（Скоков），生於一九三八年，大學畢業後曾在蘇聯軍事研究部門工作了三十多年，一九九○年曾擔任副總理。一九九一年事變後，主持俄羅斯安全委員會工作。一九九二年三月成為聯邦安全會議首任秘書。斯科科夫在一九九二年雖然很少在政壇上露面，但其才幹卻很為人賞識。在一九九二年十二月葉利欽與俄議

會的對抗中，當俄議會拒絕葉利欽提名蓋達爾爲總理後，葉利欽與俄議會達成妥協，由葉利欽提出三名人選由俄議會挑選，這三人是斯科科夫、切爾諾梅爾金和蓋達爾。出人意料的是，蓋達爾只得了四百票，切爾諾梅爾金爲六百二十一票，而斯科科夫得票最多，爲六百三十七票。最後葉利欽選擇切爾諾梅爾金爲政府總理。得票最多的斯科科夫未能當選，由此與葉利欽結下了怨恨。在一九九三年的政治鬥爭中，斯科科夫反對葉利欽採取的諸如實行總統治理、中止議會權力的措施，並辭去了安全會議秘書一職。

沙波什尼科夫（Е·И·Шапошников）成爲安全會議第二任秘書。沙波什尼科夫是飛行員出身，一九六九年二十三歲從加加林空軍學院畢業後先後在蘇空軍中任大隊長、團長、副師長、師長、軍區空軍副司令、司令等職。一九八七年曾任蘇駐德集群司令，一九八八年任蘇空軍第一副司令。一九九〇年出任蘇國防部副部長兼空軍總司令。在一九九一年八月十九日的關鍵時刻，沙波什尼科夫支持了葉利欽，後被任命爲獨聯體武裝力量總司令。一九九三年三至十月，任安全會議秘書。

洛博夫（Лобов）一九九三年十月接任安全會議秘書一職。他是葉利欽在斯維爾德洛夫斯克州工作時的老同事，曾任州蘇維埃執委會主席。一九九一年七月出任俄羅斯政府第一副總理；一九九二年任總統顧問，一九九三年再度出任第一副總理兼經濟部長。

列別德（Лебедь）成爲安全會議的第四任秘書，也是權力最大、任期最短的一個秘書。列別德曾擔任蘇軍空降兵的指揮官，在一九九一年八·一九事件中支持葉利欽，後擔任第十四集

團軍司令。一九九五年因與國防部長格拉喬夫不合辭職,與斯科科夫組成「公眾大會」參與一九九五年十二月議會大選。一九九六年六月,列別德出人意料地在俄總統選舉中獲得14%的選票名列第三,葉利欽爲戰勝俄共候選人久加諾夫,於一九九六年六月任命列別德爲安全會議秘書,爲葉利欽連任總統立下了頭功。但列別德上任後鋒芒太露,一九九六年十月又被人指控組織「軍事政變」而被葉利欽解職。

安全會議的第五任秘書是過去俄共中央的副主席、俄國家杜馬主席雷布金。雷金布在一九九三年至一九九五年擔任國家杜馬主席一職時,實際上已倒向了葉利欽,爲葉利欽所信任,並在一九九六年十月任命雷布金接替列別德的職務。

俄總統領導的安全會議在俄政治經濟生活中起著巨大作用。下面是安全會議發揮作用的幾個例子。

(1)決定對外政策的基本方針。俄的外交工作具體由俄外交部負責,但決定俄外交戰略和大政方針的是總統及其領導下的安全會議。例如,一九九三年四月,俄對外政策的基本原則先後經最高蘇維埃和俄羅斯總統批准。這一原則是由外交部提出的,但在擬定過程中,安全會議的對外政策委員會發揮了很大作用,並先在安全會議審查過,經總統認可後由俄議會通過,最後由俄總統批准。

(2)安全會議隨時討論國家生活中最突出和急需解決的問題。例如,一九九三年八月十一日,葉利欽主持的安全會議專門討論了引起全社會不安的關於貪污腐敗和犯罪問題。俄內務部第一副部長阿布拉莫夫在會上向安全會議匯報了國內有關反對犯罪和貪污腐敗的情況,認爲犯罪者越來越具有挑釁性、職業性和組織

性，犯罪率明顯增加，盜竊和偷運原料、成品、有色金屬和稀有金屬、能源和其他戰略資源構成了對國家安全和戰略利益的直接威脅。安全會議認爲，執法機構在一九九三年上半年所作的努力沒有明顯改善國家的犯罪狀況。由於執法機構打擊犯罪的新計劃未能制訂完畢，所以安全會議決定下次會議時將再次討論這一問題。

又如，俄羅斯人口的狀況也成爲安全會議討論過的問題之一。一九九四年七月，安全會議下屬的居民保健跨部門委員會曾專門開會討論了俄羅斯人口狀況急速惡化的問題。

一九九四年十月十一日，俄羅斯發生了盧布兌換美元匯率暴跌的事件，盧布在對美元的匯率從一美元匯兌盧布三千暴跌爲一美元兌換四千盧布，引起社會恐慌。十月十八日，聯邦安全會議對此專門開會並發表了聲明，認爲盧布暴跌是由於通貨膨脹不斷上升、生產持續下降和不斷增加的預算赤字引起的，但也是由於缺乏協調，有時僅僅是因爲擁有行政權的聯邦經濟機關沒有發揮作用。葉利欽總統主持的這次安全會議的會議還宣布，已成立一個特別委員會對此事進行調查，並將採取措施穩定盧布，因爲破壞俄羅斯金融市場的穩定所帶來的持續影響，可能會被企圖使形勢惡化的政治力量利用。

(3)干預政府的人事任命。按憲法規定，政府部長、副總理是由總理提名由總統任命的，但實際上，安全會議在此過程中也能發揮較大作用。例如，一九九四年十一月，葉利欽總統任命潘斯科夫爲財政部長，任命博利沙科夫爲副總理，就是由安全會議秘書洛博夫向葉利欽推荐的。

(4)車臣事件的過程最爲充分的表現了安全會議在解決俄羅斯

重大事件過程中起的重大作用。

　　一九九四年十一月，俄軍「自願兵」在以「反對派武裝」身分攻打車臣首府戰爭中失利，有數百人被俘；俄羅斯政府於是派出大批軍隊前往車臣附近。但到底採取什麼方式解決車臣問題，是和談還是武力攻打，俄國內意見紛紛。十二月六日，俄安全會議召開會議，並決定採用武力消滅車臣非法武裝集團。聯邦安全會議的聲明宣布：

　　「鑑於車臣共和國境內的事態，安全會議要俄聯邦所有新聞媒體和全體輿論注意一個事實：車臣和俄羅斯之間本質上不存在衝突。有的只是俄聯邦這一地區非法武裝團的奪權鬥爭，帶來人員大量傷亡的武裝衝突應當停止，所有敵對的武裝集團都是非法的。同時必須採取一切憲法措施，解除非法武裝集團的武裝並消滅它們」。

　　安全會議還決由尼·德·葉戈羅夫（Eгopoв）協調各政府機構在車臣共和國恢復憲法秩序的行動，並由葉利欽總統任命他爲聯邦政府副總理。

　　隨後，國防、內務、安全等強力部門首長抵達車臣邊境，實施安全會議的決定。十二月九日，葉利欽以總統命令方式進一步將安全會議的這一決策明確化，他在命令中說：「俄聯邦安全會議確認著存在非法部隊，由於這些部隊的活動，造成了長期的流血，使車臣共和國的俄羅斯公民喪生」，他責成政府「利用一切現有手段保證國家安全、法制、公民的權利和自由，……解除所有非法部隊的武裝」。後來葉利欽又在十二月十七日強調，俄安全會議關於車臣的所有決定都應當得到無條件執行。

　　十二月十七日，葉利欽主持了車臣事件以來的第二次安全會

議。在這次長達三小時的會議上，討論了車臣局勢，並作出了關於在車臣境內恢復法律和秩序的決定。

十二月十九日，切爾諾梅爾金總理召集安全會議成員和政府成員舉行聯席會議，再次強調加強消滅非法武裝團隊或解除其武裝的行動，同時確保俄軍官兵和車臣共和國和平居民的安全。二十日，切爾諾梅金再次主持聯席會議，對車臣局勢進行分析，繼續強調軍事打擊；二十一日，聯邦政府第一副總理索斯科韋茨主持了第三次聯席會議討論車臣局勢。

但是，由於俄軍在車臣作戰並不順利，傷亡較大，也未能達到在短期內用軍事力量消滅杜達耶夫的目的，因此，俄國內要求採用和談解決問題的呼聲又高漲起來。實際上，安全會議內部從一開始就有分歧。據俄報刊報導，在十二月六日的安全會議上，安全會議成員、司法部長卡爾梅克就不同意軍事解決的決定，但他事先不知道決定的內容，葉利欽宣布會議開始後就要求先表決後討論，只有卡爾梅克反對，因此會議通過了這一決定；但在討論過程中，對外情報局局長普里馬科夫、上院主席舒梅科和切爾諾梅爾金都曾提出，先和車臣方面談判，但安全會議內的先打後談派占了上風，安全會議秘書洛博夫等強硬派力主動武。最後葉利欽傾向於武力解決。第二天，卡爾梅克宣布辭職。葉利欽在後來的過程中，也一直沒有關閉談判大門，邊打邊談。

到一九九四年十二月二十六日，葉利欽總統主持的車臣事件以來的第三次安全會議的會議上，解決車臣問題的方針出現了重大變化。安全會議指出，車臣共和國的大部分領土已從非法武裝隊伍手中解放出來，所以以軍事手段解決問題的目的大體完成，第一階段宣告結束，第二階段的主要任務是，一方面繼續努力解

除和消滅非法武裝隊伍，爲恢復法制和秩序、復興車臣共和國經濟和社會生活創造條件，同時，要採取積極的政治步驟，促使停火，使其自願交出武器和解散非法武裝隊伍，並向車臣共和國居民提供物質和人道主義援助。這次安全會議意味著從以武力解決爲主轉向武力解決和和談並重。在這次會議上，上院主席舒梅科等力主加強與車臣共和國談判。

後來，俄聯邦與車臣武裝之間談談打打，時談時打，延續了一年多，死傷數萬人，一直未能解決問題。到一九九六年七至九月，又是安全會議秘書列別德力主和平談判，並與車臣武裝達成了和平協議，雙方同意停戰，將車臣問題留待五年之後再來解決。車臣的戰事終於平息下來。

俄安全會議在車臣事件中的作用表明，它是俄政治生活中的決策中心，是俄總統推行其總統制的重要方式。

(二)總統辦公廳——俄羅斯第二政府

總統辦公廳，在許多人從表面看來，它似乎只是總統的一個辦事機構、秘書機構，但實際上，在總統制的運作中，總統辦公廳起著巨大作用，甚至於可以説，沒有總統辦公廳，俄羅斯總統行使其權力就會十分困難。隨著俄總統制的推行，總統辦公廳的作用也已爲俄社會公認。一九九一年修改的俄羅斯憲法未提及總統辦公廳。但一九九三年十二月的俄羅斯憲法在規定總統的職權時，在第九項專門指出，俄羅斯總統組成俄羅斯聯邦總統辦公廳。俄政治和行爲道德國際研究中心在其題爲《總統俱樂部》的文章中指出，「俄羅斯總統的獨特作用加上總統個人的獨特個性，決定了總統辦公廳在政權機關中的特殊地位。正是由於這種

特殊地位，致使俄羅斯新國體、政權中心（包括總統辦公廳）的建立時間拖得過長。起先進來民主分子，但他們卻無法與黨閥出身的人共存，……葉利欽選中的新手表現出總統辦公廳政治基礎的加強」，總統辦公廳，「這是一個爭奪政權的唯一場地，它永遠都不會是一片空白，隨時處於收割或播種狀態」❸❹。

總統辦公廳不是一個正式的權力機構，不易爲外界所注視。但它具有許多非正式權力機構的長處和優點。首先，它完全聽命於總統，是直接爲總統服務的，從它的工作方針到其組成、人員安排，都完全由總統控制，被視爲總統的「家務事」，外界和其它權力機構不便干涉；第二，以總統辦公廳名義辦事，方式方法更靈活，更不受限制。

總統辦公廳有一個龐大的工作班子，下設許多部門和機構，分別負責某一方面的工作，其中主要有：

國家監督局，總統保衛局，財政與預算局，領土事務局，行政管理局，社會生產總局，信息管理局，法制管理局，聯邦國家服務局，總統分析局，民族事務局等。

總統辦公廳的主要職能是：爲總統制訂和起草文件；承辦總統的各種具體事務；監督總統命令和指示的貫徹執行；監督政府有關部委的工作；協調總統與議會和政府的關係；向總統匯報國內國外各方面的信息，以及保衛總統及其家人的安全等。

總統辦公廳根據一九九四年初的編制，實有人員一千九百八十三人，計劃編制爲二千人。但許多分析家認爲，實際上總統辦公廳的人數遠不止這些。例如，總統保衛局所管轄的武裝人員就有一至二萬之眾，爲此曾在一九九三年議會與總統的爭鬥中，受到議會方面的嚴厲指責。

總統辦公廳是總統制運作的核心，起著極其重要的作用。因此，總統辦公廳的主要負責人都是總統的親信。

　　自一九九一年俄羅斯設立總統以來，已先後有四人出任辦公廳主任這一要職。

　　葉利欽的第一任總統辦公廳主任是尤·弗·彼得羅夫（Ю·В·Петров）。他是葉利欽在斯維爾德洛夫斯克當州委第一書記時的同事。在葉利欽調到中央工作時，彼得羅夫接替了葉利欽州委第一書記的職務，成了斯維爾德洛夫斯克幫中的重要成員。一九八八年，彼得羅夫被任命爲蘇聯駐古巴大使。這與葉利欽一九八七年被趕出政治局不無關繫。一九九一年葉利欽當選總統後，彼得羅夫擔任了總統辦公廳主任這一重要角色。在一九九一年八·一九事變中，彼得羅夫爲葉利欽起草了一系列命令，並領導總統辦公廳對克里姆林宮進行接管。但後來彼得羅夫與其他葉利欽的少壯派發生了衝突，他們迫使他向葉利欽遞交了辭職報告。但葉利欽對彼得羅夫很有交情，採用了一種最體面的方式。在彼得羅夫生日時，葉利欽總統親臨辦公室，爲彼得羅夫慶祝生日。兩人回憶了過去的時光。最後葉利欽建議他的老朋友辭去辦公廳主任這一「苦差事」，幹一份他更愛幹的工作。一九九三年一月，葉利欽任命彼得羅夫擔任總統下屬的俄羅斯國家研究一九八三年南韓波音飛機在俄薩哈林地區上空被擊落事件的空難情況委員會主席。後來，彼得羅夫還領導過俄國家投資公司。他仍是葉利欽的親信。

　　接任克里姆林宮「大總管」職務的是菲拉托夫（Филатов），他當時是最高蘇維埃第一副主席，是最高蘇維埃主席哈斯布拉托夫的助手之一。葉利欽在一九九三年一月任命菲

拉托夫爲總統辦公廳主任，有三個原因：一是菲拉托夫本人很能幹，既靈活又嚴格，在公眾中的形象較彼得羅夫更佳；二是菲拉托夫被人視爲「民主派人士」，用他來取代不被民主派人士歡迎的前黨閥彼得羅夫，也可以得到民主派的歡心；第三，菲拉托夫是議會的一名有影響的人物，起用他爲總統辦公廳主任，在當時總統與議會鬥爭不斷激化之時，能分化議會。

除了辦公廳主任擁有很大職權外，許多辦公廳的局長也都擁有很大影響。由於他們可以有較多機會接近總統，並對總統施加影響，因此許多局長的職權實際上比一般的政府部長還大，而且比一般部長更得總統信任。因此辦公廳的辦事工作機構常干預政府一些部委的工作，形成無形的「第二政府」，重覆進行著與政府機構同樣的事情。例如，總統辦公廳中設有聯邦總統國家法制管理局，其主要職責是替總統起草各種法案，實現總統的立法動議權這一職能。而政府司法部的一個主要職責，也是代表政府向議會提出政府的各種法案。因此，司法部長卡爾梅科夫常抱怨這兩個機構「不僅互相重覆，而且經常給原本就混亂的國家法律系統添亂」。一九九四年十二月，卡爾梅科夫向葉利欽提出辭職，主要原因有兩個，一是卡爾梅科夫不同意葉利欽向車臣動武的政策，二是對總統的法制管理局干涉原本屬司法部的工作強烈不滿。

又如，總統衛隊長科爾扎科夫（Коржаков）也是有很大政治影響的人物。科爾扎科夫原是克格勃少校；過去在斯維爾德洛夫斯克州工作，後跟隨葉利欽到莫斯科。在一九九一年八·一九事件中，科爾扎科夫曾站在坦克上保衛葉利欽。據說，在一九九三年十月事件中，當國防部長格拉喬夫對是否出動坦克包圍議會

白宮時，正是科爾扎科夫從總統辦公室給格拉喬夫打電話，並把需要的人物召到總參謀部。科爾科扎夫是少數可以隨時見到葉利欽總統的人，因而他的政治影響力也很大。一九九四年十二月，根據當時莫斯科的傳聞，科爾扎科夫甚至試圖以總統保衛局的名義對切爾諾梅爾金總理施加影響。英國《金融時報》發表的該報記者從莫斯科發出的消息說，科爾扎科夫曾給切爾諾梅爾金寫信，要求政府重新研究放寬石油出口限制的決定。他在信中指出，政府的這一決定是由前副總理紹欣起草的，這一文件允諾放寬俄羅斯的石油出口限制和無區別地允許外國石油公司得到俄羅斯的輸油管道，同意以此作爲世界銀行進一步提供貸款的先決條件。科氏在信中認爲，這「意味著接受一項對世界銀行有利而不是對俄羅斯有利的金融協議」，而世界銀行擬議向西伯利亞的石油項目提供五億美元貸款和向煤炭工業提供五億美元貸款，會導致俄羅斯進一步依賴外國資本，其後果是削弱俄羅斯在這些行業的出口競爭潛力，因此，這是完全不能允許的，因爲這會給國家造成不利的政治和經濟影響。科氏在該信的結尾還指出：「我們」覺得應該「建議」切氏委託第一副總理索斯科韋茨成立一個專家委員會，對這一文件是否有利於我國經濟徵詢專家的意見。

在一九九五年，葉戈羅夫接任菲拉托夫的總統辦公廳主任一職，葉戈羅夫擔任過副總理兼民族和聯邦事務部部長。一九九五年因人質事件而被葉利欽解職，葉戈羅夫擔任辦公廳主任職務的時間也不長。一九九六年七月，爲葉利欽連任總統立下汗馬功勞的丘拜斯成爲新一任總統辦公廳主任。丘拜斯此前擔任過主管私有化事務的政府第一副總理。因在總統選舉中有功，丘拜斯作爲總統辦公廳主任的權力極大，超過過去任何一任。尤其是在葉利

欽總統一九九六年十月至十一月因病動手術之時，丘拜斯的權力達到了頂點，以至於被人稱爲「無冕之王」。連切爾諾梅爾金總理也要讓他三分。

這些事例表明，總統辦公廳在俄政治生活中的作用是異乎尋常的。在一九九三年二月，當時的俄羅斯最高蘇維埃主席哈斯布拉托夫曾公開指出，俄政局不穩的主要原因是俄形成了兩個政府：總統及其辦公廳，總理及其內閣，這使俄的法律和政令得不到很好的執行；他還認爲，作爲政府的總統辦公廳是不合法的，但它能向合法的政府機構施加非常强大的壓力。這從一個方面也反映出了俄總統制的一個特點，即總統辦公廳擁有巨大的政治影響力。

一九九六年十月二日，葉利欽批准的《總統辦公廳條例》使總統辦公廳從「辦事機構」升格成爲「確保總統活動的國家權力機關」，成爲政治機關，它要「爲俄聯邦總統確定內外政策的基本方向、採取措施捍衛俄聯邦主權，獨立和國家完整創造條件」。這使總統辦公廳的政治地位、政治作用進一步合法化。

㈢總統的助理、顧問和諮詢機構

如果說總統辦公廳的作用在於具體實施和監督總統指示和命令的落實，那麼俄總統的顧問、諮詢機構和助理班子則爲葉利欽出謀劃策，或者秉承總統意旨關注某一領域、某一部門的事務。

總統的助理班子

葉利欽在行使總統權力過程中，從一開始就十分倚重總統顧問和總統助理的作用。例如，布爾布利斯是葉利欽在總統任期最

先倚重的總統顧問之一。布爾布利斯生於一九四五年，畢業於烏拉爾大學，曾在大學擔任哲學教師。他是最早在斯維爾德洛夫斯克支持葉利欽的人之一。一九八九年，布爾布利斯利用這一點當選爲該州的人民代表，後又在莫斯科參加了葉利欽任兩主席之一的跨地區議員團。從此在葉利欽身邊出謀策劃，一九九〇年五月和一九九一年六月，他爲葉利欽當選爲俄聯邦最高蘇維埃主席和俄羅斯聯邦總統立下了汗馬功勞。葉利欽在擔任最高蘇維埃主席時，曾任命布爾布利斯爲專家小組負責人。擔任總統後，布爾布利斯又被任命爲國務秘書和政府第一副總理。在一九九二年議會與俄總統的鬥爭中，布爾布利斯又爲葉利欽出了許多點子。但布氏也因此成爲俄議會所厭惡的人物。一九九二年四月，布爾布利欽成了葉氏與議會鬥爭的犧牲品：他被免去了第一副總理職務，只擔任國務秘書職務；十一月二十六日，葉利欽再次解除了布爾布利斯的國務秘書職務，以換取議會的妥協，改任布氏爲總統顧問、專家小組組長；但到一九九二年十二月中旬，布氏又辭掉了這一職務。因爲正是布爾布利斯在一九九二年十二月十日，爲葉利欽起草了呼籲書，公開向議會和議長哈斯布拉托夫「宣戰」，即要求在一九九三年一月進行全民公決。但後來，布爾布利斯仍爲葉利欽出主意。

在布爾布利斯之後，在葉利欽周圍又逐漸形成了以總統首席顧問和助理伊柳辛（Nлюсин）爲中心的顧問和助理班子。伊柳辛也是葉利欽在斯維爾德洛夫斯克時的老部下，生於一九四八年，一九七七年，葉利欽擔任州委第一書記時，伊柳辛是該州州委的一名副部長。後被葉利欽調到莫斯科工作。一九九二年五月，在布爾布利斯開始「倒霉」時，伊柳辛卻升任俄羅斯總統的

首席顧問。伊柳辛負責總統的工作日程安排；每天上午，他把經過精心挑選的報紙、信息和報告呈遞總統。伊柳辛總是跟隨總統，負責幫助總統處理最緊急和重大的事情。據傳，正是伊柳辛在一九九三年九月爲葉利欽起草了關於解散俄羅斯議會的第一四〇〇號總統令。

因長期輔佐葉利欽有功，伊柳辛在一九九六年八月被任命爲俄政府第一副總理。

葉利欽的顧問和助理班子中，還有：

蘇哈諾夫（Суханов），一九三三年生，負責總統與社會團體聯繫的總統助理；他曾與葉利欽在蘇聯國家建委共事過；是葉氏的老鄉，也是葉氏擔任國家建委第一副主席時的助理。

巴圖林（Батулин），俄總統安全事務助理，負責協調國防部、內務部、反間諜局和對外情報局的工作，以及負責安排總統參與國家安全會議的工作。巴圖林是位年輕的法律工作者，曾參與戈爾巴喬夫時期新聯盟條約的起草工作，後爲葉利欽制定一九九三年憲法出過大力；

薩塔羅夫（Сатаров），俄總統與國家杜馬和各政黨聯繫的助理。

沃爾科戈諾夫（Волкогонов），原總統軍事顧問，他在俄軍界有著廣泛的影響，他曾撰寫過《斯大林政治肖像》一書；1994年2月，任總統國際安全顧問；兼俄總統調查俄公民在前蘇聯境外無故失蹤事實委員會主席。

留里科夫（Люников），總統國際事務助理，是葉利欽多年的政治追隨者和忠實的助手。

科拉別利希科夫（Короьейлихиков），總統與聯邦各地區

聯繫的助理。

利夫希茨（Ливхиц），總統經濟專家組組長。

科斯季科夫，（Костиков），總統新聞秘書。

沙波什尼科夫，俄總統駐俄羅斯武器和軍事技術設備進出口總公司代表，前獨聯體武裝力量聯合指揮部總司令、俄聯邦安全會議第二任秘書。

雅可夫列夫（А·Н·Яковлев）俄總統在聯邦委員會的全權代表，他是原戈爾巴喬夫時期主管意識形態的蘇共中央政治局委員、中央書記，西方報刊稱爲「公開性之父」，他後來離開了戈爾巴喬夫，成爲葉利欽所信賴的人。

總統顧問和助理對俄政局均有一定影響，不僅僅是俄總統的諮詢參謀。

俄總統有專門的諮詢機構。在一九九三年二月之前，它稱爲總統協商委員會，在之後，稱爲總統委員會。一九九三年二月二十二日，葉利欽簽署了「完善保障總統活動制度」的命令，取消原來的總統諮詢委員會和諮詢機構，建立以總統委員會爲中心的新的諮詢機構。

總統委員會是由過去的總統協商委員會改建的。一九九三年二月時，它的主要成員包括蓋達爾、法學家阿列克謝耶夫（Алексеев）、政治學家安·米格拉尼揚（Мигланиян）、科學院院士安·茹可夫（Жуков）和尼·莫伊謝耶夫（Мойсеев）等數十名俄政界、政黨、社會運動、宗教組織的領導人。總統委員會中設立若干小組，其成員可以接觸到各種材料，爲解決俄政治、經濟、社會問題向總統提出各種可供選擇的方案。總統委員會成員與總統顧問、總統助理不同，他們以社會活動方式參加總統委

員會的工作，即是兼職的。

俄聯邦總統的第二個諮詢機構叫行政機構首腦委員會。成立於一九九三年二月，是俄總統下屬的常設協調協商機構，委員會主席由總統擔任，成員由俄聯邦各邊疆區、州和自治專區行政機構的首腦，莫斯科市市長、聖彼得堡市市長、政府總理、聯邦安全會議秘書和國家民族政策委員會主席擔任。它的任務是保障俄中央與地方執行權力機關的相互合作，協調聯邦條約實施的活動，就俄羅斯政治和社會經濟發展等重要問題達成協調一致的看法，保障採取不偏不倚的態度和考慮地區利益。

一九九四年二月十七日，根據葉利欽的總統令，俄總統又有了第三個諮詢機構，即由當時聖彼得堡市市長索布恰克（Coбчак）和俄政治學家鮑里斯·托波爾寧（Тоболнин）擔任兩主席的總統下屬公眾委員會。該委員會條例指出：

公眾委員會是總統諮詢機構，將在該機構範圍內就具有重要社會意義的廣泛問題進行必要的政治磋商，以保障俄聯邦執行權力機關與社會團體的合作關係，根據公眾的意見就極為重要的社會和政治問題作出總統和政府的決定，在社會團體與國家權力機關之間建立反向聯繫機制。它的主要工作是就政治經濟和社會問題提出建議。

公眾委員會的成員包括在司法部註冊的政黨、群眾運動、社會組織、企業家團體、青年組織、教會、地方自治組織和全俄工會的代表。它的成員不超過二百五十個。委員會以開會的方式進行工作，會上討論總統提出的問題，或該委員會四分之一以上的團體的代表支持的問題。會議通常由委員會兩主席主持。委員會有權向總統提出兩主席候選人。委員會的建議由多數代表通過，

並由兩主席之一簽名後轉交總統。俄總統或他授權的人宣布對該委員會建議作出的決定。俄總統可以主持其會議。公眾委員會組成十五人理事會，設立若干小組，並可吸收專家參與其工作。總統辦公廳爲其提供工作保障。

爲俄總統提供諮詢意見、建議、報告的機構還有總統專家委員會、總統專家小組、總統政策分析中心、總統社會經濟政策分析中心、總統特別綱領計劃分析中心和總統信息中心等。

聯邦安全會議—總統辦公廳—總統顧問和助理—總統諮詢機構，它們形成一個總統制的運轉系統，各有分工，各有側重。諮詢機構爲總統提供各種信息，安全會議在最高層作出各種決策，而總統辦公廳、總統顧問和助理則在此中間起中介作用，並負責使總統的各種決策得到貫徹和落實，協助總統處理各種事務。

當然，在總統制這個運行體制中，最關鍵、起最重要的作用的，還是總統本人。

第四節　俄羅斯第一任總統如何行使總統權力

㈠葉利欽總統

一九九一年六月至一九九五年六月，葉利欽當選俄羅斯歷史的第一屆民選總統已四年。在這四年中，葉利欽作爲俄羅斯的最高領導者，面臨著一系列極爲複雜而棘手的難題：維護搖搖欲墜的聯邦制大廈；實行艱難的向市場經濟過渡的改革，尋找擺脫經濟危機的道路；在政治上，俄羅斯社會因原有制度的解體而四分五裂，紛爭不已，……而葉利欽政權的基礎又極爲脆弱，他沒有

一個强大的政黨的支持，他面對强大的反對派陣營，他的「後院」經常起火。況且，從一個領袖的角度來衡量，葉利欽也沒有多少可以誇耀的資格：這個來自烏拉爾山區普通農民的兒子，個性剛强但才華並不出眾，身材魁梧但智慧並不超群。因此，一再有人指出，葉利欽屬亂世裊雄，只宜當反對派、造反派，不是執掌江山的材料。自從他登上俄羅斯總統寶座之日起，就不斷有人預言：這位俄羅斯歷史上的第一位總統將是短命總統，隨時都會觸「雷」而引起政治爆炸，使他的政權崩潰。做這種預言的不僅有詛咒他的政治對手，也來自一直支持他的反共民主事業的西方國家。例如，在一九九四年，美國一位負責對原蘇聯各國進行援助的外交官就曾直言不諱地說，葉利欽總統「與戈爾巴喬夫沒有什麽不同，他的日子屈指可數，我認爲，他將失去他的價值，其他某個人會走上舞台，取而代之」。

事實上，在第一屆總統任期内，除了種種關於有人試圖謀殺葉利欽的「陰謀」的傳言和關於葉利欽已病入膏肓的猜測之外，葉利欽在總統的寶座上的確也多次身逢絕境。在這幾年中，至少有以下六次對葉利欽來說是致命的或有嚴重威脅的打擊和事故：

一九九一年八月十九日，葉利欽宣誓就職任總統不到一個月，在他在大選中獲勝不到兩個月，還沒有嚐到「總統的權力滋味」時，蘇聯副總統亞納耶夫（Янаев）等人就發動了八·一九事變，宣布成立緊急狀態委員會，並派出尖銳部隊欲將葉利欽等人逮捕正法，葉利欽一時危在旦夕；

一九九二年四月，俄羅斯第三次人代會第一次提出對葉利欽兼任總理的政府提出信任問題，有四百一十二票不信任政府，因未過半數而被否決；

一九九二年十二月一日，俄羅斯第七次人代會開幕第一天，三百五十二名代表贊成對俄總統行動是否符合憲法進行討論，實際上是要彈劾總統；

一九九三年三月十日，第八次人代會再次提出彈劾總統問題，有四百一十八票贊成；

一九九三年三月二十六日，俄第九次非常人代會上，有六百一十五人支持彈劾葉利欽的總統職務，離法定的三分之二有效票只差六十七票。

一九九五年七月，國家杜馬有一百六十多位議員贊成提起彈劾總統的法定程序。按照憲法規定，有一百五十位議員贊成，這套程序就將被啓動。

但每一次葉利欽都有驚無險，化險爲夷。如果僅僅用「運氣」來解釋，或葉氏的敵人太愚蠢之類的解釋來說明，似乎也太勉強。

拋開葉利欽的政治是非不談，僅從政治權力的角度來看，就應當承認，葉利欽能夠在這樣複雜的局面中支撐住自己的統治，並能堅持到第一屆總統任期結束，這本身就證明，葉利欽不僅是個反對派領袖，也是一個玩弄權術的「大師」，儘管他行使政治權力的手法看起來似乎很笨拙，很不高明，也很不「瀟灑」，但卻行之有效，藏巧於拙。可以說，他和原蘇聯總統戈爾巴喬夫恰巧是兩種類型的掌權者：戈爾巴喬夫善巧言辭，好宏篇大論和滔滔不絕，經常在政治鬥爭和政治辯論中表現出他的智慧和謀略，善於玩弄聰明和平衡，但最後卻弄巧成拙，硬生生把個泱泱世界級超級大國弄成十五個公國；雖然在歷史上亦不可全盤否定戈氏的一套，但實踐中卻是個政治上的失敗者。而葉利欽表面上卻像

中國武俠小說中的「怪俠」，出手皆不成招數，全無名師高手之大家風範，招招皆是拙招，處處儘顯其笨拙，然儘是殺機滿藏，儘是凶狠奪命之式。這大概也是葉利欽的總統風範和特點了。

㈡葉利欽總統的「用權之道」

從這幾年的實踐來看，雖然說「權術大師」未免太有損「大師」雅號，但葉利欽行使其總統權力的確有其特點和獨到之處。這表現爲：

關鍵時刻，付諸民眾

葉利欽總統是擁有重大權力的人，也一向以勇敢或莽撞、剛強或專斷而著稱。但他在政治鬥爭中，卻牢牢抓住全民選舉的總統這面旗幟，遇到緊急關頭，葉利欽都以「弱者」面目出現在公眾面前，呼求社會民眾的支持與同情，並使自己的政治決策獲得合法地位。

葉利欽雖爲總統，各種權力集於一身，但卻常在政治鬥爭中處於被動地位。但善於打民眾牌扭轉局面。

葉利欽的政治生涯的轉折發生在街頭政治中。一九八九年三月二十六日，葉利欽正是依靠街頭集會中產生的公眾對他的巨大的同情和支持，衝破了官方對他的層層政治封鎖，以89％的高選票率，當選爲俄羅斯第一號人民代表，從而爲自己爭得了政治生存權利，並在群眾中獲得了比過去更有影響的聲望，奠定了他通向克里姆林宮的道路。

一九九一年六月，葉利欽又把自己的政治前途付諸俄羅斯民眾。當時，葉利欽身爲俄最高蘇維埃主席，卻面臨隨時可能被反

對派占上風的人民代表大會罷免的危險。因此，葉利欽提出了由全民直接選舉俄羅斯總統的方案，並獲多數民眾的支持，由此擺脫了人代會和最高蘇維埃的制約。而且，這次選舉實際上也是對葉利欽推行的與蘇聯中央政權爭權的方針的認可，鞏固了葉利欽在政治鬥爭中的地位。

從此之後，付諸民眾支持成爲葉利欽行使總統權力最重要的武器、護身符和動力。

一九九一年八·一九事件中，葉利欽曾在坦克車上宣讀《告俄羅斯公民書》：「公民們！…我們呼籲俄羅斯公民對叛亂分子給予應有的回擊，要求使國家重新走上正常的合法的發展道路……我們呼籲軍人們表現出高度的公民責任感，不參與反動政變。在這些要求得到實現之前，我們呼籲在俄羅斯全境內無限期地總罷工」。在強大的蘇軍壓力面前，葉利欽正是靠民眾的支持，在被包圍的白宮渡過了最危險的時刻。

一九九二年十二月，葉利欽與俄人代會和最高蘇維埃發生了尖銳的權力衝突。葉利欽爲推行自己的方針，再次把爭端付諸民眾。他堅決主張進行全民公決，由民眾裁決是信任俄總統，還是信任俄議會。一九九三年四月十一日，俄羅斯進行全民公決，最後葉利欽獲得了58％的信任票，而且他推行的改革方針也得到了52.8％的選民的支持。全民公決使葉利欽在與議會的鬥爭中占了上風，並使葉利欽獲得一次新的授權，使葉利欽在後來的政治鬥爭中敢於採取重大行動。

一九九三年十月事件是葉利欽政治生涯中不光彩的一頁。十月事件後，葉利欽聲望急速下降。但一九九三年十二月十二日，葉利欽下令舉行的全民選舉和全民公決，使葉利欽得以扭轉這一

局面。在全民公決中，葉利欽提出的總統制憲法方案獲得通過，實際上是再次支持了葉利欽。

這幾次重大的全民公決，都使葉利欽轉危為安，鞏固了在俄政治權力結構中的主導地位。這也是葉利欽善於充分利用民選總統的權力的一種表現。

大權獨攬，作風專斷，雖無個人野心，卻有專制獨裁之特徵

葉利欽是民選總統，也一次又一次地付諸民眾，從一開始就打著民主的旗號，也被西方視為在俄羅斯實行民主制度的領袖，但葉利欽在實踐中表現出，他並不是民主類型的領袖，而是一個專權的總統。

和過去的總書記制相比，葉利欽總統在形式上要受四至五年一選和最多連任兩屆的限制，也有可能被議會彈劾。但實際上，葉利欽總統的權力比過去的戈爾巴喬夫、勃列日涅夫、赫魯曉夫還要大得多。他是憲法規定的國家元首、武裝力量最高統帥，實際上的政府首腦，在他任期內，幾乎不受任何權力機構的制約（過去的總書記還要受到政治局資深委員的制約，而俄總統卻把「政治局—聯邦安全會議」完全置於自己的控制之下）。在一九九三年十至十二月間，當議會被轟掉而新憲法又未通過，新議會尚未選出之時，葉利欽當了兩個多月世界上權力最大的獨裁總統。這一時期的俄羅斯沒有憲法，沒有議會，總統令就是法，總統可以指派總統代表到各地區掌權，可以隨時撤換不聽話的地方行政長官，總之，葉利欽就是俄羅斯。

本來，俄人代會和俄最高蘇維埃是有可能與葉利欽進行合作的，起碼不至於到最後炮轟議會的局面。但葉利欽喜歡大權獨

攬，一意孤行，不願作相應的妥協，使兩權對抗越演越烈。葉利欽的專斷對此應負很大責任。因為正是這個人代會推選葉利欽當了最高蘇維埃主席，並通過了葉利欽提出的俄羅斯主權宣言，也正是這個議會在一九九一年九月賦予葉利欽全權推行經濟改革方針。

葉利欽總統的這種既果斷、勇敢、堅決而又專制、獨裁的雙重矛盾性格，尤其鮮明地反映在其與議會爭鬥的過程中。為了迅速地解決問題，葉利欽不惜違反憲法和動用武力。例如，一九九三年三月頒布的總統治理令和一九九三年九月解散議會的總統令，就是違反當時的俄羅斯憲法的。雖然俄的情況也使其有一定的合理性，但葉利欽的專斷作法卻使矛盾激化。

之所以會出現這種個人專斷的局勢，其原因主要有：俄歷史上有沙皇專制制度的影響；葉利欽的專斷作風是過去長期在其中工作的官僚體制中形成的；在俄政治經濟危機過程中，客觀上需要一個強權政治和強權領袖。

充分利用「總統命令」行使職權

葉利欽就任俄羅斯總統後，發布了大量的「總統命令」，涉及俄羅斯的政治、經濟、對外貿易、文化、教育、軍事和社會生活的各個領域。從一九九一年七月到一九九四年六月，約三年時間中，葉利欽頒布了大約二千多個總統令，平均每天頒布二道總統令。例如，一九九四年一至六月，葉利欽頒布的總統令主要有：關於調整政府機構的命令，關於政府人事變動的命令，關於國營企業私有化命令，關於恢復巴爾卡爾民族地位的命令，國營企業改革令，關於稅款上交的命令，關於結算、支付紀律的命

令，關於保護居民免受犯罪傷害的命令等。儘管葉利欽的許多命令實際上並未被執行或執行不力，但它卻是葉利欽行使總統權力的重要手段。它隨時向公衆顯示總統的權威和總統權力的存在；它以極爲靈活和不受約束的方式把總統的意圖變成全國必須執行的行政命令；可以通過總統令形式繞開議會的爭論和攻擊，貫徹其改革政策，例如私有化政策就是如此。議會對國營企業的私有化多持反對立場，要在議會中通過很難，葉利欽就透過總統令強行推廣政府的私有化計劃。

總統令還是葉利欽與議會鬥爭、對抗的工具。例如，葉利欽在一九九三年三月二十日頒布的《關於在克服權力危機前執行權力機關活動的命令》中指出，俄人代會「沒有作出以立法、執行和司法三權分立原則爲基礎的完善俄羅斯聯邦國家權力制度的決定，這加重了經濟和權力結構的危機」，把政治責任歸之於人代會；隨後，葉在命令中宣布，對總統信任問題進行全民投票，並特別重申了俄總統的權力。這一命令對俄政局產生了重大影響；五月二十日，葉利欽又頒布了召開制憲會議和完成憲法草案起草的總統令，把制憲的主導權抓在手中；一九九三年九月二十一日，葉利欽又通過總統令形式走出了政治鬥爭中最關鍵的一步，他宣布中止俄人代會和議會的管理與監督職能，實際上是以全民公決爲依據，發動了一場「憲法政變」，接管了議會的權力。可以説，這三個總統會是摧毀俄人代會和最高蘇維埃的三顆「重型炮彈」，其政治作用比十月事件中的真槍實彈效力更大。

總統令也是葉利欽對地方行政機關進行監督、控制的重要形式。葉利欽可以透過頒布總統令，對局部地區實行緊急狀態，接管當地行政機關的實際權力，也可以頒布總統令，對拒不執行總

統決定的地方官員進行威懾和恐嚇，例如，在一九九三年九月與議會的鬥爭中，葉利欽在九月二十一日頒布了一道總統令，決定解除不執行總統決定的軍政官員的職務。十月七日，葉利欽還頒布總統令，停止莫斯科市蘇維埃的職能，直接干預地方政權事務。

總統令甚至可以有法律調節的作用，或者說，總統令實際上就是法律。一九九三年十月七日，葉利欽在其頒發的總統令中宣布，在新的議會開始工作以前，由俄總統對全社會進行法律調節，將由以俄總統令的形式頒布的法規來對屬原議會負責的立法問題進行法律調節。

當然，除了這三個特點外，葉利欽在其總統任期內，還表現出其他許多特點，譬如，葉利欽在一九九四年二月二日在俄歷史上第一次向議會上院提出了《關於鞏固俄羅斯國家的諮文》，這也是葉利欽利用總統諮文形式影響政局的一個重要形式，它全面地分析了俄政治經濟外交和文化各方面，對俄政治經濟形勢進行歸納和總結，並提出俄羅斯國家政權活動的基本方針。此外，葉利欽在行使總統職權中，也表現出倚重身邊親信並進行控制的特點。

由於葉利欽是個有多重性格的人，因而他行使總統職權的特點也是複雜的，社會對他的評價也是多樣的。

例如，一些俄學者認為，葉利欽的總統任期出現了一個世界政治實踐中從未有過的「葉利欽現象」，即其政治方針已行不通，但葉利欽總統不僅依然是俄羅斯政治中的決定性因素，而且其地位還在加強。葉利欽在過渡時期中扮演過各種政治角色，在八○至九○年代，他當過共產黨活動家和反共分子，平民主義者

和自由派、世界主義者和國務活動家，他既是社會黨人又是前蘇聯的聯合者。而且所有這些角色都是以同一種治理風格表現出來的。俄歷史學博士舍夫佐娃在這篇題爲《葉利欽面臨新時期》的文章中還認爲，葉利欽在其總統職位上表現出幾個特點：第一，不善於說服人和協調各種利益，急躁好鬥，簡單生硬，視妥協爲軟弱，不惜爲「兜售」自己的決定而激化形勢；第二，葉利欽有多付面孔，但卻是原有制度的革新者。葉有意無意地參加過無數個騙局，如把葉利欽理解爲共産主義制度的破壞者就是一種誤解，他繼續著自己開創的事業，葉利欽的政治特點，他的玩弄權術的「造詣」，在一九九六年六至七月的俄羅斯總統選舉過程中再次得到充分的表現。爲了連任總統，他把許多俄共侯選人久加諾夫的主張搶過來，允諾提高退休金，增加對生活貧困者的保護等；他反對科爾扎科夫等親信提出的推遲總統選舉的主張，堅持按規定日期進行總統選舉；爲了保權，他在一九九六年先後解除了多名親信的職務，並與在總統選舉中表現不俗的列別德達成協議，用高官收買了列別德，把支持列別德的選民拉到自己這一邊。爲了證明自己身體健康，葉利欽故意到青少年演唱會上蹦蹦跳跳；同時，他利用職權讓新聞媒介在電視報刊上對俄共進行「狂轟爛炸」，不給俄共在新聞媒介上表白自己的機會。總之，葉利欽使盡各種招數，使他在一九九六年六月十二日的第一輪選舉中，以35％的選票率領先於俄共久加諾夫三個百分點，在一九九六年七月第二輪投票中，最終得到56％的選票，連任俄羅斯總統。儘管當選後葉利欽就住進醫院躺了三個月，但他畢竟是再次當選了。這就是葉利欽的性格。也使國家免遭大動盪，同時保留了老的統治階級在新形勢下的主導地位，所以，葉利欽扮演的並

不是破壞者，而是制度的革新者，他表面上奉行自由民主方針，實際上形成的卻是一個具有極權特徵的制度；第三，葉利欽依靠周圍的人管理國家，形成了一個正擺脫葉利欽控制的新官僚集團。葉利欽曾多次依靠出色的戰術技能擺脫困境，不斷地更換「戰友」，根據需要逐步淘汰不需要的或「使用壽命」已過的人，他聰明地避免在形式上依附於具體的政治運動，從而保持了行動自由，他善於從反對派手裡接過最流行的口號，解除它的威脅。但由於葉利欽過分倚重官僚，最後卻成了一個「表面上擁有大權實際上無力的、不能實現自己決定的政治家。他是一個就性格而言適於當領袖但卻失去群眾支持的人，是一個習慣按『傳送帶』方式工作和被帶到總體非一體化時代的人，是個看不慣妥協卻又不得不時時調整航向和搞交易的人，是一個在官僚賭博中當了大贏家而本人卻正在成爲官僚人質的人」㉟。

　　但另一些學者卻認爲，葉利欽是個獨立行事的總統，他重用親信卻不爲其所左右，他讓顧問們完全圍著他轉，並經常作出個人決定，讓身邊的人不知所措。當他感到需要時，他會拋開身邊的人。先是布爾布利斯，後是蓋達爾等，一九九五年七月又輪到葉林・斯捷帕申（Степашин）、葉戈羅夫等人被他拋出。這說明葉利欽不是顧問和親信的「人質」。

　　一九九六年一至十月，葉利欽又先後把科濟列夫、格拉喬夫、科爾扎科夫等人解職。實際上，當年在一九九一年八・一九事件時跟他政治起家的人，都先後被他踢出了。

　　總之，葉利欽作爲俄羅斯第一任總統，其性格、特點是鮮明的，同時又是複雜和矛盾的。

第五節　俄羅斯第二任總統選舉

根據俄羅斯憲法，第一任總統將於一九九六年六月到期，爲此俄羅斯在一九九六年六月進行第二任總統選舉。儘管在一九九六年間也出現過種種推遲總統選舉的建議，但俄第二屆總統選舉仍正常進行。

實際上，一九九五年十二月議會大選後，俄羅斯各政治力量就已經開始角逐俄羅斯總統職位。葉利欽、久加諾夫、日里諾夫斯基、亞夫林斯基、列別德等宣布參加競選。根據俄國法律規定，作爲總統候選人，必須要徵到五十萬選民的簽名，後來到一九九六年五月，俄選舉委員會宣布有十位候選人符合總統選舉的規定，成爲正式候選人。

葉利欽到一九九六年五月初才正式表態宣布參加俄羅斯總統選舉，並在總統競選的第一階段取得較大的成就，這主要表現爲他在民意測驗中的支持率上升較快，從一九九六年初的大約7—8％，上升爲一九九六年四月初的15％，四月二十三日又上升爲20.7％，第一次超過了久加諾夫的19.8％，而且據全俄民意中心四月二十九日的測驗調查，如進行第二輪投票，葉利欽可能獲得31％的選票，而久加諾夫只能獲得29％，葉利欽之所以支持率上升速度能很快超過久加諾夫，主要是他在這一階段較好的運用了他的競選優勢，並根據這種優勢制定了較好的策略。

和久加諾夫、亞夫林斯基和日里諾夫斯基等人相比，葉利欽具有現任總統的許多優勢。葉利欽競選總統的戰略和策略都是建立在這些優勢之上的。葉利欽的競選優勢及其競選策略是：

1.具有豐富的政治經驗。自一九九一年六月十二日當選俄羅斯第一任民選總統以來，葉利欽在近五年的時間中經歷了多次重大的政治鬥爭，並因此積累了豐富的政治經驗，這是其他幾位總統候選人所不能相比的。這幾年中，葉利欽先後逃過了幾次大的政治劫難，牢牢地掌握和行使著總統大權。在一九九一年八‧一九事件、一九九二年十二月、一九九三年三月、一九九三年十月等政治鬥爭的重大關頭，他都能逢凶化吉，順利過關。如在一九九三年三月二十六日俄羅斯人代會以六百一十五票的多數提出對他的彈劾，只差六十多票就可通過三分之二的大限，使葉利欽僥幸過關。當他上台之初，許多人認為葉只能當反對派，當總統會很快下台，但五年以來，葉利欽處變不驚，拙中有巧，重用親信而不為其左右，可稱得上是俄羅斯政治舞台上的一位權術大師。他經常善於改變自己的政策，使之適應變化了的俄羅斯政治的形勢。一九九六年時的葉利欽，已經遠不是一九九一年剛上台的那個葉利欽了。這對他競選總統是十分有用的。

與此相連，葉利欽競選的第一個策略是，運用這些經驗，使自己能獲得儘可能多的政治力量和選民的支持。這幾年來，葉利欽一直在不斷地改變自己的激進的民主派的面目，進入一九九六年總統選舉活動以來，他又進一步改變著自己的形象。他一方面聲稱仍是民主改革的政策的擁護者，另一方面又不斷地吸收民族主義，大國主義以及俄羅斯共產黨提出的許多主張，與蓋達爾等激進的民主派拉開距離，力圖樹立自己的全民總統的形象。例如，俄羅斯與白俄羅斯達成的建立聯盟的協議，有利於增加民族主義色彩，爭取民族主義力量的支持，又如，他接過共產黨提出的加強社會保護的口號，實施了一些有利於提高一部分居民生活

水準的措施，參加五一節活動也是爲了淡化民主派的色彩，與共產黨爭奪選民。

2.掌握現任總統的大權。俄羅斯總統的權力極大，對政局和形勢的變化能産生很大的影響。這是葉利欽的第二個重要的資源和優勢。這種優勢表現在，總統對全國的政治經濟的政策具有決定權，掌握著軍事、安全、內務等實權部門，可任命各級官員，政府和各級地方行政機構掌握在支持總統的人手中，還掌握著俄羅斯的財政經濟大權，可有巨大的經濟援助用於競選支出，控制著俄羅斯的新聞媒介。也可以說，總統可以透過制定政策，人事任命、新聞宣傳、企業資助等來對整個總統競選的過程施加巨大的影響，從而掌握著競選的主動權這種優勢也是其他的競選人所沒有的。

葉利欽的第二個競選策略就是，利用現任總統的特權，爲其總統競選服務。從一九九六年以來，葉利欽是充分利用了這一優勢的：在人事上他撤換了科濟列夫、丘拜斯等人，在政策上頒布了保障退休金，提高學生助學金，補償一九九一年以來因經濟改革而被吞沒的居民存款，在對外方面加速與白俄羅斯實行一體化的政策，在一九九六年三月三十一日又宣布了在車臣問題上的和平計劃等。這些對其他候選人是一個衝擊，可減弱其提出的口號的影響力。例如，俄羅斯共產黨提出的分階段恢復蘇聯的口號，一方面遭到葉利欽政權的批評，但另一方面葉實行的與白俄羅斯一體化的政策，卻又與其相近因而共產黨也不能反對這一舉措。即使反對派候選人有什麼好的主張，也不能馬上影響選民，而葉利欽倒可以取來就用。葉利欽還利用總統職權提出了解決車臣問題的辦法，並將其對中國的訪問恰好延長到總統競選的關鍵時

刻，這些都是其他人無法與之相比的。

　　3.西方對葉利欽的支持是葉的第三大優勢。西方從自己的利益出發，對俄羅斯的總統選舉力圖施加自己的影響。他們認為，葉利欽如連任可能對自己更為有利，因此把寶押在葉利欽身上。

　　與此相連，葉利欽的第三個策略，就是充分利用西方的支持為自己連任總統的目的服務。葉利欽有意在一九九六年初與西方達成了西方給俄羅斯巨額貸款的協議，西方還傳言俄羅斯與美國兩位在位的爭取連任的總統達成了交易，要在對外政策上相互關照以有利於各自在國內的總號統選舉。葉利欽政府還請德國總理和法國外長、美國國務卿訪問莫斯科，他們在其公開講話中都表示了對葉利欽的支持。葉利欽政府還實際上與西方達成了在俄羅斯總統選舉期間迴避北約東擴的默契，以免激怒俄羅斯民眾從而對葉不利。

　　4.葉利欽的第四個優勢是，葉的政治起家和後來多次渡過難關，都靠的是民眾支持，葉有過俄羅斯選民大多數在政治鬥爭的關鍵時刻支持自己的歷史，葉也一直宣揚其與選民的聯繫，葉也具有鼓動民眾吸引民眾的政治魅力。這種優勢除日里諾夫斯基外（日的看家本領也是以其具有煽動性的演講召喚民眾）外，其他的候選人也不具備。

　　葉利欽一九八九年三月靠選舉人民代表為自己在政治上平反，一九九一年六月當選總統靠的是選民的選票，一九九一年八·一九事件中也是靠民眾支持；一九九三年與俄羅斯議會鬥爭的主要武器之一也是求諸於民眾支持，並在一九九三年四月十一日的全民公決和一九九三年十二月的全民公決中，為自己擺脫不利地位爭取主動創造了有利條件。

在現在進行的總統選舉中，葉利欽仍希望利用這一點來改變目前對自己不利的競選局勢。葉利欽的第四個競選策略是，在公眾中營造「健康」形象增加自己在選民中的魅力。首先，是身體健康形象，爲改變自己病重不能繼續執政的印象，葉在一九九六年二月以來在公眾中亮相的次數比過去增多了，以此表示自己的健康狀況良好；其次是道德健康形象，宣揚自己的清廉公正，利用其夫人在公眾中的良好形象，讓其在公眾中頻頻露面，以增加選民的好感。最重要的是，與過去在公眾中樹立弱者形象以取得公眾的同情的做法不同，葉利欽在這次選舉中樹立的是「強人」形象，以此證明在俄羅斯「捨我其誰」、總統非我莫屬，因此要有「政治健康」的形象，在公眾中宣揚葉利欽的政策是對頭的，雖然目前還有些困難，但畢竟已經出現了好的兆頭，只要他當選，情況就會逐漸好起來。

葉利欽的不利因素也很多，例如，外部因素並非對葉利欽都是有利的，東歐選民的左傾化和前共產黨的上台，在獨聯體內烏克蘭前總統和白俄羅斯前總統相繼下台，可能對俄羅斯的選民也會有影響；葉利欽在去年的身體健康上出現的問題爲他在今年的連任蒙上了陰影；在軍隊中的影響力下降；政治基礎和政黨基礎較弱，支持他的民主派已四分五裂，亞夫林斯基還公開與他競爭，支持他的家園黨在一九九五年十二月的大選中結果不太好，這些都會對葉利欽的競選產生不利的影響。

對葉利欽最不利的兩個問題是：

第一，一九九一年～一九九六年葉利欽第一任總統任期內成績不太好。在總結自己五年來的執政情況時，葉利欽的確沒有多少東西可以誇耀。他在一九九六年四月六日在爲支持他連任的大

會上說，他的成就主要是鞏固了多黨制，發展了公民自由，進行了權力機關的真正選舉等。這當然不是葉利欽在自我謙虛，而的確是可吹噓的不太多。葉利欽不是一個壞總統，但也絕不是一個好總統。公正地說，葉利欽任內的三大政績：⑴鞏固了俄羅斯聯邦，維護了俄羅斯的統一；⑵發展了蘇聯末期的政治民主化過程；⑶在外交上改變了對西方一邊倒的政策，制定了俄羅斯的大國外交政策，維護了俄羅斯的民族利益。就俄中關係而言，俄中關係進一步發展也有葉利欽很大功勞。⑷向市場經濟的過渡比過去有很大的進展，儘管也付出了很大的代價。

但從總體上評價這一時期，應當說問題是很多的。在經濟上是大下降，一九九五年的生產總值僅相當於一九九一年的58％（以一九九一年為100％，一九九二年為81％，一九九三年為71％，一九九四年為61％），通貨膨脹率一九九二年為2000％，一九九三年為500％，一九九四年300％，一九九五年為200％，人民生活水準大下降，三分之一的居民生活在貧困線以下；在政治上，儘管葉利欽有極大的權力，但俄羅斯國內卻出現無政府現象，社會秩序混亂，黑手黨猖狂，犯罪現象嚴重，貪污腐敗橫行。雖然葉利欽也採取了一些措施，經濟危機有所緩解，經濟生活中也出現了出口增加，市場較豐富，一些部門也有回升跡象，但總體來說是不利的。葉利欽為連任總統採取的一些措施，部分也奏效，但作用有限。而且，這一不利因素是葉利欽在整個競選期間無法改變的事實，將會對他的競選產生重大的不利影響。

第二，車臣問題難以解決。一九九四年十二月，葉利欽決定用武力攻打車臣，此後戰事不斷，已造成俄軍近千人死亡，七千多車臣武裝分子被打死，一萬多車臣平民死於非命，十多萬人成

爲難民，車臣恐怖分子進行的兩次大規模的恐怖行動對俄羅斯朝野震動很大。這對葉利欽連任很不利，爲了擺脫困境，葉利欽在一九九六年三月三十一日宣布了和平解決車臣問題的計劃，但車臣杜達耶夫分子拒絕了這一方案，不肯在車臣獨立問題上讓步。這使葉利欽的計劃收效很小。儘管杜達也夫死於非命，對葉利欽的計劃可能有利，但車臣局勢如何變化還很難說。

在距總統選舉投票只剩下一個多月的時間內，這兩個問題似乎不可能有重大變化。

俄共的久加諾夫是葉利欽連任總統的最大對手。

在第一階段，久加諾夫起先是居優勢的，但到後來其支持率卻在葉利欽之後，一九九六年二月時，久加諾夫的支持率爲15％左右，三月最高時曾達到25％，但到四月末時只達到19.8％也就是說，在兩個月中久加諾夫的支持率實際只增長四個百分點。

在這一期間，久加諾夫也有一個較大的成就，就是擴大了自己的選民基礎，達成了左翼力量的基本團結，選民的基礎比較牢固，沒有發生太大的變化。但是在這一階段，久加諾夫的競選活動缺少攻勢和大的舉措。本來，久加諾夫是有一些優勢的，如有俄最大的政黨的支持，俄共的綱領在很大部分選民中有吸引力，對最近幾年俄的危機沒有直接的責任，在一九九五年的大選中成績不錯，在總統選舉中起步早，等。但在第一階段，久加諾夫的優勢未能充分發揮出來。他的策略不明顯，在這一時期沒有提出什麼有吸引力的口號，作爲一個重大的舉措，俄共在國家杜馬中通過了一個關於俄羅斯一九九一年實際宣布蘇聯解體的決議無效的決定，但這一行動的轟動性效果雖強，但對久的競選未能起好的作用，反而使俄共的一個問題更加突出起來，那就是增加了社

會上一部分對久加諾夫上台後可能推行復辟政策的擔心，而且，久加諾夫既說不會恢復原蘇聯的制度，又說恢復原蘇聯是俄羅斯共產黨的頭等大事，這更使選民產生疑問。而葉利欽利用選民的這一心理，大造共產黨復辟的輿論，散布如久加諾夫當選，俄國內會發生內戰的言論，威脅選民。而久加諾夫的競選綱領中的許多內容，都易讓人產生如上台，俄國內政策將產生重大變化，可能會有政局的進一步動蕩的感覺。久加諾夫的另一個不成功之處是未能把列別德等自稱是中左的第三力量團結起來，也未能利用葉利欽政權的不利因素，這使俄共在這一階段未能把選民的基礎，擴大到左翼力量的範圍之外。

在選舉的第二階段，俄共對自己第一階段的策略也做了調整，如向選民宣傳俄共與過去的蘇共的區別，新的聯盟與原蘇聯的區別等，並且也在與企業界和金融界的代表接觸，甚至與切爾諾梅爾金接觸，還表示可與葉利欽直接進行對話等。由於俄共不掌握俄國內的宣傳工具，因此俄共的競選重點是透過其基層組織直接對選民進行宣傳，爭取的對象是一般的老百姓，因為歸根結底，決定選舉結果的還是靠選票，也可能這些工作在報刊上反映不出來。和過去相比，有相當多的老百姓對報刊是不相信的，報刊對選民的影響力是有限的。其實，對俄共而言，既使久未能當選，俄共能在總統選舉中成為最有力的競爭者之一，這一事實本身就應視為俄共的一大成績。

在投票之前，人們還無法確定誰將是俄國的新的統治者，因為葉利欽和久加諾夫勢均力敵，選舉的結果主要取決於三個變數：

第一，是葉利欽的身體因素。葉利欽的身體對選舉產生了很

大的影響，在一定意義上可以說具有決定的意義。在投票日之前，葉利欽的身體只要不犯病，就不會對他的支持率產生大的不利，但如果葉利欽犯病住院，則局勢可能發生重大變化。

第二，是車臣因素對總統選舉到底產生多大的影響，也不好估計。當時的局勢發展似乎對葉利欽有利，因為車臣分離主義力量的首領杜達也夫在一九九六年四月被炸死，使車臣力量處於混亂之中；但也存在對葉利欽不利的因素，即杜達也夫的女婿巴薩也夫等人可能會在選舉前發動新的恐怖進攻，對俄羅斯進行報復，為杜達也夫報仇。這也會使局勢複雜化。

第三，除葉、久之外的其他候選人及其選民的立場。較肯定的是，亞夫林斯基的選民可能在第二輪投票中投給葉利欽，而日里諾夫斯基的選票則難說，一部分會給葉，另一部分會給久。列別德的選民多半會轉向久。在一九九五年十二月大選中的未投票的選民，知識分子可能會投葉利欽的票，所以第二輪投票的前景，雖然多數人認為葉利欽會獲勝，但也不太明朗。

一九九六年六月十六日，俄進行了第二屆總統選舉的第一輪投票，選舉結果和多數專家分析的一樣。俄八十九個聯主體的一千零八十四億選民中有69.8%即七千五百五十八萬人參加了選舉，葉利欽得到選票二千六百六十六萬，占35.28%，久加諾夫占32.04%，為二千四百二十萬。其他候選人的得票是：布倫察洛夫十二萬，占0.16%，弗拉索夫占0.2%，為十五萬，前蘇聯總統戈爾巴喬夫才得到三十八萬張，占0.51%，日里諾夫斯基為四百三十萬，占5.7%，費奧多羅夫得到七十萬張，占0.92%，沙庫姆為二十七萬，占0.37%，較出人意料的是列別德得到選票一千零九十七萬張，占14.52%，而亞夫林斯基在選舉前呼聲較

高，但實際只得到五百五十五萬張選票，占7.34％。另有一百一十六萬投票反對所有的候選人。

　　一九九六年七月三日，俄羅斯將進行總統選舉的第二輪投票，葉利欽和久加諾夫將一決勝負。葉利欽在第一輪選舉後與亞夫林斯進行了多次談判，以爭取亞夫林斯基的支持，但亞夫林斯基要價太高，葉利欽難以接受亞夫林斯基的條件，葉利欽因此把重點轉向了列別德，並很快達成了協議。葉利欽在第二輪投票前解除了列別德的對手國防部長格拉喬夫的職務，解除了總統安全顧問，聯邦安全局長和總統安全局長等人的職務，並任命列別德為國防會議秘書和總統安全顧問，列別德於是號召其選民轉而支持葉利欽，同時，葉利欽還利用其控制的宣傳工具，對俄共在電視，報紙上展開了激烈的攻擊，而俄共總統候選人久加諾夫很少能有宣傳機會，這使多數選民接受了這樣一種事實，以為久加諾夫一上台就會實行過去蘇聯共產黨的政策，會失去自由和民主，而且葉利欽身體健康的真相為電視報紙上的虛偽的宣傳所掩蓋，使選民以為那個在電視上蹦蹦跳跳，和許多青年男女在一起狂歡起舞的葉利欽再幹四年沒有問題。結果，在一九九六年七月三日的第二輪投票中，葉利欽獲得四千零二十萬張選票，以53％的多數再次當選，而俄共總統候選人久加諾夫獲三千零一十萬張選票，占選民總數的40.3％。

　　一九九六年六～七月進行的俄羅斯總統選舉投票，是一九九六年俄羅斯政治生活中的一件大事。對這次總統選舉可做以下三點評價。

　　1.這次總統選舉的結果是皆大歡喜。

　　這次總統選舉有十人作為候選人參加，但總統寶座只能一人

坐，因此從某種意義上來說，除葉利欽外，其它九人都是失敗者。但實際上並非如此，可以說，參加選舉的主要人物都有理由為自己在大選中所得到的東西感到高興。

葉利欽當然是大選的最大勝利者，他能夠在總統職位上再待上四年，如果沒有什麼意外的話。

列別德是這次總統選舉中得利最多的一個參選者，他雖然未能當上總統，但他從在一九九五年十二月議會大選中的不得志中擺脫出來，成了這次大選中的一個「英雄」。他在第一輪投票中獲14.52％的選票，成為得票率僅次於葉利欽和久加諾夫的第三位候選人，也成為葉和久競相爭取的人物，並為葉以「重位」所換得，一夜之間就成為俄羅斯政壇上大權在握的核心人物，並且為今後在俄羅斯政治中發揮更重要的作用奠定了基礎，列別德也是這次大選中的勝利者。

久加諾夫未能成為俄羅斯總統，固然會使俄共感到遺憾，但久加諾夫在第一輪選舉中得到了32％的選票，在第二輪選舉中得到了40％的選票，因此這與其說俄共遭到了失敗，不如說俄共經受了一次嚴峻的政治考驗，並獲得了相當大的政治成果。俄共在這次大選中的所獲有：面對葉利欽政權的强大政治攻勢，俄共的選票較過去還有所增加，考慮到葉利欽政權對選舉中的新聞媒介的壟斷，可以說這是俄共相當了不起的成果；大選再次表明了俄共是當今俄羅斯政壇上的一支最强大的政治組織力量，它的重要作用再次得到了證明；各種左翼力量第一次達成協議，推出了一個統一的總統候選人，在大選中成立的「人民愛國聯盟」成了促使俄羅斯左翼團結的一種形式，擴大了俄共的活動基礎。

所以儘管最後選出的總統只有一人，但獲益者卻是多方，各

種力量各有所得，皆大歡喜。

2.這次總統選舉具有較重要的政治意義。它首先表明俄羅斯的政治「民主化」過程進一步鞏固。爭奪總統權力的政治鬥爭是十分激烈的，但鬥爭的雙方都能在合法和合理的文明的範圍內進行。雖然在選舉中經常可以聽到「社會大分裂」和「內戰」的言論，但選舉基本上是在平和和有序中進行的，沒有發生大的動亂。其次，這也標誌著俄羅斯今後的政治鬥爭也會在大體和相對穩定的狀態下進行。表面看似乎社會已分裂成為兩大陣營，勢不兩立，水火不相容，但實際上雙方都認可，接受和承認了對方的存在這一事實，並把合法的鬥爭方式作為唯一的方式。這也為今後的政治鬥爭劃定了範圍，也是今後政治鬥爭可能依然激烈，但政治局勢卻也仍會相對穩定的原因。

3.葉利欽能連任統的最主要原因是什麼？葉利欽這次能連任總統，原因有很多，如西方對葉的支持，葉依推行的改革方針有符合歷史發展潮流一面，社會對久加諾夫上台會引起較大的新的政治鬥爭感到擔心等，但更重要的原因是葉利欽個人的因素起了很大的作用。他的個人魅力，他在競選中的策略的運用得當，尤其是葉利欽對權力和新聞媒介的壟斷，在葉—久勢力大體相當的情況下，他在後來換掉自己的親信來換取列別德的支持，對中間勢力進行分化等，可以說起了關鍵的作用。換言之，葉—久的鬥爭是在對久不利的環境中進行的，也可以說是對久不公平的。葉利欽在選舉中表明了他是俄羅斯當今政壇上的一位大政治家和大權術家。

葉利欽連任總統並不意味著俄政治鬥爭的結束，而是開始了一個政治鬥爭的新階段。

葉利欽爲了在總統選舉中獲勝，先後換掉了自己的一批親信，這其中包括安全會議秘書洛博夫，總統安全顧問巴圖林，國防部長格拉喬夫，總統安全局長科爾扎諾夫和聯邦安全局長巴爾蘇科夫，以及第一副總理索斯科維茨等人，而列別德受到了重用，這引起了葉政權內部的新一輪權力鬥爭。這種鬥爭大體上有兩類：

　　一是爲爭奪葉利欽之後的總統的接班人地位而展開的鬥爭。這種鬥爭主要在政府總理切爾諾梅爾金，總統辦公廳主任丘拜斯與新任安全會議秘書列別德之間進行。三人之間的鬥爭最後以列別德於一九九六年十月被葉利欽解除職務而告一段落。當時俄內務部長庫利科夫指責列別德「試圖發動政變」。而實際上列上任後，多次發表針對葉利欽的言論，認爲葉利欽身體不好，應準備進行重新進行總統選舉，這對葉構成了政治威脅，最後爲葉不容。而這距葉連任總統剛剛才不到四個月。

　　由於葉因病而無法掌握大權，在葉連任總統時爲葉立下汗馬功勞的丘拜斯成爲總統辦公廳主任後掌握了實權，這也引起了俄各種政治力量的注意，丘拜斯成爲攻擊的中心。

　　目前，切在這一權力鬥爭中占有重要地位，尤其是切擔任政府總統的要職，握有巨大的權力。

　　二是在葉利欽爲代表的政權黨與以俄共爲代表的反對派之間的政治鬥爭也發生了重大變化。

　　俄羅斯共產黨在總統選舉中表明它是俄羅斯的一支最重要的政治力量。它在今後的動向大體會有以下幾個趨勢：

　　1.總統選舉表明自一九九三年以來俄共的力量增長很快，在選民中的支持率從一九九三年的12％，上升爲一九九五年十二月

的30％，再到這次選舉中的40％左右。但今後，俄共的力量不會再有較大幅度的上升，以後將進入平穩發展的階段。

2.俄共在議會內的合法活動將成爲其主要的鬥爭手段，難以再有大規模的上街示威活動和抗議活動，這是要爲自己樹立起政治穩定的形象。

3.俄共將不會參加葉利欽的政權，會以反對派的身分進行活動，同時會成立影子內閣，對俄羅斯的政治經濟進行更深入的研究，爲今後上台作準備，俄共還會有自己的較好的前景。

第4章
俄羅斯政府體制和人事制度

第一節 從部長會議制到總統制政府的演變

㈠蘇俄部長會議制的主要特點

　　這裡的「政府」是「小政府」，僅指國家的行政機關或執行權力機關。在俄羅斯，政府體制經歷了從部長會議制到總統制政府的演變過程。

　　部長會議制作爲一種政府形式，是蘇俄首創。一九一七年十月，布爾什維克黨透過武裝起義奪取政權後，建立了蘇維埃俄國的政府—蘇維埃人民委員會。當時的政府首腦稱爲人民委員會主

席，執行管理機關稱爲某某人民委員部，部的行政負責人不稱部長，稱爲「人民委員」。一九四六年三月，斯大林覺得這種稱呼與世界各國的稱謂不合，於是將當時的蘇聯政府改稱蘇聯部長會議，但它在體制上繼承了過去的人民委員會體制。此後，許多共產黨執政的政府都仿照蘇聯建立了部長會議式的行政機關。

蘇俄的部長會議制的主要特點是：

(1)是議行合一式政府，從屬於代表立法機關。蘇俄憲法規定，部長會議是國家權力的最高執行和管理機關。但實際上，部長會議的憲法地位低於代表立法機關。蘇俄的部長會議由蘇俄蘇維埃代表大會或最高蘇維埃選舉產生，對它負責，向它報告工作，代表機關可以罷免、撤換政府首腦和成員，但部長會議無權宣布解散代表機關；部長會議必須貫徹執行代表立法機關的各項決議。

(2)部長會議的組成比較廣泛。蘇俄部長會議由主席、第一副主席若干人、副主席若干人、各部長、國家委員會主席等組成，此外蘇俄憲法還規定，蘇俄工會、共青團和其他全蘇俄的社會組織中央領導機構的負責人，也是部長會議的當然成員。

(3)部長會議實行雙重體制。在部長會議的領導體制上，部長會議主席是政府首腦，但他只是部長會議的召集人和主持者，並無重大的決策權，部長會議的重大決策由集體作出。部長會議由主席、第一副主席、副主席和若干主要的部長、委員會主席組成部長會議主席團，它是部長會議的核心，重大決策在這裡制訂。當然，在實際運作過程中，部長會議主席的權力還是非常大的。在部長會議的各部委中，則實行行政首長負責制，各部委雖然也設有部務委員會，但各部部長、委員會主席對部委的決策有最終

決定權。

部長會議的雙重體制還表現在各部委的設置上。蘇俄部長會議設兩種部、委，一種稱爲全聯盟部委，即只在全蘇俄範圍內設置，如國防部、外交部等；另一種稱爲全聯盟兼共和國部委，即在聯盟和共和國內同時設置同樣的部委，如司法部、教育部、財政部等。

部長會議的雙重體制還表現在中央—地方行政機關的設置上。蘇俄的部長會議雖受蘇俄代表機關監督和領導，但在形式上是分開的，而在地方，地方行政機關與地方代表立法機構的常設機構是重合的，都叫蘇維埃執行委員會。例如，城市的代表立法機關是市蘇維埃，市蘇維埃的常設權力機關是市蘇維埃執行委員會，而城市的行政管理機關也是市蘇維埃執行委員會，市長就是執委會主席。

(4)在部長會議機構設置上，分工過細，機構臃腫龐大。一九一七年蘇維埃政府成立時，蘇俄只有十三個部委。以後，政府機構不斷膨脹，越設越多。一九八五年蘇俄政府包括一百一十九個各種部、委和其他直屬機關，是世界上機構設置最多的國家。由於長期實行無所不包的計劃經濟，對國民經濟和人民生活的各個細節都進行集中的政府管理，再加上官本位主義、官僚主義盛行，使機構越來越龐大。例如，僅機械製造一個工業領域，就分別設置了輕工業機械、畜牧業機械、通用機械、化工機械、重型機械、中型機械、機械製造、建築機械、拖拉機、農業機械等十多個專業部。在各部委中，又設立許多司、局單位，如石油工業部有四十二個司局級單位，農業部有七十多個司局級單位。

(5)黨政合一制。在蘇俄的共產黨執政時期，部長會議雖然名

義上地位不如最高蘇維埃,但其實權卻遠大於最高蘇維埃。因此部長會議實際上是最重要的國家機構。部長會議主席的職務,各最重要的部委領導職務,通常都由共產黨的最重要的領導幹部擔任。例如,列寧曾擔任蘇俄人民委員會主席,斯大林、赫魯曉夫等擔任過部長會議主席。外交部長、國防部長、克格勃(國家安全委員會)主席等通常都由政治局委員擔任。共産黨中央還設有許多與政府平行的部委,如蘇共中央重工業部、輕工業部等,對政府的對口部委進行指導和領導。外交、國防、內務、克格勃的重大活動,通常都由政治局領導,而不由部長會議領導。在勃列日涅夫時期,蘇共中央總書記不再兼任部長會議主席職務,因此部長會議主席的實權有所削弱,實際上主要負責國家的經濟管理工作。

㈡蘇聯內閣制的嘗試

蘇俄的部長會議制在戈爾巴喬夫執政時期發生了重大變化。在一九九〇年二月戈爾巴喬夫當選蘇聯總統職務之後,蘇聯部長會議制開始向蘇聯內閣制政府過渡。

一九九〇~一九九一年蘇聯修改了蘇聯憲法,並於一九九一年三月二十日通過了《蘇聯內閣法》,蘇聯的行政機關由此從部長會議正式改爲蘇聯內閣—蘇聯政府,部長會議主席改稱政府總理。

雖然它的正式名稱叫「內閣」,但實際上它與西方的內閣制也是不同的,準確地說,蘇俄後期實行的內閣制是一種既有總統制政府、又帶有西方議會制政府的雙重特點的政府形式。它的主要特點有:

(1)蘇聯內閣隸屬於總統，但對蘇聯總統和蘇聯最高蘇維埃負責。它的基本任務由蘇聯總統命令規定，但蘇聯內閣的決定和命令可由蘇聯總統和蘇聯最高蘇維埃廢除。在蘇聯內閣的組建上，蘇聯內閣由蘇聯總統考慮聯邦委員會的意見，與蘇聯最高蘇維埃協商組建，並按同樣程序變動蘇聯內閣成員。總理候選人根據蘇聯總統提名由蘇聯最高蘇維埃確定，如果蘇聯最高蘇維埃不同意已提議的蘇聯內閣成員候選人，蘇聯總統就得重新提出候選人，並交蘇聯最高蘇維埃審議。蘇聯內閣在蘇聯總統任期之內開展工作，直到新選出蘇聯總統上任。

(2)蘇聯代表立法機關對蘇聯內閣實行監督，蘇聯內閣和蘇聯最高蘇維埃的關係極為密切。《蘇聯內閣法》規定，蘇聯內閣向最高蘇維埃提交自己的活動計劃，供其審議，總理要向它闡述自己的活動計劃，如果最高蘇維埃不同意，就有可能提出內閣的辭職問題；此外，內閣要向最高蘇維埃報告自己的工作，每年至少一次；最高蘇維埃有權讓內閣某一成員作工作報告，如果對他的工作評價不令人滿意，可以提出他是否辭職的問題；最高蘇維埃可以對內閣表示不信任，從而使內閣辭職。在這一問題上，蘇聯總統也可提出內閣辭職問題，但最終要由最高蘇維埃決定。內閣成員還必須對最高蘇維埃常設委員會的質詢作出口頭或書面答覆。蘇聯內閣必須執行蘇聯最高蘇維埃、蘇聯人民代表大會和蘇聯總統的命令。蘇聯內閣也有權向蘇聯總統提出辭職，但這種辭職不影響最高蘇維埃的存在，不會發生解散最高蘇維埃進行新的大選的情況。所以，從總體上看，蘇聯內閣在實質上與過去的部長會議制很相似。

(3)在政府體制的運作上，蘇聯內閣與部長會議制有所不同。

蘇聯內閣由總理、副總理和各部部長組成，但各共和國政府首腦可以參加蘇聯內閣的工作，並享有表決權。內閣每季度至少召開一次內閣會議，蘇聯總統和總理均可主持內閣會議。內閣會議是集體決策機構，就政府的最主要問題通過決定。爲內閣日常工作的正常進行，內閣設立由總理、副總理和內閣辦公廳主任—蘇聯部長組成的內閣主席團，但內閣主席團不同於過去的蘇聯部長會議主席團，它已不是政府的最高決策機構，而只是日常領導機關，無權對政府的重大問題作出決策。

內閣總理領導內閣並指導其活動。總理組織內閣和主席團的工作，主持其會議；對副總理進行職責分工；保證內閣工作的合議制；在國際關係中代表蘇聯；獎勵或懲處蘇聯內閣部長和內閣工作人員。

內閣在其工作中要保證公開性和注意吸取社會輿論的意見；新聞報刊的代表可按有關規定參加內閣的一些會議；在重大問題的解決過程中，內閣應將決議或決定的草案徵求社會各界的意見，還應組織社會學調查。

蘇聯內閣的重大決議以決定的形式頒布，內閣的決定由內閣或主席團通過，由總理和內閣辦公廳主任簽署；一般的決議以內閣命令的形式頒布，由總理或第一副總理通過，由總理或第一副總理簽署。此外，副總理還可就其負責處理的問題以副總理的指示的形式做出決議。

(4)蘇聯內閣仍擁有十分廣泛的權力。蘇聯憲法和蘇聯內閣法規定，蘇聯內閣擁有以下權限：

同各加盟共和國一起執行建立在共同貨幣基礎上的統一的財政、信貸和貨幣政策；制定和執行聯盟預算；實施全蘇經濟計

劃，設立爲消除自然災害和慘禍後果的跨共和國發展基金。

管理國家統一的燃料動力和交通系統，管理國防企業、宇宙研究、郵電和情報、氣象、大地測量、製圖、地質、計量和標準化等系統；在自然資源保護、生態安全和自然資源利用方面執行協商一致的政策。

與共和國一起在保護居民健康、社會保障和就業，關心母親和兒童、文化和掃盲、基礎科學研究和鼓勵科學技術進步等領域實施全蘇綱領。

採取措施保障國防和國家安全。

實施蘇聯的對外政策，調整蘇聯的對外經濟活動，協調各共和國對外政治和對外經濟活動和海關活動。

與共和國一起採取協商一致的措施保障法制，維護公民權利和自由，維護所有制和社會秩序，和犯罪進行鬥爭。

此外，蘇聯內閣還擁有其它廣泛的權力。

但在實踐中，蘇聯內閣法中的基本條款並未來得及實施。唯一的蘇聯內閣—帕夫洛夫內閣只存在了七個月。一九九一年一月十四日，戈爾巴喬夫總統任命原財政部長帕夫洛夫（Ｂ・Ｃ・Павлов）爲蘇聯第一任也是最後一任內閣總理。帕夫洛夫也是蘇俄歷史上第一位以經濟專家而不是政治家身份擔任政府首腦的人物。他生於一九三七年，畢業於莫斯科財經學院，是經濟學博士，曾先後當過區財務稽查員、經濟師，一九八五年起任蘇財政部第一副部長、國家價格委員會主席、經濟協會主席，一九八九年任財政部長。帕夫洛夫上任後，採取的重大措施是於一九九一年三月制定了旨在使生產過程正常化、健全財政和貨幣流通並爲居民生活建立社會保障的反危機綱領。這一綱領得到蘇聯最高蘇

維埃的批准，但遭到以葉利欽爲首的俄羅斯政權的反對，戈爾巴喬夫總統也猶豫不決。實際上，帕夫洛夫內閣得到了蘇聯政權中的反戈和反葉的政治力量的支持。他們試圖通過實施反危機綱領，把實權抓在手中。一九九一年六月，帕夫洛夫在國防部長亞佐夫（Д·Т·Язов）和克格勃主席克留奇科夫（В·А·Крючков）和副總統亞納耶夫（Т·И·Янаев）等人支持下，突然向蘇聯最高蘇維埃提出，要其授予蘇聯內閣以實施反危機綱領的特別權力，實際上是試圖繞過戈爾巴喬夫總統。戈爾巴喬夫總統對名義上歸他領導的內閣竟然在他不知道的情況下向最高蘇維埃提出這樣的重大問題極爲惱火，把帕夫洛夫等人召到總統辦公室給予嚴厲訓斥，帕夫洛夫等懾於總統的嚴威，只好收回成命。反危機綱領也不了了之。在一九九一年八月事變中，帕夫洛夫內閣成爲發動反戈政變的主要力量，在事變過程中，帕夫洛夫內閣於八月二十八日被解散。第一屆蘇聯內閣就此終結，成爲蘇聯唯一的一屆內閣。

雖然蘇聯內閣制實施時間不長，但其中的許多條款卻爲俄羅斯政府所仿效。

㈢一九九一～一九九三年俄羅斯政府體制的轉變

一九九一～一九九三年，俄羅斯政府經歷了從部長會議制、總統—議會雙重領導政府制到總統制政府的過程。

一九九一年六月之前，俄羅斯的政府是部長會議制政府。一九九一年六月俄羅斯選出總統之後，部長會議制向總統—議會雙重領導的政府體制轉變。一九九一年俄羅斯經過修改的憲法對政府體制有以下規定：

俄羅斯政府—部長會議是向俄羅斯聯邦人民代表大會及其最高蘇維埃和俄羅斯總統報告工作的執行權力機關。這實際上是明確規定了對政府的雙重領導，而且議會高於總統，排在前面。

在政府的組建上，過去政府組成完全由議會任免；現在規定：部長會議由總統建立，部長會議主席由總統取得最高蘇維埃同意後任命，總統還有權根據部長會議主席的提名任免副總理、各部委的部長、主席。但是，至關重要的四大部，即國防、外交、安全、內務四部部長仍須由總統在取得最高蘇維埃同意後任命。

俄羅斯聯邦內各共和國的部長會議主席是俄政府的當然成員；俄總統還可根據部長會議的呈請，把俄羅斯聯邦政府管轄的其他中央國家管理機關的領導人列為政府成員。

總統和議會都有權使俄政府辭職。俄憲法規定：俄政府辭職的決定，由俄羅斯聯邦人民代表大會或最高蘇維埃以對政府不信任的方式做出，或由俄羅斯總統在徵得最高蘇維埃同意後主動做出，或者總統根據政府本身的要求作出。在政府辭職的情況下，總統應組織新政府。關於對政府的不信任問題，由俄人民代表大會根據代表總數中的多數票做出，或由最高蘇維埃兩院代表總數中的多數做出。

俄政府—部長會議的權限是：

⑴保證對國民經濟和社會文化建設的領導，制定和實施有關保證人民福利和文化發展、科技發展、合理利用和保護自然資源的措施；促進有關鞏固貨幣和信貸體制、組織國家保險和統一的核算與統計制度等措施的實施；參與貫徹統一的價格、工資、社會贍養的統一政策；組織對工業、建築業、農業企業和聯合公

司，交通郵電企業，以及其他共和國和地方所屬單位和機構的管理。

(2)制定當前和長遠的國家經濟和社會發展計劃；採取措施實現國家計劃和預算，保證俄羅斯聯邦、各共和國、邊疆區、州和聯邦直轄市的經濟和社會的全面發展。

(3)實施關於保護國家利益、保護社會財產和公共秩序、保障公民權利和自由的措施；

(4)採取措施保障國家安全和國防能力。

(5)在俄羅斯聯邦與外國和國際組織的關係方面實施領導。

(6)在必要情況下，成立部長會議管轄的負責經濟和社會文化建設事務的委員會、總局和其他主管部門。

(7)指導和檢查俄羅斯聯邦版圖內各共和國部長會議的工作，對下級國家管理機關實施領導。

西拉耶夫（И·С·Силаев）是轉變時期俄羅斯的第一任部長會議主席。西拉耶夫生於一九三〇年，一九五四年畢業於喀山航空學院，後當過飛機製造廠的工長、車間主任、副總工程師、總工程師和廠長；一九七四年任航空工業部副部長；一九八〇年任蘇聯機床和工具製造工業部部長；一九八五年任蘇聯部長會議副主席。一九九〇年在葉利欽當選俄羅斯最高領導職務之後，西拉耶夫被葉選中，出任俄聯邦部長會議主席。但在一九九一年八月事變後，西拉耶夫與葉利欽分道揚鑣，被戈爾巴喬夫任命爲蘇聯國民經濟應急管理委員會和蘇聯跨共和國經濟委員會主席；在當時蘇聯內閣不存在的情況下，實際上西拉耶夫就是蘇聯的政府首腦。但好景不長，蘇聯中央聯盟政權很快被俄羅斯政權擠垮，西拉耶夫的蘇聯總理夢也做不成了，後被葉利欽任命爲俄羅斯駐歐

洲共同體代表。

西拉耶夫之後，葉利欽於一九九一年十月以總統身分兼任俄部長會議主席，實際上主持政府工作的是部長會議第一副主席蓋達爾；一九九二年七月，蓋達爾被任命為部長會議代主席，直到一九九二年十二月切爾諾梅爾金被正式任命為俄政府首腦。

在這一時期，雖然名義上議會對政府的權力大於總統，但實際上政府完全是在葉利欽總統的操縱下，因此俄議會與俄總統圍繞著對政府的實際控制權經常展開激烈和尖銳的鬥爭，議會力圖恢復憲法中規定的對政府主要成員的任免權和監督權以及決策權的控制。例如，一九九二年四月俄羅斯第六次人民代表大會對葉利欽—蓋達爾政府執行的「休克療法」不滿，通過了對政府經濟改革方針評價的決議，認為經濟改革進程不能令人滿意，並建議總統對改革方針進行「根本性修改」。但蓋達爾政府在葉利欽總統支持下，拒絕了議會的要求，並以政府集體辭職相威脅。最後，議會被迫通過一項新決議，不堅持要政府作根本改變；而蓋達爾政府也表示收回辭職聲明，接受議會的在改革中加強社會保護的主張。

但在到底誰應主導政府的問題上，議會與總統的矛盾越來越尖銳，最終成為導致一九九三年十月炮打議會事件的一個主要原因。一九九三年十二月，政府的這種雙重體制以新憲法通過而告終，為總統制政府所取代。

第二節　一九九三年憲法確定的總統制政府及其主要特徵

㈠一九九三年憲法中關於政府體制的規定

一九九三年憲法在第六章專章對俄羅斯聯邦政府作了重新規定。憲法規定：

俄羅斯聯邦的執行權力由俄羅斯聯邦政府行使。

俄羅斯聯邦政府由俄政府總理、副總理和部長組成。

總理由總統徵得國家杜馬同意後任命。

總理人選在新總統上任或政府辭職後不遲於二週內，或在國家杜馬否決總統提出的總理人選後一周內提出；國家杜馬應在總理人選提出後一週內審理；如杜馬三次否決總理人選，俄總統可任命政府總理，解散國家杜馬並確定新的選舉。

政府總理在任命後一週內向俄羅斯聯邦總統提交聯邦執行權力機關組成的建議；向總統提出副總理和部長人選。

政府總理根據憲法、法律和總統命令確定政府活動的基本方針和組織政府的工作。

俄聯邦政府有以下七項權力：

⑴制訂並向國家杜馬提出聯邦預算並保障其執行，向國家杜馬報告聯邦預算執行情況。

⑵保障在俄羅斯實行統一的金融、信貸和貨幣政策。

⑶保障俄羅斯聯邦在文化、科學、教育、衛生、社會保障和生態領域實行統一的國家政策。

(4)管理聯邦財產。

(5)實施保障國家防禦、國家安全和貫徹俄羅斯聯邦對外政策的措施。

(6)實施保障法制、公民的權力與自由、保護財產和社會秩序以及與犯罪現象作鬥爭的措施。

(7)履行憲法、法律和總統命令賦予的其他職權。

俄羅斯政府為保障其職權的行使，可以在憲法、法律、總統令基礎上頒布政府決議和決定，這些決議和決定在俄羅斯全境必須遵照執行；但政府的決議和決定如與憲法、法律、總統令相抵觸，俄總統可將其廢除。

俄聯邦政府向新當選的俄總統卸任。

關於俄政府辭職問題，憲法規定了五種情況：

(1)政府可以主動提出辭職，由總統接受或拒絕。

(2)俄總統可以作出政府辭職的決定。

(3)國家杜馬可以對俄聯邦政府表示不信任。

關於對俄羅斯政府不信任的決定應由國家杜馬代表總數的多數代表表決同意後才能通過。國家杜馬對政府表示不信任後，俄聯邦總統有權宣布政府辭職，或不同意國家杜馬的決定，如國家杜馬在三個月內重提對俄政府的不信任，俄總統或宣布政府辭職，或解散國家杜馬。

(4)俄聯邦政府總理可以向國家杜馬提出對政府的信任案；如果國家杜馬拒絕政府的信任案，總統應在七日內作出政府辭職或者解散國家杜馬並確定重新選舉的決定。

(5)俄羅斯政府在辭職或卸任的情況下，可受俄羅斯總統的委託繼續行使職能，直至俄新政府組成。

㈡俄總統制政府的主要特徵

一九九三年俄憲法關於俄政府的規定，其總體的特徵就是建立和實行以俄總統爲核心的政府體制。它具體表現在以下幾個方面：

(1)總統對組建政府擁有全權和最後決定權。總統有任命總理的權力，即使杜馬（議會）反對，總統也可堅持自己的意見，並可以解散議會，這對杜馬是一個很大的制約；過去，政府組成要經議會批准，現在議會對副總理、部長人選均已沒有發言權，總統可以完全根據自己的意見任免副總理和各部部長以及部長級的官員。

(2)總統有權主持政府會議，這使總統可以隨時掌握政府的活動，更重要的是，總統令是政府活動的最主要的依據，總統也有權廢除政府的決議和決定；而議會則基本上失去了對政府活動的干預權和監督權，議會除了總理人選，透過政府預算並監督其執行和透過法律等手段外，影響政府的機制不多，例如議會無權否決和廢除政府通過的決議和決定，也無權任免部長，政府也沒有義務向議會報告工作，憲法也未明確規定議員對政府的質詢權；議會通過的有關政府活動的決議，對政府也會產生一些影響，但對政府並無直接約束力，政府可以採納，也可以拒絕，最後決定權大多在總統。可以説，一九九三年憲法使議會對行政權的干預和影響減至最低限度。

(3)總統對政府的命運有最後決定權。過去，政府的命運主要由議會決定，一旦議會通過對政府的不信任案，政府就必須立即辭職。一九九三年的憲法規定了政府辭職的四種情況，但無論那

一種都是由總統決定，即使議會通過對政府不信任案，政府也不一定立即辭職，相反，總統還可使政府主動出擊，讓政府向議會提出信任問題，如議會拒絕信任，總統還可作出解散議會的決定，以此牽制議會。實際上，一九九三年憲法中的政府辭職的條款，與其說是對政府的一種制約，倒不如說是使俄總統多了一種操縱政局的手段，使總統權力的行使游刃有餘，更加靈活和更加主動。

除以總統爲核心這一基本特徵外，俄總統制政府與過去的部長會議制相比，還有一些其他特徵，如：

(1)在政府的組成上，成員比過去減少，各種社會組織的領導不再成爲政府成員，俄聯邦中的各共和國政府首腦也不再加入聯邦政府。

(2)表面上看俄政府權力比過去減少，但實際上比過去大大擴大。一九九三年憲法對政府的權力作了七條簡短的規定，從內容上看不多，但實際上包括的餘地是很大的。尤其是第七條規定，政府可履行憲法、法律和總統令賦予的其他職權。也就是說，政府可以在權力極大的俄總統的權力範圍內進行活動。

(3)在政府機構的設置上，不再設過去的聯邦兼共和國部、委，只設單一的聯邦部委，實際上增強了聯邦政府對地方各級政府的管理的權力；但與此同時，以實踐來看，聯邦政府實際上也是雙重結構，即直屬總統的政府機構和由政府總理領導的政府機構。政府中的外交、國防、內務、安全、國外情報等部門，均由總統親自領導，甚至副部長一級的人事安排也要由總統決定；但在形式上，這些部又是從屬於政府的。

(4)與此相連，俄政府實際上是雙重首腦制，俄總統是政府的

最高的首腦，擁有行政決策權，透過總統的行政命令得以實現，此外還擁有政府的人事任命大權，部長的任免由總統行使；政府總理是政府的實際和日常事務的首腦，擁有行政執行權，總統的行政決策權要透過總理的行政執行得以實現；此外，也擁有政府人事的提名權，如政府總理不同意，部長職務也難以正式產生。但總括來說，和過去相比，政府總理的職權實際上遠遠不如過去的部長會議主席。

(5)政府與國家杜馬有一定的政治連帶關係。過去議會可以使政府辭職，但政府無權解散議會，也無權制約議會。一九九三年的憲法改變了這一點。政府可以主動向議會提出信任問題，並可透過總統解散議會，這實際上也是對議會的一種制約。

第三節　從切爾諾梅爾金政府看俄政府體制的運作

(一)俄羅斯政府機構和組成及其變化

切爾諾梅爾金政府是在一九九一年葉利欽—蓋達爾政府的基礎上建立起來的。在一九九一～一九九五年俄羅斯政府經歷了幾次重大的改組和大換班，各部委機構及其領導人員都在不停地更換過程中。但相對來說，政府組成的基本架構沒有大的變化。

一九九一年十一月，葉利欽總統親自兼任政府總理後，組建了俄羅斯獨立後的第一屆政府。這一屆政府由二十個部委構成其主要框架，它的主要人員有：

政府總理：葉利欽（兼）。

第一副總理：布爾布利斯（Бурбурис），一九四五年生，斯維爾德洛夫斯克人，畢業於烏拉爾大學，長期從事科學研究工作，一九八九年起在蘇聯最高蘇維埃工作，一九九〇～一九九一年擔任俄最高蘇維埃主席葉利欽的全權代表。

副總理：葉戈爾·蓋達爾，負責經濟政策問題的副總理，兼任經濟和財政部長，一九五六年生，畢業於莫斯科大學，經濟學博士，做過科研工作，原蘇聯科學院國民經濟體制改革研究所所長，參與過一九九〇年五百天計劃的起草。一九九二年三月，蓋達爾取代布爾布利斯當了第一副總理，一九九二年七月任代總理：一九九二年十二月下台後任經濟改革諮詢鑒定委員會主席；一九九三年九月復出任政府第一副總理，一九九四年一月又辭去職務。

副總理：亞·紹欣（Шасин），政府負責處理社會政治問題的副總理，兼任勞動和就業部部長，一九五一年生，畢業於莫斯科大學，經濟學博士，曾任蘇聯外交部局長，一九九一年還曾任俄聯邦勞動部部長。

貿易和資源部；部長斯·阿尼西莫夫（Анисимов），一九四〇年生，畢業於莫斯科鋼鐵學院。

郵電部：部長弗·布爾加克（Булкак），一九四一年生，畢業於莫斯科電工技術學院和國民經濟管理學院，技術副博士。

國家公民社會保護委員會：部長—主席謝·沃洛修克（Волосюк）。

衛生部：部長安·沃羅比約夫（Воробьев），一九二八年生，蘇聯醫學科學院院士。

地質和自然資源利用部：部長維·丹尼洛夫—丹尼爾揚茨

（Данинов），一九三八年生，經濟學博士。

教育部：部長愛・第聶伯羅夫（Днепроров），一九三六年生，歷史學副博士。

內務部：部長安・杜納耶夫（Дунаев），一九三九年生，畢業於蘇聯內務部學院。

交通部：部長維・葉菲莫夫（Ефимов），一九四〇年生，技術學副博士。

國家安全委員會：主席—部長維・伊萬年科（Иваненко），一九四七年生，一九七〇年畢業於秋明工學院。

外交部：部長安・科濟列夫（Козьсрев），一九五一年生，歷史學副博士，畢業於莫斯科國際關係學院，曾任原蘇聯外交部國際組織局局長。

燃料動力部：部長弗・洛普欣（Нопсин），一九五二年生，畢業於莫斯科大學。

居民社會保障部：部長埃拉・帕姆菲洛娃（Памуфинова），一九五三年生，畢業於莫斯科動力學院。

新聞出版部：部長米・波爾托拉寧（Болтоланин）。曾任《莫斯科真理報》主編；但一九九二年十一月二十五日波爾托拉寧就被解除了部長職務，改任總統直屬的聯邦新聞中心主任。

科學和技術部：部長鮑・薩爾特科夫（Шалтков），一九四〇年生，畢業於莫斯科物理技術學院，經濟學博士。

工業部：部長亞・季特金（Зиткин），一九四八年生，畢業於圖拉工學院。

司法部：部長・尼・費奧多羅夫（Феодоров），一九五八年生，楚瓦什人，畢業於喀山大學，法學副博士。

農業和食品部：部長維·赫雷斯通（Хрыстон），一九四六年生，畢業於莫斯科土地規劃工程學院。

國家國有財產管理委員會：主席─部長阿·丘拜斯（Чубайс），一九五五年生，畢業於原列寧格勒經濟工程學院，經濟學副博士；曾任列寧格勒市市長索布恰克的顧問❸❻。

國防部：部長格拉齊夫（Грачев），一九四八年生，曾在伏龍芝軍事學院學習，參加過阿富汗戰爭，一九八八～一九九〇年在莫斯科參謀學院進修，後任蘇軍傘兵部隊第一副司令、司令。一九九一年八月事變中，格拉齊夫拒絕攻打葉利欽所在的俄羅斯議會大廈，並派兵保護葉利欽，對葉利欽化險爲夷起了關鍵作用，一九九一年九月被任命爲俄國防部長。

在一九九一～一九九二年，政府機構還處於不斷變化之中，例如經濟和財政部後分爲經濟部和財政部；又如，葉利欽一九九一年十二月十九日總統令把內務部和安全部合併爲內務和安全部。但後來俄憲法法院認定這一命令不符合三權分立以及劃分機關職能的憲法原則，葉利欽又於一九九二年一月十七日廢除了這一總統令，重新設置內務部和安全部，部長也分別由維·葉林和維·巴蘭尼科夫取代杜納耶夫和伊萬年科。

一九九三年十二月俄憲法確立總統制後，葉利欽總統在一九九四年初對政府的結構作了重大調整。葉利欽在一月十日頒布的《關於聯邦執行權力機關結構的命令》規定：

聯邦各部和各國家委員會擁有平等地位，所有執行權力機關歸俄政府管轄，但保障俄總統憲法權力或根據法律保障總統管轄權的情況除外。

該命令還對若干部委實行合併、改組、分開或職能轉變。其

中，衛生部改爲衛生與醫療工業部，農業部改爲農業與食品部，國家民防事務、緊急情況和消除自然災害後果委員會改組爲民防事務、緊急狀況和消除自然災害後果部，俄與獨聯體成員國經濟合作國家委員會改爲俄聯邦與獨聯體參加國合作部，將機器製造、農業、食品和加工工業技術服務委員會職能轉歸機器製造委員會，將公民社會保障和遭受切爾諾貝利和其他輻射災難區域恢復委員會和政府下設的特種水下工程委員會的職能轉歸民防、緊急狀況和消除自然災害部，將聯邦和民族事務委員會和俄北部社會經濟發展委員會職能轉歸民族事務和地區政策部，將青年事務委員會、旅遊委員會、體育運動委員會合併爲青年、體育和旅遊委員會；將信息委員會職能轉歸科學和技術政策部，將市政事業委員會轉歸國家建築和建設委員會，將糧食和加工工業委員會職能轉歸農業與食品部，將價格政策委員會職能轉歸俄經濟部，這些合併和職能轉併實際上將十三個部委加以撤銷和合併；此外，還改變了一些國家執行機關的歸屬，如將航空、宇航搜索和救援局劃歸民防事務部等。

該命令還變成俄政府根據有關法律和命令改變執行權力機關的職能，重點放在政府機關與聯邦會議的相互配合問題，以及劃分聯邦執行權力機關和聯邦主體（即地方）執行權力機關的權限上。

葉利欽的命令還規定，聯邦政府有四名副主席，其中二名爲第一副主席。

經過這次大改組，俄政府形成了以下的基本設置：

總統

總理

第一副總理

副總理

政府和聯邦執行權力機關

聯邦各部

  (1)燃料動力部

  (2)經濟部

  (3)科學和技術政策部

  (4)農業和食品部

  (5)國防部

  (6)衛生和醫療工業部

  (7)財政部

  (8)教育部

  (9)環境和自然資源保護部

  (10)司法部

  (11)運輸部

  (12)對外經濟聯絡部

  (13)文化部

  (14)內務部

  (15)郵電部

  (16)俄聯邦與獨聯體參加國合作部

  (17)居民社會保障部

  (18)民族事務和地區政策部

  (19)外交部

  (20)交通部

  (21)勞動部

(22)民防事務、緊急狀況和消除自然災害後果部
(23)原子能部

其他聯邦執行權力機關

(24)國家建築和建設委員會
(25)國家反壟斷政策和支持新經濟結構政策委員會
(26)國家高等教育委員會
(27)國家商業委員會
(28)國家資源委員會
(29)國家工業政策委員會
(30)國家國有財產管理委員會
(31)國家衛生和瘟情監督委員會
(32)國家土地資源和土地規劃委員會
(33)聯邦保衛總局
(34)國家工業國防部門委員會
(35)國家統計委員會
(36)青年事務、體育運動和旅遊委員會
(37)地質和地下資源利用委員會
(38)對外情報局
(39)冶金委員會
(40)國家海關委員會
(41)電影事業委員會
(42)漁業委員會
(43)政府通信和情報聯邦局
(44)機器製造委員會
(45)國家稅務局

⑷出版委員會

⑷大地測量和製圖局

⑷聯邦邊防局—邊防軍總司令部

⑷化學和石油化學工業委員會

⑸稅務警察局

⑸專利和商標委員會

⑸水利委員會

⑸聯邦反間諜局（聯邦安全局）

⑸標準化、度量衡和證書委員會

⑸外匯和出口管理局

⑸移民局

⑸水文氣象和環境監督局

⑸航空局

　　政府辦公廳雖不在正式的執行權力機關中，但實際上也應被
視為第五十九個聯邦執行機關。一九九四年六月，葉利欽還設立
了第六十個部級機構，即特拉夫金任部長的不管部。

　　在實際運作中，政府人員和機構的設置也仍有變化。例如，
葉利欽總統令中規定政府有四名副總理，其中包括兩名第一副總
理，實際上，在一九九四年底，俄政府的副總理達到九名。他們
是：

　　第一副總理：奧・尼・索斯科韋茨（Сосковц），協調投資政
策和軍工部門，領導政府應急委員會，協調俄政府十五個部、
委、局的工作。索斯科韋茨從一九九三年五月起就一直是第一副
總理。

　　第一副總理：阿・丘拜斯（Чубайс），長期負責私有化和反

壟斷政策的副總理，兼任國有財產管理委員會主席，一九九四年十一月被任命為第一副總理，負責財政和經濟問題。

副總理：扎韋留哈（Завилюха），負責農業問題和水文氣象部門。

副總理：亞羅夫（Яров），負責社會政策問題、政府與議會的聯繫、與各政黨和社會團體的聯繫等工作。

副總理：阿·博利沙科夫（Болисаков），生於一九三九年，一九六二年畢業於列寧格勒電信工程學院，當過聯合公司總經理、列寧格勒市計劃委員會主席等職，負責獨聯體問題。

副總理：奧·達維多夫（Давидов），一九四〇年生，畢業於莫斯科工程技術學院，一九九四年十一月被任命為副總理之前任，對外經濟聯絡部部長，負責外貿問題。

副總理：波列瓦諾夫（Болеванов）是地質學家，曾擔任何穆爾州州長，一九九四年十一月被任命為負責國有財產管理的副總理，頂替過去丘拜斯的角色。

此外，還有副總理葉戈羅夫（Егоров），負責民族和地區事務。

一九九六年八月，葉利欽簽發了《俄聯邦政府組成》等命令，確認切爾諾梅爾金再次組建政府，新政府有博利沙科夫、伊柳辛和波塔寧三位第一副總理，巴比切夫、達維多夫、利夫希茨、扎韋留哈、伊格納堅科、洛博夫、謝羅夫等七人為副總理，在各部委機構中，除原有的外，還新設立了國防工業部、普通教育和職業教育部等。

政府事務由政府總理全面負責。但在政府中也設有政府主席團，這和過去一樣。政府主席團成員包括總理、第一副總理和副

總理等人。它就政府的主要問題進行討論，為總統或總理作出決定提供意見。

政府辦公廳在推動政府體制運轉上也起重要作用。在切爾諾梅爾金政府時期，一度出現了總統尖銳批評政府辦公廳主任克瓦索夫（Квасов）的事件。克瓦索夫生於一九三七年，畢業於古布金石油化學和天然氣工業學院，曾在石油天然氣系統工作過十九年，後曾在柯西金、吉洪諾夫、雷日科夫、帕夫洛夫和亞夫林斯基的政府辦公室工作，熟悉政府的辦公事務。一九九三年一月任切爾諾梅爾金政府的辦公廳主任。各部門之間的文件往來通常由辦公廳主任主管，因此他也擁有一般部長所沒有的影響政府工作的實權。比如，主管財政權的財政部費奧多羅夫甚至不知道政府有過關於建造聯邦會議大樓的決定。克瓦索夫對政府工作的影響力遭到了總統辦公廳的批評，一九九四年六月十日，葉利欽總統在一次記者招待會上公開指責以克瓦索夫為首的政府辦公廳「貪污受賄，招納了許多應進行審查的人，必須認真清洗政府辦公廳」，並頒布了總統機構和政府機構關係的命令，要求政府機構（主要指辦公廳系統）內的人事變動和立法工作應與總統辦公廳協調。切爾諾梅爾金一度想保留克瓦索夫的職務，但由於政府辦公廳主任屬部長級官員，按憲法其任免權在總統手中，總理只有提名權。因此克瓦索夫還是在一九九四年十一月被葉利欽免去了政府辦公廳主任的職務。

在一九九一～一九九五年間對政府機構進行的改組中，變化最大和最不穩定的要數克格勃系統了。蘇聯國家安全委員會即克格勃是一個極為重要的執行權力機關。但由於它參與了反對葉利欽的一九九一年的八月事變並從中起了主導作用，因此從一開

始就不爲葉利欽政權信任。一九九一年五月，俄羅斯成立了自己的克格勃系統，由伊萬年科領導。在八·一九事變後，原蘇聯克格勃系統被俄羅斯克格勃接管。後來，克格勃系統被分成幾個獨立的部門；即國家安全部、對外情報局、俄聯邦保衛總局、俄總統保衛局。在這過程中，尤以國家安全機構的改組、變化爲大。這從該機構的領導人的變化的程度也可看出。一九九二年一月，巴蘭尼科夫（Балаников）代替了伊萬年科任安全部部長，一九九三年九月，戈盧代科（Глушко）取代巴蘭尼科夫，一九九四年二月，斯捷帕申取代戈盧什科，一九九五年七月，米·巴爾蘇科夫（Балсуков）又取代了斯捷帕申，一九九六年六月巴爾蘇科夫又被撤換。五年中就換了六位領導人。

此外，安全機構的名稱的變化也反映出葉利欽政權對如何改組這一重要機構舉棋不定。一九九一年五月它取名爲俄國家安全委員會，一九九一年十二月爲內務與安全部，一九九二年一月爲國家安全部。在巴蘭尼科夫任部長期間，拒絕對安全機構進行重大的改組。更重要的是，巴蘭尼科夫從葉利欽的堅定的支持者變爲政治反對者。巴蘭尼科夫從一九六一年起即在蘇聯內務部工作，一九九〇～一九九一年是俄聯邦內務部長，是當時第一個退出蘇共支持葉利欽的警察將軍。一九九二年十二月，巴不顧葉的反對，逮捕了十二名西方在俄的間諜；一九九三年三月，巴氏又反對葉利欽的實行總統特別治理的主張；後又收集證據針對葉的親信。一九九三年七月二十七日，葉利欽解除了巴蘭尼科夫的部長職務。同年十二月，葉氏認爲安全部已經不堪改造，於是決定撤銷安全部，建立聯邦反間諜局，並任命原安全部副部長尼·戈盧什科出任反間諜局局長，把它直接劃歸俄總統領導。

當時設想，反間諜局雖然繼承原安全部的機構，但從名稱到內容都不同於原來的安全部。在人數上，從十五萬人減爲七萬五千人，其主要職能是發現、預防並制止外國情報機關和組織的顛覆活動，以及對俄羅斯憲法制度、主權、領土完整和防禦的非法侵犯。也就是說，反間諜局的主要任務是對外不對內，在機構設置上，保留原有下屬的反間諜行動局、保衛戰略設施的反間諜活動局、軍事反間諜局、經濟反間諜局、反恐怖局等，但把國內偵察局轉歸總檢察院，把「列福爾托沃」這一著名的關押國內犯人的監獄交內務部，把「阿爾法」特別行動隊交總統保衛局；在領導體制上，反間諜局不是政府機關，而是總統直屬，局長任免由總統決定。局長下設一名第一副局長和五名副局長，並由十一人組成局務委員會這一領導機構，局長、副局長和局務委員均可直接向總統通報對重大問題的看法。但到了一九九五年，俄聯邦反間諜局又被稱爲聯邦安全局，並於七月任命巴爾蘇科夫爲安全局局長，同時還將劃歸總統保衛局的「阿爾法」特種部隊又重新劃歸安全局。這表明俄安全機構的職能又有變化。

在一九九一～一九九四年間，俄政府機構明顯增加了，從獨立初期的三十多個部委增至六十多個，與此同時，政府機關的工作人員也從六十多萬增加到一百零五萬（國防、內務、安全等部門和海關人員除外）通常一個部委的機關工作人員爲一千五百至三千人。例如，交通部爲一千三百五十三人，運輸部一千五百人，經濟部一千六百人，外交部二千九百人。爲此，主管政府機構和人事工作的政府第一副總理索斯科韋茨在一九九四年十一月又提出了政府機構改革和精減人員的主張，認爲政府的一些部和主管部門可以撤銷和合併，人員也可削減30％。但實際上這一目

標很難實現。

(二)政府職權的行使及其與總統和議會的關係

在人事任免權上，政府的權力較小。不僅各部部長、委員會主席、總局局長的任免權在總統，而且外交、國防、內務、安全等部門的副部長一級的人事任免權也在總統手中，例如，一九九五年七月，葉利欽親自任命羅曼諾夫（Романов）中將爲內務部副部長兼內衛部隊司令；過去，切爾諾梅爾金作爲總理還可以對外交部的改組作出指示，例如，切氏曾在一九九四年一月任命俄駐西班牙大使伊·伊萬諾夫（Иванов）爲外交部第一副部長，任命俄駐韓國大使亞·帕諾夫（Панов）爲外交部副部長，但一九九四年年中，葉利欽公開宣布親自領導外交部後，切爾諾梅爾金總理便失去這一權力。

在人事任命上，政府副總理的影響力很小。總統幾乎不徵求他們的意見。例如，一九九四年十一月，葉利欽任命潘斯科夫（Пансков）爲財政部長，由於事前未與主管財政、經濟的副總理紹欣協商，引起紹欣不滿，這是促使紹欣辭去副總理職務的一個決定性因素。

政府在有關政治的問題上，主要是支持總統的政治決定。例如，作爲政府總理，切爾諾梅爾金從一九九三年起在後來的歷次重大的政治鬥爭中都支持葉利欽，例如，支持葉利欽在一九九三年三月提出的全民公決的決定；一九九三年三月二十一日，俄政府又發表聲明，支持葉利欽實行總統治理的方針和立場；在一九九三年九月二十二日，在葉利欽於九月二十一日宣布解散議會時，政府又支持葉利欽的立場，並主動採取措施，加強治安，責

成內務部和內衛部隊加強巡邏。在一九九三年十月事件和一九九四年的車臣事件中，俄政府均站在葉利欽一邊，這對葉利欽總統實行其統治起了重大作用。但同時，俄政府本身並沒有提出過引起政局變化的政見方針。

俄政府的權力主要在社會經濟管理方面。但即使是在經濟領域，俄政府的權力也是受到制約的。首先是受俄總統命令的制約。葉利欽總統曾頒布過大量的經濟事務的命令，這是俄政府行使其經濟管理職權的依據。同時，政府的經濟活動也要受議會的制約。政府與總統和議會的這種關係，充分表現在關於私有化的問題上。

私有化是俄政府經濟改革的一個重要組成部分，也是俄政府的一大經濟任務，這從蓋達爾政府時期就已經開始了。在切爾諾梅爾金任期內，這一問題仍然是一個重大的經濟問題。這一問題由於各方面的反對而進展緩慢。一九九三年十二月十七日，在俄政局因議會大選和新憲法通過而有所和緩時，俄政府再次把它作為一個突出問題提上了政府的議事日程。這一天，政府主席團會議原則上贊同俄羅斯國營和地方企業私有化國家計劃草案，並將這一草案提交葉利欽總統。十二月二十四日，葉利欽簽署了《關於俄羅斯聯邦國營企業和地方企業私有化綱領的命令》。這意味著，俄政府在這一問題上起著主動和首倡的作用。但這一問題極為重要，必須交國家杜馬審議才能以立法文件形式頒布實施。

俄政府的這一私有化綱領基本條例實際上宣布俄進入私有化的第二階段。私有化的第一階段從一九九二年十月初發行私有化證券開始，到一九九四年六月三十一日結束，是證券私有化階段。所謂證券私有化，就是用政府在一九九二年十月無償發放的

私有化證券購買企業股票實現的私有化。當時，每個俄羅斯公民均得到面值一萬盧布（當時約合二十五美元），人們可以用它購買企業，也可轉賣，還可存入基金會（投資公司）獲利息，到一九九四年六月三十一日，私有化證券停止使用。俄政府私有化基本條例宣布從一九九四年七月一日開始的第二階段，是貨幣私有化階段，主要是將已進行的私有化的企業的剩餘的50％的股票拿出來出售和拍賣，任何人都可以用現金購買，賣得資金的51％回歸企業作生產發展基金，49％歸國家所有。俄政府認爲，到一九九五年底，貨幣私有化階段結束時，會有85％～90％的企業成爲私有企業。

對俄羅斯的私有化，社會存在不同評價，而在國家杜馬中，對私有化持否定立場的人占了相當部分。因此，在一九九四年七月十三日，國家杜馬審議這一文件時，未能獲得過半數（二百二十六票）的支持，贊成的僅有九十一票，而反對票則有一百八十六票，其餘棄權或未投票。七月二十一日，國家杜馬再次討論該條例，但再次被否決，有二百一十二位議員投贊成票，離通過這一文件僅差十四票。

但俄政府以私有化部長丘拜斯爲主，堅決主張實施這一計劃。因此，俄政府決定繞開議會，請求以總統令方式頒布這一文件。一九九四年七月二十二日，葉利欽頒布了這一文件。

從這一文件的實施可以看出，儘管俄政府在實施經濟政策方面沒有最後決策權，但卻有決策主導權和很大的影響力，首先是政府影響總統，又透過總統制約議會，最後達到政府的目的。

當然，以爲總統在經濟政策方面是受政府的影響也是過分的。事實上，總統和政府在許多經濟事務上並不總是一致的。這

尤其突出地表現在，葉利欽總統透過對政府部長的任免來左右政府的的大政方針，而且往往事先不與政府總理協商。例如，一九九四年十月俄羅斯發生了盧布兌美元匯率暴跌事件，在還沒有查清原由的情況下，葉利欽總統就立即撤換了政府財政部代理部長杜比寧（Дубинин）和俄羅斯中央銀行行長格拉先科（Гразинко）的職務，而當時俄政府總理切爾諾梅爾金正在外地休假；不與負責經濟事務的政府總理磋商就作出上述決定，被認為是對政府的沉重打擊。而實際上，葉利欽總統作為俄羅斯的當家人，對造成俄羅斯的貨幣和財政政策的這種局面也是有直接責任的。財政部副部長謝·阿列克薩申科（Алекшашинко）為此指責葉利欽總統經常給財政部門打電話，要求給這位官員或那位將軍支付款項，從而破壞了緊縮預算政策，並認為葉利欽總統不經總理協商就選擇負責經濟的官員是違憲的做法，還任命由國防部長、內務部長、安全局長和對外情報局局長等將軍組成的盧布暴跌問題委員會進行調查，實際上是搞「經濟軍事政變」。

還有的分析家認為，俄羅斯盧布匯率的大幅度下跌是一九九一年就開始的，只不過速度有所不同而已：一美元兌一百盧布再到兌換五百盧布幾乎用了十五個月的時間，從兌換一千五百盧布到兌換二千盧布用了半年，從二千盧布漲到三千盧布用了三個月，而從三千盧布漲到四千盧布僅用了一天。一九九四年十月十一日，一美元幾乎可兌換四千盧布。因此，「盧布暴跌是一九九一年以來奉行的經濟政策造成的結果」，政府固然要負責任，「但主要過錯在於總統機關和總統本人。總統是執行權力機關的首腦，而遺憾的是他還擁有立法權。他的辦公廳利用了這一點，並違背憲法成立了各種總統管理機關，其數量之多，就連前蘇共

中央大廈也納容不了。這些機關取代了政府，往往以總統令的形式在政府採取行動前就頒布各種法令」❸❼。

這表明，俄政府在行使管理社會經濟事務上，一方面有較大的影響決策的權力，但另一方面也受到總統和總統機關很大的制約和限制。

儘管如此，但俄政府卻不得不對俄社會經濟發展的實際情況承擔全部責任。在社會局勢、經濟狀況不穩和惡化的情況下，政府首先成為俄社會各界攻擊的目標。尤其是政治力量的變化，更使政府的前景難以預測。在一九九一～一九九四年俄經濟狀況每況愈下，經濟危機遲遲得不到克服。據俄科學院院士、科學院社會政治研究所所長奧西波夫在一九九五年六月二十一日的文章中分析，按國際標準，國內生產總值下降30％～40％就等於經濟崩潰和工業化的破產。但俄羅斯已超過這一界限。從一九九〇年到一九九四年，機器製造業產值下降60％，輕工業下降70％，國內生產總值四年來下降了50％還多。俄食品自給已遇到嚴重困難，食品產量四年來減少30％～40％，其中肉類減少37％，奶製品減少63％。按世界標準，進口食品達到30％，就到了在戰略上依賴進口商的臨界點，而現在俄的進口食品已達40％左右，在莫斯科等大城市已高達70％；在失業方面，對發達國家而言，6％還可容許，8％～10％就已達危險點；而俄羅斯的國家就業基金有限，失業率達3％就應付不了，但一九九四年官方統計的失業者達勞動力人口總數的6％以上，而實際上加上隱性失業者，可能已接近13％；在人民生活水準方面，對發達國家而言，如果最富有者與最貧困者之間的收入相差十倍，則已到危險地步；而俄羅斯自經濟開始以來，實際收入減少二分之一至三分之二，社會各

階層的分化已超過了穩定國家的水準。一九九四年底，俄10％的最富有者的收入比10％的最窮者的收入高出十四倍；僅就工資而言，10％的最高工資者的收入相當於10％最低工資者工資的二十七倍㊳。

在這種情況下，社會對政府的信任度很低。國家議會也多次對俄政府提出信任問題。一九九四年十月二十七日，在經歷了十月十一日的盧布匯率暴跌事件之後，俄國家杜馬對俄政府提出了不信任案。由俄共議員團發起的這一提案，得到一百九十四票支持，距法定的二百二十六票差三十二票被否決。十月二十九日，杜馬再次提出對政府的不信任問題，因第一次投票時有五十五票棄權，還有一百四十多位議員未參加投票。這一提議被拒絕未付諸表決，但杜馬卻以二百三十五票贊成通過了一項決議，批評政府在實施社會經濟政策和推行經濟改革方面的工作不能令人滿意，辜負了多數居民的期望。該決議還批評總統行政機構與政府未能協調一致，要求總統採取措施，消除二者的平行重覆和混亂現象，並要求對政府進行改組。

國家杜馬的這次會議引起了切爾諾梅爾金政府自一九九四年一月以來的又一次重大改組。這就是紹欣辭去副總理職務，丘拜斯被任命為第一副總理，潘斯科夫和亞辛（Ясин）被任命為財政部長和經濟部長，波列維諾夫、博利沙科夫和達維多夫任命為副總理，巴比切夫（Бабичев）任命為政府辦公廳主任等。

由於這次政府改組，緩和了政府與議會的緊張關係。這表現在一九九四年十一月，切爾諾梅爾金政府向國家杜馬提交的一九九五年國家預算被杜馬通過。

甚至在社會經濟危機有所緩和的局勢下，俄政府也會面臨不

信任的結局。一九九五年上半年，俄政府曾多次宣布，俄經濟局勢已趨於穩定，經濟下降的速度減緩，一些部門還出現了較大幅度的上升，如黑色冶金增加12％，化工和石油工業增加9％，外貿達五百六十四億美元，比一九九四年同期增長20.5％，其中出口為三百五十四億美元，增長24％，進口為二百一十億美元，增長18％。但國家杜馬卻以一九九五年六月十四日的布瓊諾夫斯克發生的車臣武裝人員扣押人質事件為理由，在六月二十一日對俄政府再次提出了不信任案，而且以二百四十一票支持獲得通過。該結果被總統拒絕，而且政府按照憲法規定，主動向杜馬提出對政府的信任問題，這意味著要麼政府辭職，要麼解散杜馬進行大選，而且在十天之內應進行表決。按照當時的杜馬中的力量對比，切爾諾梅爾金政府難以得到二百二十六票的支持。但在解散議會與政府辭職兩種選擇，葉利欽更可能選擇前者。因此，這實際上是政府對議會的一種反擊。六月二十三日，俄國家杜馬再次以多數票通過決議，要求解除國防部長格拉喬夫、內務部長葉林和副總理兼民族事務和地區政策部長葉戈羅夫的職務。這實際上是向葉利欽提出了另一種選擇，也是議會向政府的一種妥協和讓步。六月三十日，在杜馬即將對政府的信任問題表決的頭一天，葉利欽總統解除了葉戈羅夫、葉林和聯邦安全局局長斯捷帕申的職務。這也是切爾諾梅爾金政府的第三次大改組。它使鬥爭的政府和杜馬雙方都保全了面子。七月一日，國家杜馬實際上未再對政府提出不信任問題。

這兩次對政府的不信任問題雖然最終都沒有使政府下台，但卻表現了俄憲法體制中政府—總統—議會三者之間的權力關係和利益關係。

㈢切爾諾梅爾金如何行使總理權力？

作爲政府的第二首腦，切爾諾梅爾金在推動政府體制運轉上起著重要作用，並給這一時期的政府體制打上他個人的印記。

切爾諾梅爾金生於一九三八年，畢業於古比雪夫工學院，擔任過天然氣加工廠廠長等職，一九七八年起任蘇共中央重工業部督導員；一九八二年後任蘇聯天然氣部副部長、部長，兼任過全蘇秋明天然氣工業聯合公司領導人。一九八九年任部長級的的蘇聯國家天然氣工業康采恩理事會主席；一九九二年五月，他被葉利欽任命爲俄聯邦政府副總理。一九九二年十二月，在俄第七次人代會議會與葉利欽尖銳鬥爭的過程中，切爾諾梅爾金作爲雙方都能接受的人物，取代了葉利欽所鐘愛的蓋達爾，成爲俄羅斯獨立後繼葉利欽之後的第二任政府總理。從那時直到一九九六年，切爾諾梅爾金一直穩坐在總理的位置上。儘管一九九三～一九九六年俄羅斯的經濟危機並沒有結束，而且切爾諾梅爾金政府在這期間也並沒有取得較大的、明顯的經濟成果，儘管他身邊的部長們像走馬燈似的更換，但切爾諾梅爾金的聲望不但沒有下降，反而有所上升。和「葉利欽現象」一樣，「切爾諾梅爾金現象」也是俄羅斯政壇上一種少見的政治現象。那麼，切爾諾梅爾金是怎樣在政治鬥爭的夾縫中站穩腳跟；怎樣在葉利欽總統大權在握、總統辦公廳機構勢力龐大的情形下行使其總理職權的呢？從切爾諾梅爾金四年總理的實踐中，可以找到一些答案。

首先，妥善處理與葉利欽總統的政治關係。按俄羅斯憲法，總統和總理都是政府首腦，但總統是第一首腦，他有權在徵求議會同意的條件下任免總理，總統擁有政府的決策權和人事權。因

此，實際上總統高於總理，總理對總統有一種服從關係。但同時，憲法也賦予總理極其廣泛的處理社會經濟事務的巨大權力，這又要求總理保持相對獨立的政治人格。因此，如何處理總理與總統之間的關係是很艱難的，同時也是很微妙的，很容易產生要麼總理完全順從總統而未盡到自己總理的職責，要麼嚴格履行自己的職責而與總統發生衝突的矛盾。但切爾諾梅爾金巧妙地把兩者結合了起來。

從一開始，切爾諾梅爾金並不被看作是葉利欽的人，和當時的布爾布利斯、波爾托拉寧、蓋達爾、伊柳辛、洛博夫、彼得羅夫、格拉喬夫等相比，切爾諾梅爾金算不上是葉利欽的「圈中人」。從歷史上看，他與葉利欽雖然早就相識，但他在政治上與葉利欽沒有什麼關係，既不是葉的老鄉、部下，也不是葉利欽在當「反對派」時的志同道合者。實際上，他當時被提名爲總理，不論是葉利欽還是議會，都不是把他當作一名政治家，而是作爲一個默默無聞的、精幹的經濟管理專家來看待的。

就任總理後，切爾諾梅爾金當然要就許多政治問題表明立場。但切爾諾梅爾金的高明之處就在於，他不被政治鬥爭中敵對雙方的任何一方看作主要敵人。一方面，切氏小心翼翼地在權力鬥爭中尋找自己的位置。身爲總理，雖然國防、外交、安全、內務等部門也在他名義的管轄之下，但他深知那是總統的「領地」，從不直接染指；在政治問題上，他把自己藏在葉利欽的總統陰影之下，儘管他每次都堅定地支持葉利欽，例如一九九三年三月，支持葉利欽實行總統治理，在一九九三年五～八月，支持葉利欽繞過議會提出總統制憲法草案；一九九三年十月，支持葉利欽炮打議會；一九九四年十二月，又支持葉利欽出兵攻打車

臣。但每一次切爾諾梅爾金都使人覺得，這是他身為政治家、身為政府總理不得不這樣做的。他的言行讓人覺得他有一種弦外之音，即如果讓他做主，讓他說了算，他不一定如此。例如，在一九九四年十二月車臣事件中，切氏一方面發表講話，認為葉利欽出兵車臣符合俄憲法，並表示支持；但在一些講話中又不止一次地表示反對對車臣使用武力，這在一九九五年六月的人質事件中也可以看出他的立場。

因此，切氏很快得到葉利欽的信任，雙方在總統—總理權力行使上達成一種默契。切爾諾梅爾金不插手政治問題，在經濟問題上也總是頻繁與總統會晤、協商，而葉利欽也感到離不開這樣一位處事幹練又無政治野心、甚至暫時不和自己爭權的總理。兩者的政治關係是明確的，即切爾諾梅爾金在政治上忠實於葉利欽，切氏在葉的同意和支持下管理經濟。正如俄一些學者詳述的那樣：「總理不打著總統的旗號就不願意冒為經濟政策承擔責任的風險，而總統則要控制政府，但同時又與政府的具體措施保持距離。這種做法對兩個人都是可以接受的，因為這樣在複雜的局勢下就可以有回旋的餘地」❸。連葉利欽身邊的一些親近的人，例如俄政府原第一副總理、一九九三年十二月成為聯邦會議上院—聯邦委員會主席的舒梅科也認為，「切爾諾梅爾金成為政府首腦是俄羅斯的幸運」。

但切氏的高明之處在於，他雖然一再堅決支持葉利欽，但又不被人視為葉利欽圈子中的人，也沒有成為反對派猛烈攻擊的政治目標。他身處政治鬥爭的第一線卻又遠離雙方的「炮火」。例如，在一九九三年俄總統與議會的尖銳鬥爭中，議會把全部炮火都對準了葉利欽，卻無人直接尖銳地批評切爾諾梅爾金，儘管議

會對切氏領導的政府持反對立場。在制憲會議上，切爾諾梅爾金支持葉利欽的方案，但也主張吸收一些議會方案的內容；他批評哈斯布拉托夫領導的俄最高蘇維埃「採取非建設性的立場」，但他又和哈斯布拉托夫一起呼籲「建立民族和諧機制」，並與哈氏一起主持了一九九三年七月的政府與議會聯合舉辦的全俄經濟圓桌會議。後來，俄國家杜馬在一九九四年十月和一九九五年六月兩次對切的政府提出不信任案，但也很少有議員針對切本人。尤其說明問題的是，一九九五年六月二十三日國家杜馬提出要撤換對六月人質危機負有責任的國防部長、內務部長和民族事務部長，唯獨沒有撤出撤換總理人選。

其次，在經濟改革和經濟政策上，奉行中派主義方針。切上任後，多次表示，他的政府的經濟方針不左不右，是務實的和持中間主義的方針。他在一九九三年八月七日的政府會議上明確指出，「政府反對經濟的任何極端和任何混亂。我們主張中派主義政策，主張唯一可行的中間方針，這同時也是唯一可行的改革方向，我們將始終不渝地奉行這一方針。我們只有這樣才能擺脫危機，我們只有這樣才能使國家避免混亂和毀滅，我們只有這樣才能復興俄羅斯」。

切氏上任後，一方面表示，要繼續一九九一年蓋達爾開始的經濟改革方針。這種繼承性主要表現爲兩點：一是繼續推行蓋達爾政府的私有化方針。切氏政府由丘拜斯繼續推行其國營企業私有化方針，並在一九九五年七月將其從第一階段即證券私有化階段，推進到到第二階段即貨幣私有化階段；二是在財政信貸方面，也吸收了蓋達爾政府時期的貨幣主義政策的一些做法，用強硬的貨幣政策和財政緊縮政策遏制通貨膨脹。另一方面，切氏又

表示要停止執行蓋達爾政府的「休克療法」，強調穩定經濟和加強社會保護，在私有化的同時加強對國營企業的管理，對一些軍工和大型企業在轉軌過程中進行扶持，幫助其恢復生產，對最困難的社會階層的基本生活優先實行社會保護。在俄如何走出危機上，切氏政府反對過去的「五百天」式的思維，也反對過分的悲觀。切氏的經濟務實和中派主義的方針，是切氏在政壇立足的基礎。它雖然沒有使俄羅斯擺脫經濟危機，但至少沒有使它更加惡化，而且在一九九五年上半年還出現了一些經濟穩定和回升的跡象，這對鞏固政府的權力和提高切氏的地位起了積極作用。

最後，利用總理身分，不失時機的擴大政治影響。總理和政府的主要職權是管理經濟，在政治上支持總統，但這並不意味著總理和政府只是總統的政治傀儡。實際上，政府也有很大的潛力和很多機會來提高政府的政治地位。切爾諾梅爾金的總理生涯也較好地表現了這一點。這主要表現在：

⑴在解決經濟問題過程中參與政治問題的解決並發揮主導作用。雖然經濟與政治各有其特點，但實際上兩者很難截然分開，許多經濟問題實質上也是政治問題。例如，一九九三年五月，切爾諾梅爾金率政府代表團前往北高加索視察。他公開聲稱，此行的主要目的是了解該地區的經濟局勢，然後「順便」解決其他問題，包括與調整奧塞梯一印古什兩共和國衝突有關的其他問題。而實際上，在當時兩個共和國發生嚴重的民族衝突的背景下，調整民族關係這樣的政治問題才是最主要的。而切氏的視察過程實際上也是如此。切氏作爲主管經濟的政府總理，當然要關心和了解當地的經濟局勢，而解決經濟問題本身對緩解兩個民族的衝突已經具有一定的政治意義，而切氏在當地的活動主要並不限於

此，他一再從政治角度發表講話，強調指出要採取一切必要措施，以防在北高加索出現類似的衝突，防止北高加索的動亂局勢蔓延到整個俄羅斯，對衝突的肇事者應追究刑事責任。

尤其突出的是，切氏在就經濟形勢經濟問題發表講話時，一再呼籲社會各政治力量實現民族和諧機制，並把社會經濟局勢的穩定作爲頭等大事，這在俄民衆中也樹立了良好的政治形象。

(2)擴大和鞏固總理的政治基礎。切就任俄羅斯總理時，其自身的政治基礎是很薄弱的，主要靠葉利欽總統的支持。在後來的總理活動中，切氏逐漸擴大自己的政治影響，培植自己的政治勢力。在切氏任總理初期，他在政府中並無實際權威，葉利欽身邊的人和幾位有特殊影響的副總理影響較大，因此有人評論說，切氏政府好像是一個特殊的混合機構，切看起來與其說是領導人，不如說是特殊的協調人。但切氏逐漸真正控制了政府。他先是不動聲色地趕跑了葉利欽身邊的人對政府的控制，反對把政府辦公機構變成總統辦公機構的分支。他還借自由改革派、財政部長尼·費奧多羅夫等之手，使自由改革派與葉的親信、政府第一副總理洛博夫發生衝突，結果使葉利欽爲安撫自由改革派而把洛博夫調出政府、安插到安全會議任秘書。緊接著，切氏在政府中加强自己的地位，他把紹欣和沙赫賴兩位副總理拉在自己身邊，並使與自己關係較密切的索斯科韋茨成爲政府的第二把手，任政府第一副總理，透過克瓦索夫和巴比切夫兩位政府辦公廳主任，大量啓用原蘇聯時期中央各部委的工作人員充實政府各部委；切氏所控制的俄能源集團在政府中的影響也在擴大。到一九九四年一月，以蓋達爾和費奧多羅夫爲首的自由改革派實際上已經不能主導政府的經濟決策，先後退出政府，取而代之的人都是忠於切氏

成爲切所信賴的人。至此，政府權力大都落入切氏控制之下。在一九九五年，切還任命一位將軍爲自己的軍事顧問，試圖在防務方面也擁有一定的發言權。尤其重要的是，切氏在一九九五年爲首倡議發起建立「我們的家園—俄羅斯」，這是加強總理和政府政治基礎的重要步驟。一個沒有任何政黨支持的政府很難長久立足，而組織一個把中央和地方的行政執行機構的官僚聯合起來的政治組織，對彌補這樣一個缺陷將有重要作用。在很短的時間內，切氏的「政權黨」已在八十九個聯邦主體中的八十個地區建立起自己的分支機構。這樣，到一九九五年時切爾諾梅爾金集團已初步形成，它包括三個組成部分，即石油天然氣和能源—金融集團，俄政府各部委及其政府機構中支持者組成的中央權力集團和地方行政官員構成的地方權力集團。

(3)利用政治局勢的變化奪權政治主導權。一九九三和一九九四年，十月事件和車臣事件是兩大突出的政治事件。但這兩次政治事件的主導者—葉利欽在民衆中的聲望都大大降低。切爾諾梅爾金作爲總理，也是這兩次事件的重要參加者，是葉利欽的支持者，但他不是主導者和決策者。一九九五年六月的人質事件，爲切爾諾梅爾金提供了一次主導政治的機會，這也是切爾諾梅爾金政治生涯中精彩的一幕。

六月十四日，以巴薩耶夫（Башаев）爲首的車臣武裝恐怖分子突襲北高加索小城市瓊諾夫斯克市，一百多名武裝人員占領了市醫院，劫持了四百八十名病人、三百八十名醫務人員和三百多名抓來的平民爲人質，要求俄軍在車臣立即停止軍事行動，和車臣總統杜達耶夫（Дудаев）直接談判，否則就處死人質。人質事件實際上是一九九四年十二月葉利欽派俄軍攻打車臣事件的

繼續。

　　事發後，俄羅斯內務部、聯邦安全局、國防部和總統衛隊派精銳力量趕赴現場，內務部長葉林、安全局局長斯捷帕申親處現場指揮。六月十七日，內務部和安全局部隊向醫院的車臣武裝恐怖分子發起進攻，一度占領了醫院大樓的第一層，救出數十名人質。但車臣武裝頑强抵抗，並造成人質傷亡，因此，俄軍不得不停止進攻。這實際上是用武力解決方針的失敗。

　　當時，葉利欽正在加拿大參加西方七國加俄羅斯的政治高峰會談，但由於强力部歸葉利欽指揮，且葉利欽也表示要密切參與處理這一事件，因此，武力解決方針的失敗也使葉利欽聲望受損。在這一過程中，人質死傷達二百多人，這引起俄朝野一致的憤慨，同聲譴責强力部的無能。

　　人質事件發生時，切爾諾梅爾金正在休假，聞知此一事件後，立即中斷休假返回莫斯科，確定了以談判方式解決問題的方針，並於六月十八日親自和恐佈分子談判，經過四次交談和談判，雙方最終達成了協議，巴薩耶夫等答應釋放人質，而切氏則以政府名義擔保保證車臣人員的安全並在車臣境內停火，立即與車臣當局和談。二十日，人質事件得到解決。這樣，切氏利用總理身分，在這一突發的政治事件中獲得了政治主導權，並以和談方式拯救了數百人的生命，使其在俄更得人心。

　　人質事件對切可説是一箭三鵰：一是挽救了葉利欽的面子，切把問題的解決歸功於葉利欽；二是向公衆表明他在車臣問題上的真正立場。正如西方一位評論家所説，切氏作爲總理必須支持總統下令發起的車臣戰爭，但人質事件又使切氏得以用「悄悄的行動」使自己和車臣戰爭這一不得人心的做法脱離關係；三是向

公眾表明，政府不僅有能力處理經濟問題，而且也有能力處理政治問題，甚至處理得比總統更好。

(4)以總理個人的性格和獨特的魅力爭得公眾支持。在切上任之初，少為社會所知的切爾諾梅爾金在公眾心中是一個能幹的企業家，但卻缺少活力和創見、沒有超凡絕俗的領袖魅力，但三年的時間逐漸讓社會改變了這一看法。俄報刊充滿了對切氏的讚譽之詞。例如，俄《新時代》發表的一篇評論切氏的文章指出：「切氏在緊急狀況下能夠作出決定，會冒險，只是他做這一切與我們的總統不同，他沒有站在眾目睽睽之下，沒有嘩眾取寵，也沒有玩花樣。他是另一種風格——一個不誇誇其談，只講究實幹的政治家」，「他支持總統，但不卑不亢。葉利欽身邊圍滿了顯而易見的『奴顏婢膝』的人。切爾諾梅爾金就沒有這種特點，稱他是『葉利欽的人』這種話是難以啟齒的，因為他的身上有一種他所特有的絕對的威信，他所持有的尊嚴，他和總統保持著距離」，「在正常生活中，他是個不引人注目的穩重的天才，是平衡大師」，「是有頭腦的，善於權衡所有利弊以及自己行為結果的人，是善於瞭解別人的想法和理由的人，善於為了事業而抑制自己的感情的人」❹。

俄《消息報》的作者稱切氏是一位「明辨是非而又不善於搞幕後陰謀的總理」，「能夠恰當地處理問題且不善於在背後搞兩面派」，「具有原則性、正直、不記仇，能夠承認和改正錯誤」❹。

正是以上這樣一些特點，使切爾諾梅爾金不僅能在複雜的政治鬥爭中立足，而且還能不斷擴大自己的政治影響，從一位經濟管理專家成為聲望不斷上升的政治家。而這一切又是他作為政府

總理能推動政府體制正常運作的重要條件。

第四節　俄羅斯的人事制度

(一)蘇俄時期的幹部制度及其特點

　　在西方國家，政治家和公務員有嚴格的界定和區分，而在蘇俄時期，「公務員」、「文官」等概念幾乎不使用，廣泛的運用「幹部」這一用語，所以蘇俄七十年的歷史只有幹部制度而無嚴格的公務員制度。

　　俄語中的「幹部」（Кадры）一詞源於法文，原為框架、骨骼之意，本指軍隊中的軍官，後來被用來廣泛地稱呼幾乎所有公職人員，只有普通的工人、農民、士兵、服務員等除外。「幹部」即指國家的最高公職人員，如蘇聯最高蘇維埃主席團主席、部長會議主席、部長，共產黨的總書記、政治局委員等高級領導人員，也包括了一切黨、政、軍、工、商、文、教、衛、科技的工作人員，三教九流，無所不包。即使從嚴格的管理人員意義上講，蘇俄的幹部隊伍也極為龐大，一九八七年蘇聯官方公布的材料，當時約有一千八百萬人在從事管理工作，幾乎七個成年公民就有一個管理人員，占蘇聯勞動力資源的15％。

　　蘇俄時期實行的幹部制度的基本原則和特點是：

　　(1)執政黨管理幹部工作，幹部的任命、管理、調動等的權力主要由執政的蘇共壟斷。幹部的基本政策由蘇共制定；國家機關、企事業單位的主要領導幹部由黨的各級組織提名、討論、推荐、審批、任命，蘇共設立黨中央幹部部、組織部、幹部委員會

專門領導幹部的管理工作，並指導或領導國家機關、企事業的人事工作；從國家最高一級到基層的幹部，各級幹部都要經過執政黨的幹部管理機構的審查和認可。

⑵任用幹部重政治標準和意識形態。在蘇俄時期，要做幹部通常要加入蘇共，入黨在幹部的仕途中具有重要意義；此外，還必須效忠官方的意識形態和官方的政策，只有那些忠於共產黨和社會主義理論的人才能得到重用，業務能力和道德品質、工作業績都處在次要地位。

⑶在任用制度上，雖然也有形式上的選舉任用制，但以任命制為主。按規定，蘇俄的黨的總書記、國家元首、中央和地方的主要黨政幹部，都應實行選舉制，但實際上，這種選舉制只是徒具形式，選舉機關如蘇維埃代表大會、黨員代表大會，都是根據事先安排好的名單進行例行表決，只有個別候選人會在這種選舉中落選，沒有競爭，只有幕後的操縱和密謀。在這一過程中，少數黨政主要領導幹部能起決定性作用。除此而外，大量的幹部是由上級機關、上級首長或本級首長直接任命的。這一特點形成了蘇俄政治中的幫派政治。一個領導人上台後，往往提拔他自己所信任的熟人、朋友、同學、部下、老鄉，形成裙帶政治關係，自成一體，排擠別的幫派，極力壟斷政治權力。因此，一個幹部在這種體系中能否得到提升，當然要有一些本事，但找靠山也是十分重要的，甚至比前者更重要。

這種在任命制基礎上形成的幫派政治，在斯大林當政時就已開始。斯大林在三○年代，透過殘酷的政治鬥爭，把他過去的對手和在黨內有較大影響力的領導人如托洛茨基、加米涅夫、季諾維也夫、布哈林、李可夫等清除出去，提拔他的同鄉米高揚、貝

利亞，他的部下馬林科夫、卡岡諾維奇等人，形成了以他爲核心的高度嚴密的政治壟斷集團。

到赫魯曉夫時，赫魯曉夫在先後搞掉馬林科夫、莫洛托夫、卡岡諾維奇、伏羅希洛夫等人後，也在蘇俄組成了以他爲中心的「赫魯曉夫—烏克蘭幫」，把他在任烏克蘭第一把手時的部下如勃列日涅夫、基里連科、謝爾比茨基、謝列斯特等人提拔進蘇共中央政治局。此後，在此基礎上又演化出勃列日涅夫爲中心的勃列日涅夫—第聶伯幫，而且其聲勢和力量都達到了蘇俄幫派政治中的頂峰。在他的任期中，他的同鄉、同學、部下、親屬先後有一百八十多人在蘇俄政治權力中心任要職，其中包括蘇共政治局委員七人，擔任政府總理、克格勃副主席和第一副主席、內務部長和第一副部長等。

(4)終身制。蘇俄的領導幹部制度中也有更換制度，犯了錯誤也會被免職或調動，但只要沒有什麼大的過錯，即使才能平庸也有機會上升，而且可以長期任職。高層領道幹部也沒有明確的任期。斯大林擔任黨的總書記長達三十年，赫魯曉夫連續當政十年，勃列日涅夫連續當政十八年，直至病死。在終身制基礎上，又形成了蘇俄高層領導幹部的老齡化，這在勃列日涅夫當政的後期尤爲明顯。勃列日涅夫執政的十八年，開過四次黨代會，選出的中央委員會，連選連任率越來越高，二十三大（一九六六年）爲79.4％，二十五大（一九七六年）爲83.4％，二十六大（一九八一年）爲90％，中委的平均年齡從五十五歲上升爲六十二歲。在政治局中，這一傾向更爲突出。二十三大選出的十一名政治局委員在二十四大時全部連任，二十四大選出的十五名政治局委員有十一人在二十五大連任，二十五大選出的十六名政治局委員有

十一名在二十六大連任。到二十六大（一九八一年）時，政治局委員平均年齡爲七十一歲，書記處成員平均六十九歲，是典型的老人政治。

(5)特權制。蘇俄的各級幹部是維持蘇俄的政治經濟制度的最重要的支柱。幹部隊伍被稱爲最寶貴的財富，享有崇尚的地位，具有巨大的作用，與此同時，蘇俄也使幹部從上到下按照其等級形成了嚴密的特權制度。他們手中擁有的巨大權力實際上使自己凌駕於法律之上，是社會和法律難以對其進行監督的特殊階層。他們名義上是「社會公僕」，但實際上高於其他任何一個社會階層。他們不僅擁有名義上較高的工資，更主要的表現在社會爲他們提供特殊的服務，例如，特供商品，專門的食堂、醫院、療養院、豪華舒適的別墅，人數眾多的警衛和服務人員，這些都是一般的老百姓所望塵莫及的。

(6)後備制和培訓制。蘇俄形成了從中央到地方的後備幹部制，即每一級領導崗位都有預選的後備人員，他們被列入專門的後備幹部名單，並把他們送進專門的幹部培訓學校進行訓練。這種後備制不僅適用於政治領導幹部，而且適合於經濟、文化教育等。與此相應，蘇俄也形成了一個龐大的幹部培訓體制。到一九八〇年時，蘇俄有七十多所各級幹部進修培訓學院，一百多所分院。後備幹部必須在這類培訓學院中學習一定時期，才能正式被任命和提拔。

總之，蘇俄實行的幹部制度弊端較多，因此它的官僚主義、貪污腐敗之風也較嚴重。到八〇年代中後期，它已嚴重地影響到蘇俄政治制度的運轉。戈爾巴喬夫上台時，曾試圖對此進行重大的改造，例如實行領導幹部年輕化，反對幹部的特權制，大批解

除平庸的領導幹部等，但終究回天無力，未能使蘇俄制度免於崩潰。而且，蘇俄的幹部制度的一些特點，對後來俄羅斯的官僚隊伍也繼續產生著影響。

㈡九○年代俄羅斯的人事制度

蘇俄解體後，俄羅斯的幹部人事制度發生了很大變化。儘管「幹部」這一概念仍在普遍使用，但它的內涵已具有和過去不同的含義，它所包含的範圍大大縮小，主要用來指在國家權力機關中工作的公職人員和一部分國營企事業單位的管理人員，相當大一部分經濟企業家、文化機關、教育、衛生、科技的人員也脫離幹部序列，尤其是出現了一個私有者階層和職員階層，他們與幹部人事制度已經沒有什麼聯繫。此外，俄羅斯的「公務員」制度已在建立之中，「公務員」的概念有逐漸取代「幹部」概念的趨勢。

一九九一～一九九五年期間，俄羅斯的幹部人事制度有以下特點：

(1)在俄羅斯歷史上真正實現了選舉制。選舉制是俄羅斯產生政治領導人的基本方式。俄羅斯總統、聯邦各主體的地方行政長官、聯邦議會及其地方各級議會的議員，都按照競爭、公民直接投票選票、任期制的原則產生。俄羅斯在一九九一年六月通過全民選舉產生了俄歷史上第一位國家的最高領導人；一九九三年十二月進行了俄羅斯議會上院和下院議員的直接選舉，一九九五年十二月又進行了聯邦議會的第二次直選，一九九六年六至七月進行了第二次俄羅斯總統的全民直選，這在俄羅斯的歷史上都具有重要意義，是其政治制度發生重大變化的標誌。

⑵俄羅斯總統及其辦公廳掌握著幹部人事政策的決定權。俄羅斯總統透過頒布總統命令的形式，決定俄羅斯幹部人事制的基本原則和基本方針，甚至規定國家機構中工作人員的數量和工資。例如，一九九三年十月二十七日，葉利欽簽署總統令，對俄羅斯國家反壟斷政策和支持新經濟結構委員會的人事制度下達命令，規定該機構人員總數為三千一百人，並規定了該委員會領導人、專家和地方管理人員的職務工資，以便穩定在該機構工作的幹部隊伍。

在俄羅斯總統辦公廳，設有國家公務員培訓總局，對國家公務人員的具體事務進行管理。尤其是總統直屬的幹部政策委員會，在總統決定幹部政策方面具有重要作用。該委員會成立於一九九三年春，由三位主席領導，他們是總統辦公廳主任菲拉托夫和政府第一副總理索斯科韋茨和舒梅科。總統直屬的幹部政策委員會下設司法幹部委員會、駐外幹部委員會和最高軍銜和軍職委員會，其主要職責是從事預先鑑定幹部的工作，收集有關俄羅斯幹部及其職業培訓的資料。這一機構的作用相當於過去蘇共中央組織部、幹部部和蘇共中央行政機關部的作用。

由於總統和總統辦公廳在幹部決策上有主要作用，因此總統辦公廳所屬各機構的公職人員也成為俄羅斯中央政府主要領導幹部的後備庫，許多人從總統辦公廳機構調任部長職務。例如一九九四年十一月總統辦公廳財政預算局副局長潘斯科夫被任命為俄政府財政部長，葉利欽的經濟顧問亞辛被任命為政府經濟部長；一九九五年葉利欽的總統保衛局局長科爾扎科夫（Коржаков）被任命為部長級的俄聯邦保衛總局局長。

在幹部任用上，葉利欽在某種程度上繼承了過去蘇俄的幫派

政治的一些特點，特別重用他在斯維爾德洛夫斯克州任州委第一書記和莫斯科市委書記時的部下和親信，形成了「葉利欽—斯維爾德洛夫斯克幫」，先後有一大批人進入總統辦公廳或在重要部門任職，如他的同鄉、部下布爾布利斯曾任政府第一副總理、總統國務秘書，洛博夫（Лобов）先後任政府第一副總理和安全會議秘書要職，葉利欽的第一總統助理伊柳申曾是斯維爾德洛夫斯克州團委書記，後又隨葉利欽到莫斯科工作，一九九六年八月又成爲政府第一副總理；彼得羅夫曾是斯維爾德洛夫斯克州蘇維埃執委會主席，後在一九九一～一九九三年任總統辦公廳主任，擔任總統助理的斯維爾德洛夫斯克人還有蘇哈諾夫、波霍婭和拉霍娃等；在葉利欽任莫斯科市委第一書記時任《莫斯科直理報》主編的波爾托拉寧後來任新聞部長和總統新聞中心主任。俄聯邦保衛總局局長科爾扎科夫也是葉利欽在斯維爾德洛夫斯克州任職時的部下。

(3)傳統的幹部人事制正在向公務員制度轉變。

這是俄羅斯在蘇俄解體後發生的重大變化之一。葉利欽不僅直接領導總統下屬的國家公務員培訓總局，而且頒布了一系列命令，推行國家公務員制。一九九三年十二月二十二日，葉利欽簽發了聯邦國家機關條例，這是俄羅斯推行公務員制的一個重要文件。它規定國家機關必須服從法律、接受社會監督和不帶任何黨派政治色彩，所有俄羅斯公民都擁有在平等基礎上競爭進入國家機關的權利。這一條例還把已在聯邦代表權力機關、執行權力機關和司法權力機關工作的人視爲聯邦國家機關工作人員，並按公務員制的原則對他們的個人責任、職業素質、權利、社會保障以及職業技術考試、評定、試用等具體問題作了規定，並明確提出

實行公務員制通行的官階制。

經過幾年的準備，葉利欽在一九九五年七月三十一日簽署了「俄羅斯聯邦國家公務員原則法」，明確規定了俄羅斯國家機關的法律基礎和公務員的法律地位。這一文件指出，安照俄聯邦法律規定的制度履行國家機關公職人員職責，由聯邦預算或相應的聯邦主體預算支付工資的俄羅斯公民爲國家公務員。國家公務員又劃分爲「甲」、「乙」、「丙」三類。國家公務員將透過考試或鑒定評定等級。俄羅斯將建立統一的國家公務人事制度，稱爲國家公務員名錄。國家公務員應每年向國家稅務機關申報屬於個人的收入和財產。法律規定，國家公務員無權從事有償工作，但從事教育、科研和其他創作性工作以及擔任俄聯邦和俄聯邦主體代表機構及地方自治代表機構的代表不在此列。公務員無權親自或透過委託人從事經營性活動，無權在國家機關內充當第三者的委託人或代表。

爲推行這一制度，俄羅斯還新建了國家公務員學院。葉利欽總統在一九九五年九月曾親臨該學院對師生發表有關公務員制度的講話，把對俄羅斯的幹部制度和公務員制度進行重大改革作爲在俄羅斯鞏固民主制度的任務之一，認爲如果不同時改革幹部制度，任何改革都要失敗，蘇俄崩潰的原因之一也在於其幹部制度破壞主動，壓制自由，失去了管理國家的能力。這也使俄羅斯在獨立後也面臨嚴重的管理幹部的危機。因爲在許多部門，實際上還是由過去的蘇俄幹部按照老一套在管理，只有三分之一是一九九一年後進入各級權力機關的。這使在俄羅斯建立和實行新的國家公務員制度極爲迫切。

但實際上，俄羅斯的國家公務員制正處在形成過程中，要完

全實現還有待較長一段時間。

第5章
俄羅斯立法和司法體制

第一節　從帝俄杜馬制到蘇維埃制和聯邦會議制

㈠沙俄時代的杜馬制度的演進

　　「杜馬」是俄文「Дума」的音譯，原詞根「Дум」有「思想」、「思索」、「思慮」之意，是沙俄中央和地方諮議機關的名稱。在沙俄歷史上，杜馬在不同時期有不同稱呼。第一個杜馬是以大貴族杜馬或領主杜馬的特點而出現的，存在於十五至十七世紀期間。最初，大貴族和領主希望以這種機構來制約沙俄，但後來完全爲沙皇所控制，到十八世紀初，彼得大帝乾脆把它撤在

一邊，另設參政院作爲自己的諮議機構，使領主杜馬形同虛設。

在一七八五年，俄國出現了第二個杜馬，即城市杜馬（Городская Дума），它是由等級制代表組成的市參議會。一八七〇年，城市杜馬進行改革，其代表按資產參選，每四年改選一次，這使它實際上成爲城市資產階級、商人和上層貴族控制的城市自治機構。一九一七年十月革命後，城市杜馬逐漸被解散。

一九〇五年起俄國先後出現了歷史上第三個杜馬，即國家杜馬（Государственная Дума），成爲沙皇俄國的代議立法機關，也是沙俄的近代的議會制的形式。

在一九〇五年革命的壓力下，在西歐議會制的影響下，沙皇政府也允諾在俄成立諮議性的「代議機關」。建立諮議性的國家杜馬的法案和《國家杜馬選舉條例》是由沙俄内務大臣布里根（А·Г·Булыгин）主持的委員會擬訂，並於一九〇五年八月六日由沙皇頒布的，因此又稱「布里根杜馬」。但一九〇五年革命的風暴發展很快，使這屆杜馬未能建立起來。

後來，俄國先後出現過四屆國家杜馬，一九〇五年十月十七日，沙皇尼古拉二世正式頒布了《十月宣言》，再次許諾成立君主立憲制，給俄國人民一定的自由。根據國家杜馬選舉條例，杜馬議員分地主、資產階級、農民和工人四個選民層次進行選舉，婦女、二十五歲以下的青年、軍人和少數民族没有選舉權，選舉按間接選舉原則進行，一般是二級選舉，在農民居住區和城市工人居住區則多爲三級甚至四級選舉。這次選舉共選出四百七十八名議員，其中工人、農民、手工業者占28％，地主、資本家占20％，職員官僚占22％，自由職業者（包括教師、醫生、記者、作家、工程師、神職人員占30％。這屆杜馬從一九〇六年四月二

十七日存在到七月八日，一共才七十多天。這屆杜馬的選舉條例是按大臣會議主席謝・維特（C・Витте）擬訂的條例召開的，又稱維特杜馬。在第一屆杜馬中，立憲民主黨人占有很大 影響。七月八日，杜馬被沙皇解散。

第二屆國家杜馬於一九〇七年選出，共五百零四名，其中受過高等教育的占33％，受中等教育的占23％，受過初等教育的占44％；以職業上看，體力勞動者占30％，職員占14％，有產者占17％，其餘爲自由職業者。第二屆杜馬比第一屆杜馬更左傾些。第二屆杜馬討論的主要問題是土地問題，也就是所謂的「斯托雷平改革問題」。斯托雷平（П・А・Столыпин）在一九〇六年擔任了俄國大臣會議主席。斯托雷平主張鞏固以沙皇爲中心的君主立憲制，在杜馬中報告説：「反對國家體制的人想要走極端道路，割斷俄羅斯的歷史，否定其文化傳統。他們需要的是天下大亂，而我們需要的是偉大的俄羅斯」。因此他採取嚴酷手段來鎮壓反對沙皇的革命運動。他擔任首相的時期（一九〇六～一九一一年）被稱爲「反動時期」。斯托雷平提出的土地改革，旨在摧毀村社制度，扶植富農階級作爲沙皇政權的支柱。他主持制定的一九〇六年十一月的法令規定，農民有權退出村社，並把自己的份地變爲私有財產，這使俄羅斯傳統的村社制度瓦解，多數農民失地破產，農村階級矛盾也尖銳化。因此，斯托雷平的土地改革在第二屆杜馬中遭到代表農民的勞動派議員反對。這也使得第二屆杜馬和第一屆一樣，成爲短命杜馬。

一九〇七年六月三日，斯托雷平發動了反動政變，宣布解散第二屆國家杜馬並修改杜馬選舉法。新的選舉法大大增加了地主和工商業者在杜馬中的代表名額，把人數本來不多的農民和工人

的代表名額減少了一大半。新的杜馬選舉法剝奪了俄國亞洲部分大多數居民的選舉權，把波蘭和高加索的代表名額減少了一半。

　　一九〇七年十一月，第三屆國家杜馬選出，共四百四十二名議員，從黨派立場來看，支持沙皇政權的右翼占了多數，第三屆杜馬的黨派成分是：極右派五十名，溫和右派和民族主義者九十七名，十月黨人一百五十四名，進步黨二十八名，立憲民主黨五十四名，穆斯林八名，立陶宛—白俄羅斯議員團七名，波蘭議員團十一名，勞動者十四名，社會民主黨十九人，其中的俄羅斯人占絕大多數。隨著斯托雷平一九一一年被社會革命黨人在基輔刺殺，第三屆杜馬也失去了意義。一九一二年第三屆杜馬被解散。

　　一九一二年第四屆杜馬選出，共有議員四百二十二人，其中，民族主義者和溫和的右派占一百二十席，十月黨人占九十八席，右派占五十五席，社憲民主黨人占五十九席，進步黨人占四十八席，波蘭議員團占十四席，社會民主黨人占十四席，勞動者占十席，無黨派人士占七席。沙皇本想利用國家杜馬來援和反對沙皇的革命運動，但一九一五年年時杜馬卻成爲反對帝制、主張西歐式的資産階級議會民主制的一個中心。因此沙俄政府對第四屆杜馬採取了壓制態度。一九一七年二月，第四屆國家杜馬停止工作，成立了國家杜馬臨時委員會，並由它組織了俄國臨時政府，廢黜了沙皇尼古拉二世。一九一七年三月十一日，國家杜馬宣布解散。

　　沙皇時期的國家杜馬的歷史對一九九一年後的俄羅斯有一定的影響，不僅議會下院取名爲國家杜馬，而且在人數（四百五十名）上也與這四屆杜馬接近。但是，兩者又有很大不同，不可等而同之。

㈡蘇維埃制的演變及其特點

「蘇維埃」一詞係俄文「Совет」的音譯，意爲會議或代表會議。作爲一種政治形式，它最早發源於一九○五年革命。一九○五年夏，俄國伊凡諾沃─沃茲涅先斯克城的七萬工人在罷工中選舉出一百五十一個代表，組成了第一個工人蘇維埃。後來，在彼得堡、莫斯科也相繼成立了工人蘇維埃，在遠東海參威，還成立了士兵蘇維埃，在薩拉托夫省等地出現了農民蘇維埃。蘇維埃因此而成爲一九○五～一九○七年革命中反對沙皇專制的一種政治組織形式。在一九一七年二月革命中，一度消失的蘇維埃如死灰復燃，迅速在全俄各地湧現，最後形成爲一種全俄性的政治組織，它實際上成了一個與當時的臨時政府並立的一種政權形式，全俄工兵蘇維埃代表大會及其執行委員會擁有很大的權力。一九一七年十月，布爾什維克黨利用蘇維埃發動起義，摧毀了臨時政府，並把全俄工兵蘇維埃與全俄農民蘇維埃合併爲全俄工兵農蘇維埃，把它作爲一種新的國家政權組織形式。

從一九一七～一九三六年，蘇俄的蘇維埃採取代表大會制。一九一八年蘇俄第一部憲法規定，全俄蘇維埃代表大會是蘇俄的最高權力機關。在初期，全俄蘇維埃代表大會召開十分頻繁，開始是每三至四個月召開一次，後變爲每年一次。蘇維埃體制由鄉、縣、省（州）市和全俄蘇維埃組成。當時實行的選舉制度是：⑴多級的間接選舉制，即村一級由選民直接選舉，其他各級蘇維埃均由下一級蘇維埃選舉上一級蘇維埃的代表，直到全俄蘇維埃；⑵階級選舉原則，凡出生於地主和資產階級的沒有選舉和被選舉權；⑶城鄉區別原則，城市優先於農村，例如，選舉全俄

蘇維埃代表大會代表，在大城市是按每二萬五千個選民選舉一個代表，而在省（農村地區）一級，則按每十二萬五千個選民選舉一個；(4)公開選舉原則，即投票是公開而不是秘密的。

一九三六年之後，全國的蘇維埃代表大會被蘇聯最高蘇維埃取代。蘇聯的蘇維埃分為村鎮—區（自治專區）—自治共和國、邊疆區、州、自治州—加盟共和國—全蘇聯等五級。與過去不同的是，各級蘇維埃的代表均按普遍、平等、直接和秘密投票的原則進行，不再實行間接的、不平等的、有區別的和公開的選舉。凡年滿十八歲的蘇聯公民，不分種族、民族、性別、信仰、教育程度、居住期限、社會出身及財產狀況都有權參加選舉，凡年滿二十三歲的公民都有權被選為蘇聯最高蘇維埃和各級蘇維埃的代表。

蘇俄的選舉制有四個特點：(1)選舉制不與執政黨的更換相聯繫，以保證共產黨的領導為前提；(2)一般採用有組織的提名，代表候選人名單多由政權當局壟斷，實際上也不存在競爭；(3)一般採用選區代表制和個人代表制；(4)只選各級蘇維埃的代表，而國家元首、地方各級行政首長不在直接選舉之例。這種選舉制雖避免了會議收買、行賄等現象，但長期也存在著選舉缺乏競爭、形式主義等，弊端也是很大的。

蘇維埃制從原則上看，有這樣幾個特點：

第一，立法代表、行政、監督（司法）三權合一制。蘇維埃不僅行使立法權，而且在法律上擁有一切國家權力。蘇俄長期流行的口號是：一切權力歸蘇維埃。在國家體制中，蘇維埃地位至高無上，高於行政權和司法權，行政權和司法權與蘇維埃不是平行機構，而是從屬關係，即政府和司法系統必須服從蘇維埃。這

與西方流行的三權分立理論和原則不同；

　　第二，共產黨對蘇維埃的領導原則。蘇維埃是全權機關，但它的全權必須由共產黨來行使。當時的實際原則是：一切重大問題均須由共產黨的政治局、中央作出決定；然後再交到蘇維埃討論，實際上使蘇維埃變成了無權機構，變成了共產黨的橡皮圖章和舉手表決機器。

　　第三，高度集中原則。國家一切權力集中於蘇維埃。不僅立法、司法、執行權集中，而且政治、經濟、軍事、文化等權力也集中，中央與地方各級政權機關的權力也集中。

　　在體制上，蘇維埃制也有以下幾個基本特徵：

　　⑴國家元首與蘇維埃合一制。蘇俄沒有個體國家元首，而實行集體元首制，蘇聯最高蘇維埃的常設機構—主席團及其主席，行使著國家元首的職權。

　　⑵兩院制。蘇聯最高蘇維埃由兩院組成，一個是聯盟院，按每三十萬公民選舉一名代表的方式產生，共七百五十一名代表；另一個是民族院，代表蘇聯各民族的利益，按每個加盟共和國三十二名、每自治共和國十一名。每自治州五名和每自治專區一名的比例選舉產生，共七百五十一名。兩院權力完全平等，處理問題的職權完全相同，任何法律均須由兩院通過方能成立。如發生分歧，則由兩院協商，如協商後仍有分歧，則兩院同時解散，進行大選。但實際上，由於兩院均要受共產黨的領導，因此實際上從未發生過兩院因意見不一致而解散蘇維埃進行新的選舉的現象。

　　⑶非職業性。蘇聯最高蘇維埃代表由一千五百零二人組成。他們都不是專職的議員。代表每五年一屆。每年最高蘇維埃召開

一次例會。代表在開完例會後，仍從事各種本職工作。所有的行政領導包括部長會議主席、部長等都可當選為代表。

最高蘇維埃閉會期間，其職權主要由蘇聯最高蘇維埃主席團行使。最高蘇維埃主席團由三十九人組成，包括主席團主席一人，第一副主席一人，副主席十五人（每個加盟共和國一人），主席團秘書一人和主席團委員二十一人組成。蘇共中央總書記一般兼任主席團主席職務（從勃列日涅夫時期起），政治局委員多為主席團委員。

蘇聯最高蘇維埃的兩院分別設立相同的常設委員會，共有十七個，它們是：資格審查、立法、外交、計劃─預算、工業、交通和郵電、建築和建築材料、農工綜合體、科學技術、消費品和商業、住房─公共事業和生活、衛生和社會贍養、國民教育和文化、婦女勞動和生活及保衛母親和兒童、青年事務、自然保護和自然資源合理利用、能源等委員會。

此外，最高蘇維埃兩院分別設立主席、副主席處理院的日常工作和事務。

蘇聯最高蘇維埃還設有憲法委員會、蘇聯國防會議等機構。

蘇聯最高蘇維埃主席團也設有辦公廳、外事局、典禮局、國際聯絡、法律、出版、國籍事務、授獎、蘇維埃工作等直屬機構。

一九八七年起蘇聯對蘇維埃體制進行了重大改變。改革的基本原則，一是從三權合一變為三權分立，雖然蘇維埃作為立法代表機關還擁有高於政府和司法權的地位，但一九九○年設立的蘇聯總統職務將使行政權的地位上升，並由它行使國家元首職權，同時，憲法監督委員會也有權力對蘇維埃的決議、立法進行監

督,並有權宣布其違憲而無效;二是使黨的權力減少,重新提出一切權力歸蘇維埃,即蘇共雖然在蘇維埃中還要發生作用,但蘇維埃的獨立性將增強,黨不得直接向蘇維埃發號施令,改變過去蘇維埃的「橡皮圖章」的地位;三是允許權力競爭,實際上允許蘇維埃中存在不同的政黨和政治集團。

在這些原則指導下,蘇聯首先進行了選舉制的改革。一九八八年蘇聯頒布了新的選舉法。二千二百五十名蘇聯人民代表中,七百五十名由蘇共、共青團、工會、各種社會團體按中央選舉委員會分配的名額選出,以保證蘇共對政權的影響;另外一千五百名按競爭方式由選民差額選舉產生。和過去不同,在一九八九年的選舉過程中,鬥爭特別尖銳。因為現在蘇共不再能完全操縱和控制選舉的過程。代表候選人可以由選民直接提出,候選人也可以組織競選班子。結果一千五百名由選民選舉的名額產生了二千八百九十五個競選者,在莫斯科等地,一個代表席位就有十多個競爭者;包括莫斯科、列寧格勒、基輔等三大城市的市長在內的許多當權者在這次選舉中敗下陣來。在這次競選中,以蘇共的政治反對派葉利欽等人的當選最為引人注目。因當時葉利欽正遭蘇共黨的機關封殺,但葉利欽最後竟衝破層層防線,成為全蘇聯的第一號人民代表,他在競選莫斯科市的民族院人民代表的席位中,獲得了89%的支持率。

在體制上,一九八九年後的蘇維埃與過去有重大的不同,這表現在:

(1)實行蘇聯人民代表大會制。一九八八年的蘇聯憲法修正案將蘇聯最高蘇維埃變為蘇聯人民代表大會,它是蘇聯的最高國家權力機關。它有權審議並解決歸蘇聯管轄的任何問題。過去的人

民代表可以連選連任，一九八九年規定最多可以連任兩屆，每屆任期五年。

(2)蘇聯人民代表大會設最高蘇維埃主席、最高蘇維埃主席團。但它們與過去的不同。過去的最高蘇維埃主席團主席權力較小，而現在的最高蘇維埃主席由蘇聯人民代表大會選出；此外，最高蘇維埃主席團成員由最高蘇維埃主席、第一副主席一人和副主席十五人（每共和國一人）、兩院主席、蘇聯人民監督委員會主席、最高蘇維埃常設委員會主席組成。

(3)非專職和專職代表相結合。在二千二百五十名人民代表中，選出五百四十二人組成最高蘇維埃兩院，他們是專職代表，每年舉行春季會議和秋季會議，每次會期長達了三至四個月，因此基本上脫離原來的工作，專心從事代表—議員的工作。這使最高蘇維埃成爲小議會。而其他的一千七百零八名人民 代表則是非專職的，仍從事原來的工作。

(4)行政官員不能擔任人民代表。過去的蘇維埃體制中，幾乎重要的行政官員都是人民代表；而在一九八九年時規定，只有部長會議主席和各級政府的首腦作爲聯繫人可以當選爲人民代表，此外，其他所有的部長、局長等官員均不能爲人民代表，如果參加人民代表競選並當選，那麼必須辭去部長、局長等原有的行政職務。

蘇聯人民代表大會只存在了兩年，先後召開過五次大會。隨著一九九一年十二月蘇聯的解體，蘇維埃制也逐漸消亡。

(三)一九九一年後俄羅斯從蘇維埃制向議會制的轉變過程

在一九八九年蘇聯人民代表大會制的影響下，俄羅斯也在一

九九〇年對原有的蘇維埃體制進行了改革，實行人民代表大會制。在一九九〇年的選舉中，俄羅斯共選出一千零三十三名人民代表。在一九九〇年五月十六日召開的俄羅斯人民代表大會第一次會議上，葉利欽經過三輪激烈的競爭，當選爲俄羅斯的最高公職—俄羅斯最高蘇維埃主席。

一九九一年六月，葉利欽當選爲俄羅斯總統，經過葉利欽一再推薦，他原來的副手—俄羅斯最高蘇維埃第一副主席哈斯布拉托夫（Р·И·Хасбулатов）當選爲俄羅斯最高蘇維埃主席。哈斯布拉托夫是車臣族人，生於一九四五年，一九六五年畢業於莫斯科大學，經濟學博士，教授，曾長期從事經濟科學的教學和研究。

在一九九一～一九九二年間，存在兩個並立的政權。首先是一九九一年時出現了蘇聯中央政權和俄羅斯政權兩個並立的政權，兩者互相鬥爭，最後以聯盟中央政權的垮台而告終結。之後，從一九九一年六月葉利欽當選總統後，就逐漸潛伏了俄羅斯總統—俄羅斯人代會及其最高蘇維埃的兩個政權的鬥爭。在蘇聯—俄羅斯兩個政權爭鬥結束後，俄羅斯總統—議會的鬥爭就顯得突出起來。在葉利欽總統與蘇聯鬥爭時，俄羅斯議會曾堅決支持葉利欽，並在一九九一年九月俄羅斯第五次人代會上賦予葉利欽以特別權力。但在蘇聯解體後，總統—議會的平衡結構失去了重心。當議會中的領導者們發現，葉利欽總統手中擁有太大的權力而自己實際無權時，總統與議會的鬥爭過程也就開始了。

兩者鬥爭的中心是權力再分配的問題。總統與議會都想爭奪對俄羅斯政局的主導權。而鬥爭的根源在於，俄羅斯憲法一方面賦予俄羅斯人代會及其最高蘇維埃以全權，另一方面又不斷進行

補充和修改，使俄羅斯總統的憲法地位也十分突出。這樣一個相互矛盾的憲法體制不能爲矛盾和鬥爭的雙方提供解決爭端的框架和範圍，致使鬥爭愈演愈烈，最終釀成了一九九三年十月總統動用坦克攻打議會的悲劇。

從一九九二年四月俄羅斯第六次人代會與總統展開尖銳鬥爭拉開戰幕到一九九三年十月，總統與議會的爭執和矛盾的焦點主要在於：

⑴對經濟改革的主導權之爭。一九九二年俄羅斯獨立後，葉利欽政權接受西方的「休克療法」（Shock Therapy），從一九九二年一月二日起全面放開物價，結果導致社會經濟和人民生活的全面「休克」，而廣大老百姓卻從中只感到痛苦，並未從「治療」中感受任何好處，因此「休克療法」在俄羅斯民間被戲稱爲「只休克不療法」。爲此，俄羅斯議會多次對蓋達爾政府提出責難，認爲政府的經濟改革方針存在戰略失誤，是使國內經濟不斷惡化之癥結，必須予以修正。而葉利欽政權認爲，俄羅斯經濟改革的戰略是正確的，只是在實現的策略上有失誤。兩者爭執不下。一九九二年四月，俄羅斯第六次人代會一度責令蓋達爾政府修改其改革方針，而蓋達爾政府則在葉利欽支持下以集體辭職相威脅。一九九二年十二月，俄羅斯第七次人代會終於把蓋達爾拉了下來，讓切爾諾梅爾金組織政府，矛盾有所緩解，但並未完全解決。以後切爾諾梅爾金吸收了議會的一些經濟改革意見，但推行的私有化政策仍不爲議會所接受。

⑵對修憲主導權的爭奪。俄議會認爲，只有俄議會才有修憲權，俄羅斯憲法應該修訂，但仍應堅持蘇維埃全權制，只有蘇維埃才有權通過立法，人代會地位應在總統、政府之上，人代會和

最高蘇維埃有至高無上的監督權，政府總理和主要的部長人選應在最高蘇維埃審查通過。而葉利欽則以一九九三年四月俄羅斯全民公決的結果爲依據，認爲總統是全民選舉的，其合法性和權力的基礎不容置疑，因此，總統有權主持修憲，並將其草案以全民公決通過。葉利欽在一九九三年五至七月間成立了以自己爲主席的憲法起草委員會，並下令召開由各級權力機關、政黨、社會團體、宗教人士等共二百五十人組成的俄羅斯制憲會議；葉利欽主持的憲法草案提出了以總統制爲核心的憲法制度，反對議會—蘇維埃的至高無上的權力；總統擁有行政權和立法動議權。兩者各行其是，使原有的憲法失去了效力，而又無法尋找一個爲雙方所能接受的權威依據。例如，一九九三年七月，葉利欽解除了逐漸倒向議會的安全部長巴蘭尼科夫的職務，而議會則通過決議，認爲葉利欽無權在不經議會同意的情況下免除巴蘭尼科夫的職務；這兩個矛盾的命令造成了政治混亂。

(3)在對經濟政治危機根源的分析上。俄羅斯人代會和最高蘇維埃認爲，俄政局不穩和政治危機的主因和根源，不是議會與總統和政府之間的衝突，兩權並立不是議會與總統的兩權並立，而是總統與政府之間的衝突，是執行權力機關內部的衝突，尤其是總統及其辦公廳擁有太大的不合法權力，並向合法的總理和內閣施加巨大的壓力，一個國家同時存在兩個平行的行政執行機構，這是使憲法和法律以及政令不能得到貫徹執行，使國內出現無政府主義、國內犯罪嚴重的政治根源；而總統和政府認爲，議會繼承了過去的蘇維埃制的弊端，而且在一九九〇年俄羅斯選出的人代會是一個共黨分子占多數的機構，它極力阻撓和反對進行深刻的社會政治變革，而再加上行政體制中也存在過去的龐大官僚管

理體制的影響，所以使政府和執行機構無法順利地展開工作；在經濟危機的根源上，議會認爲政府錯誤的經濟政策和方針是導致俄國內經濟持續大幅度下降的主要原因，而總統和政府則認爲，正是議會一再阻撓政府採取堅決和大膽的措施，使經濟改革進展緩慢，議會的私慾使任何一種最好的行動綱領也會破產。

(4)在對外政策的基本方針上。議會的民族主義情緒較激烈，它在對烏克蘭的克里米亞問題上，在處理俄羅斯在境外的居民與獨聯體各國和波羅的海沿岸國的相互關係上，都持強硬的立場，同時尖銳批評俄羅斯政府一九九一～一九九二年親西方的外交政策，要求在對伊拉克制裁上、在波蘭問題上，採取堅決措施維護俄羅斯的利益及其在國際上的大國地位，堅決反對北約東擴；而俄政府在頭兩年把與美國和西方結盟、加入西方社會、爭取西方對俄經濟改革的大量援助作爲外交重點，一度在外交上追隨西方。

這些矛盾和衝突，有些是可以調和的，有些則難以調和。例如，在經濟改革方針上，雖然葉利欽堅持爲一九九二～一九九三年的經改政策辯護，並一再聲明要堅定不移地繼續一九九二年開始的改革過程，但實際上自一九九二年底切爾諾梅爾金上台後，俄政府對蓋達爾時期的方針作了較大幅度的調整，使其從貨幣主義優先的政策改爲貨幣財政政策與扶助企業生產、穩定社會經濟並重的方針；尤其是在對外政策上，一九九二～一九九三年俄羅斯外交發生了深刻變化，議會與政府實際上到後來並不存在嚴重的分歧，因爲政府基本上採納了議會在外交問題上的主要方針，把從追隨西方的外交改爲維護俄羅斯大國地位的外交，在許多問題上與西方拉開了距離，甚至與西方發生衝突，與國內的民族主

義、愛國主義和大俄羅斯主義日益接近。

　　但在權力再分配和國家憲法體制上，即在議會制還是總統制上，鬥爭的雙方缺乏調和的基礎。一方面，在一個國家，只能存在一個權力中心，兩種平行權力的存在在任何一個國家和任何一個時期都是不可能長久的，在危機時期尤其如此。鬥爭的雙方註定要有一方作出讓步和犧牲。而在危機時期，加強總統權力和行政權力而不是加強議會代議機關的權力，似乎更合乎政治鬥爭發展的邏輯和趨勢；另一方面，不管對那一方而言，權力都意味著個人的政治前途和命運，與總統、部長、議員的個人利益關係極爲密切。失去權力意味著失去一切：榮耀、地位和特權。因此，權力再分配首先關係著國家與民族的前途，其次也關係每個政治家的命運；最後，鬥爭的雙方都缺乏妥協的誠意。對葉利欽而言，他一向以魯莽、勇敢、果斷而著稱，缺少足夠的政治計謀，往往以政治賭博的方式孤注一擲：要麼成功，要麼身敗名裂。因此他在一九九三年九月，在沒有什麼重大理由的情況下，宣布解散議會，並動用軍隊對議會大廈進行封鎖和圍攻；而在議會一方，內部本是派別林立，缺乏一個堅強的統一和團結的政治力量，儘管他們在反對葉利欽解散議會上有一致和共同的利益，但哈斯布拉托夫、魯茨科伊等人難以號召各派，在九月政治危機中，哈斯布拉托夫等人本已與葉利欽和政府達成解除對議會封鎖的幾項協議，但卻在議會中被否決，哈氏也險遭免職的厄運。所以，命運之神似乎對葉利欽情有獨鐘，他的每一次政治賭博最後都獲成功。

　　因此，總統與議會的鬥爭，儘管有深刻的政策分歧，但最基本的原因卻在於權力鬥爭的不可妥協性。這使鬥爭愈演愈烈。而

俄羅斯人代會就成爲鬥爭的舞台和場所。大體上，總統與議會的鬥爭經歷了幾個回答：

⑴一九九二年四月第六次人代會是總統—議會鬥爭正式爆發的標誌，也是第一回合，葉利欽遭到沉重打擊。人代會否決了葉利欽提出的總統制憲法方案，政府的經濟改革方案受到議會尖銳批評。

⑵一九九二年十二月第七次人代會是第二回合。葉利欽再受重創。在人代會壓力下，葉利欽被迫提名切爾諾梅爾金取代蓋達爾爲政府首腦；

⑶一九九三年三月初第八次人代會是第三回合。葉利欽遭受第三次沉重打擊。人代會剝奪了一九九一年十月第五次人代會賦予葉利欽的特別權力；人代會否定了在第七次人代會上雙方達成的妥協，取消了葉利欽竭力堅持的原定於一九九三年四月十一日舉行的全民公決。

⑷一九九三年三月底第九次人代會是第四回合。雙方鬥爭開始發生轉折。一九九三年三月二十日，葉利欽採取主動行動，對俄議會發動了反擊。他發布了在俄羅斯實行總統治理的命令，並宣布在四月二十五日就是否信任總統問題進行全民公決和投票。人代會試圖彈劾總統未獲成功，雖然作出決定要中止葉利欽的總統命令，但又同意四月二十五日就是否信任葉利欽總統、是否信任俄政府一九九二年起實行的經濟改革政策、是否提前選舉人民代表和總統舉行全民公決。結果在四月二十五日的全民公決中，葉利欽獲58.7％的信任票，而且52.8％的選民支持葉利欽的經濟政策。這爲葉利欽進一步採取針對議會的行動提供了極爲重要的基礎。

(5)一九九三年十月是鬥爭的決定性回合。葉利欽以武力摧毀了蘇維埃制，這也是一九九一年八月摧毀共黨領導體制，一九九一年十二月摧毀聯盟體制的繼續，它摧毀了過去維繫蘇聯的第三根也是最後一根支柱。

自一九九三年四月全民公決後，葉利欽先後採取了一系列反議會的行動。一九九三年六～七月，葉利欽加緊準備新憲法草案，並拋棄了他擔任主席、議長和副議長擔任副主席、以議會為主體的憲法委員會的草案，另起爐灶，並於七月十三日在制憲會議上通過了新草案；七月二十七日，葉利欽又解除了巴蘭尼科夫的安全部長職務，八月，停止支持議會的副總統魯茨科伊行使其職權；九月二十一日，宣布解散議會和人代會，並於九月二十三日下令剝奪議會資產，二十四日又下令封鎖議會大樓，切斷議會大樓的水、電力、電話和供暖。俄人代會在九月二十一日下令召開緊急會議，譴責葉利欽發動反憲法政變，並決定停止葉利欽的總統職務，由副總統魯茨科伊代理總統，還任命了國防、內務、安全等實力部部長，組建議會警衛團，試圖與葉利欽對抗。隨後，雙方發生流血衝突。十月三日晚，議會武裝及其支持者試圖強占莫斯科市政府大樓、俄國家廣播電視大樓和莫斯科廣播電視大樓，局勢迅速惡化。十月四日，俄軍隊派坦克包圍議會大樓，國防部長格拉齊夫下令坦克向大樓開炮，魯茨科伊、哈斯布拉托夫等被迫投降。在十月事變中，共有一百四十二人死，七百四十四人受傷（據俄官方統計，實際上死傷人數更多）。

至此，總統—議會的鬥爭以總統獲勝告一段落，它結束了雙重政權階段，建立了以總統為核心的新的憲法體制。全權的蘇維埃演變成為只行使立法權的聯邦會議，即由國家杜馬（下院）和

聯邦委員會（上院）組成的新議會。

第二節　一九九三年憲法確立的聯邦會議制及其主要特徵

㈠一九九三年憲法關於聯邦會議的規定

一九九三年俄羅斯聯邦憲法在第五章對聯邦會議作了如下規定：

(1)俄羅斯聯邦會議為俄羅斯議會，是俄羅斯聯邦的代表與立法機關。

(2)聯邦會議由聯邦委員會和國家杜馬兩院組成；聯邦委員會由俄羅斯聯邦每個主體各派一名國家權力機關代表和一名國家執行權力機關代表組成；國家杜馬由四百五十名代表組成；國家杜馬每四年選舉一次。

(3)年滿二十一歲並有選舉權的俄羅斯聯邦公民可以當選為國家杜馬代表；同一個人不得兼任國家其他代表權力機關和地方自治機關的代表。

國家杜馬代表為專職常任工作，國家杜馬代表不能任國家公職，不得從事其他有報酬的活動，教學、科研及其他創造性活動除外。

(4)聯邦委員會委員和國家杜馬代表在整個任職期間不受侵犯。他們不受拘留、逮捕和搜查，除非因犯罪而被當場捉拿；他們也不受搜身，除非按聯邦法律的規定為了保障他人的安全；剝奪不受侵犯權的問題由聯邦會議相應的院根據俄羅斯聯邦總檢察

長的提議作出決定。

(5)聯邦會議是常設的職能機關。國家杜馬在選出後的第三十天舉行第一次會議，俄羅斯聯邦總統可以在此期限以前召開國家杜馬會議。國家杜馬的第一次會議由最年長的代表宣布開始。自新一屆國家杜馬開始工作之時起，上一屆國家杜馬的權力停止行使。

(6)聯邦委員會和國家杜馬分別舉行會議。聯邦委員會和國家杜馬的會議公開舉行，在會議規則規定的情況下，有權舉行秘密會議。爲聽取俄羅斯聯邦總統諮文、俄羅斯聯邦憲法法院諮文和外國領導人的演講，兩院可以舉行聯席會議。

(7)聯邦委員會在其成員中選舉聯邦委員會主席和副主席，國家杜馬在其成員中選舉國家杜馬主席和副主席。

聯邦委員會主席和副主席、國家杜馬主席和副主席分別主持院的會議和管理院的內部程序。

聯邦委員會和國家杜馬成立委員會，對所管轄的問題進行議會聽證。

聯邦委員會和國家杜馬透過各自的規則，解決自身活動的內部程序問題。

爲對聯邦預算執行情況實施監督，聯邦委員會和國家杜馬組成審計院，其人員組成和活動程序由聯邦法律確定。

(8)聯邦委員會的管轄範圍是：

批准俄羅斯聯邦主體間邊界的變更。

批准俄羅斯聯邦總統關於實行戰時狀態的命令。

批准俄羅斯聯邦總統關於實行緊急狀態的命令。

決定能否在俄羅斯聯邦境外動用俄羅斯聯邦武裝力量的問

題。

確定俄羅斯聯邦總統的選舉。

罷免俄羅斯聯邦總統的職務。

任命俄羅斯聯邦憲法法院、俄羅斯聯邦最高法院和俄羅斯聯邦最高仲裁法院的法官。

任免俄羅斯聯邦總檢察長。

任免審計院副主席及其半數檢查員。

(9)國家杜馬的管轄範圍是：

同意俄羅斯聯邦總統對俄羅斯聯邦政府總理的任命。

決定對俄羅斯聯邦總統的信任問題。

任免俄羅斯聯邦中央銀行行長。

任免審計院主席及其半數檢查員。

任免按聯邦憲法法律行事的人權全權代表。

宣布大赦。

提出罷免俄羅斯聯邦總統的指控。

提出對俄羅斯聯邦政府的信任問題。

就俄羅斯憲法規定由其管轄的問題通過決議。

(10)俄羅斯總統、聯邦委員會成員和國家杜馬成員、俄羅斯政府和俄聯邦主體的立法代表機關享有立法提案權；俄羅斯聯邦憲法法院、最高法院、最高仲裁法院在由其管轄的問題上也享有立法提案權。

法律草案提交國家杜馬。

有關實行或取消徵稅、免稅、發行公債、改變國家財政義務的法律草案和其他用以規定用聯邦預算抵補的開支的法律草案，只有在俄羅斯聯邦政府作出結論後才能提交。

⑾聯邦法律由國家杜馬通過

在俄羅斯聯邦憲法未作出其他規定的情況下，聯邦法律以國家杜馬代表總數的多數票票通過。

國家杜馬通過的聯邦法律在五日內轉交聯邦委員會審議；如果聯邦委員會成員總數的半數以上成員投票贊成，或者聯邦委員會在十四日內未進行審議，則視為聯邦法律獲聯邦委員會通過。當聯邦委員會否決聯邦法律時，兩院可建立調解委員會消除分歧，隨後國家杜馬對聯邦法律進行覆審。

在國家杜馬不同意聯邦委員會的決定的情況下，如果國家杜馬再次表決時有不少於占國家杜馬代表總數三分之二的代表投票贊成，則聯邦法律視為通過。

⑿國家杜馬通過的有關以下問題的聯邦法律須交聯邦委員會審議：

聯邦預算。

聯邦稅收和收費。

金融、外匯、信貸與關稅調節，貨幣發行。

批准和廢除俄羅斯聯邦簽署的國際條約。

俄羅斯聯邦國家邊界的狀態和保衛。

戰爭與和平。

⒀通過的聯邦法律應在五日內送交俄羅斯聯邦總統簽署和頒布。

俄羅斯聯邦總統應在十四日內簽署聯邦法律並頒布。

如果俄羅斯聯邦總統在收到聯邦法律之時起的十四天內駁回該法律，國家杜馬和聯邦委員會可根據俄羅斯聯邦憲法所規定的程序重新審議該法律。如在重新審議時，聯邦法律未加修改地獲

聯邦委員會成員總數和國家杜馬代表總數各不少於三分之二多數票的贊成，則俄羅斯聯邦總統必須在七日內簽署並頒布。

⒁就俄羅斯聯邦憲法規定的問題通過憲法性法律。

如果聯邦憲法性法律獲聯邦委員會成員總數不少於四分之三的成員和國家杜馬代表總數不少於三分之二的代表的多數贊成，則視爲通過。通過的聯邦憲法法律應由俄羅斯聯邦總統在十四日內簽署並頒布。

⒂俄羅斯總統只有在俄羅斯聯邦憲法第一百一十一條和一百一十七條規定的情況下才能解散國家杜馬❷。

國家杜馬一旦被解散，俄羅斯聯邦總統就應確定選舉日期，以便新選出的國家杜馬能在上屆國家杜馬解散時起不遲於四個月內開始工作。

根據俄羅斯聯邦憲法第一百一十七條規定的理由，國家杜馬在選出一年後不能被解散。

國家杜馬從其對俄羅斯聯邦總統提出指控之時起到聯邦委員會作出相應的決定前不得被解散。

國家杜馬在俄羅斯全境內實行戰時狀態或緊急狀態時期以及在俄羅斯聯邦總統任期居滿前的六個月內不得被解散。

㈡俄羅斯聯邦會議的基本特徵

與俄羅斯一九九三年前的憲法比較，一九九三年憲法對俄羅斯議會的有關規定具有以下特徵：

⑴地位下降。一九九三年憲法確定的俄羅斯聯邦會議是典型的議會制機關，而不是像過去的俄羅斯憲法規定的全權代表機關。例如，一九九〇～一九九三年的俄憲法修正案指出，俄羅斯

人民代表大會是俄羅斯聯邦最高國家權力機關，有權審議和決定屬於俄羅斯聯邦權限內的一切問題，它是三權合一的權力機關，集行政、司法和立法大權於一身，其地位至高無上，可以撤銷俄羅斯總統職務，可以廢除總統命令；有權確定俄聯邦的對內對外政策，任免和批准政府總理、總檢察長、最高法院院長、最高仲裁法院院長和中央銀行行長以及外交、國防、內政安全部長等。

而在一九九三年憲法的規定中，俄羅斯議會只是一個立法代表機關，是俄三權中的一權，其憲法地位在俄羅斯總統之下；總統可以有較多的機會解散議會，而議會對總統的罷免權受到種種限制，難以實現。過去，俄人代會通過最高蘇維埃這一國家的指導和監督權力機關對總統和政府實施嚴格的監督，而且憲法也規定，俄人代會和最高蘇維埃對所有國家機關實行監督，而一九九三年後的俄議會的監督權也大大弱化，人事任免權的範圍也縮小了。

⑵立法權受限制。

即使在立法權上，俄議會也受到了很大限制。立法權實際上分為立法提案權、審議通過權、頒布生效權，從立法的內容上又分為一般立法權、憲法性法律立法權和制憲權。和過去相比，俄議會的立法權也大大縮小了。

首先，俄議會不得不與更多的權力機關分享立法提案權。除原來總統、政府享有立法提案權外，一九九三年憲法擴大了立法提案權的範圍，使俄聯邦的八十九個聯邦主體的立法機關，即共和國、州、聯邦直轄市、自治共和國、邊疆區等都擁有了立法動議權，憲法法院、最高法院、仲裁法院在管轄的問題上也享有立

法提案權；而且俄政府在有關稅收、公債、財政方面還獲得了特別的立法提案權。

其次，在立法的內容上，過去的俄人代會不僅可以通過一般立法，也可通過憲法性法律，而且還有權通過、修改和補充俄羅斯聯邦憲法，在一九九三年憲法中，俄議會的制憲權大大受限制；它無權修改和通過俄的憲法制度的基礎，人權與自由的部分，只能對其它部分提出修改，即通過憲法性法律，而且要得到議會全體總數三分之二的同意。對俄憲法制度的基礎、人權與自由的部分進行修改的權力屬於全體公民，也就是說，只有全民公決方才最終通過新憲法，而制定新憲法的權力也不在議會，而在制憲會議。

最後，議會的立法權受限於總統的頒布法律權。議會通過的所有法律都要由總統簽署後才能頒布生效，總統可以行使這一權力否決議會的立法，除非議會以三分之二的多數再次通過該立法。

實際上，只有立法的審議和通過權專屬議會。

⑶在兩院制上，與過去也有較大的不同。過去俄最高蘇維埃也實行兩院制，其特點是兩院都由人數相同的代表組成，組建相同的委員會，行使相同的權力。一九九三年憲法規定，俄議會由聯邦委員會和國家杜馬組成，從形式上，這與過去的兩院制相同：聯邦委員會類似過去的民族院，而國家杜馬類似過去的聯盟院。但實際上，兩者的區別是很大的。

首先，組成的人員不同。國家杜馬由選舉的代表組成，有四百五十人，而聯邦委員會的組成則是另一來源，由八十九個聯邦主體從其行政和立法機關中各選一名代表組成，由一百七十八人

組成。

其次，在權力行使上，兩院分別行使不同的職權，立法的範圍不同。兩院也行使一些共同的權力，如有關聯邦預算、稅收、外匯與信貸、聯邦邊界和國際條約等的法律，決議須由國家杜馬審議後交聯邦委員會審議。但兩者的職權基本上是不同的。

在人事任免權上，聯邦委員會任免聯邦法官和總檢察長，國家杜馬任免中央銀行行長、審計院主席和人權全權代表，同意政府總理的任命。

聯邦委員會行使的專項權有：涉及聯邦主體間邊界的變更、總統實行戰時狀態和緊急狀態的命令、是否在俄境外動用武裝力量、確定總統選舉等問題，由聯邦委員會審議，無須經國家杜馬同意；國家杜馬在宣布國內實行大赦以及聯邦內部的經濟社會事務的問題上有專項權。

聯邦委員會側重與總統打交道，與政府關係較少，而國家杜馬與總統和政府發生關係的問題較多；聯邦委員會與政府的組建或辭職無關，而國家杜馬則可提出對政府的信任問題。

聯邦委員會任期為四年，憲法中沒有規定總統有權解散它；而總統解散杜馬則有明確規定。

在罷免總統上，兩者權力不同，國家杜馬有權提出對總統進行罷免的指控，而不能作出罷免總統的正式決定；聯邦委員會無權提出對總統的指控，但可根據國家杜馬的指控以及憲法法院的裁定，作出罷免總統的正式決定。

在立法方面，兩院均享有立法提案權，但立法的審議權主要在國家杜馬；國家杜馬通過的立法要聯邦委員會覆議通過，但國家杜馬擁有最後通過權，當聯邦委員會否決國家杜馬立法時，國

家杜馬可以三分之二多數再次否決，則立法視爲最後通過。因此，從立法權角度看，俄議會的兩院制實際上是以國家杜馬爲主的兩院制，國家杜馬的立法權大於聯邦委員會的立法權。

(4)俄聯邦議會實行專職與非專職結合的體制。俄一九九三年憲法規定，國家杜馬代表爲專職常任工作，不能任國家公職，不得從事其他有報酬的活動；而聯邦委員會成員實際上是非專職，由聯邦主體的代表機關成員和執行權力機關成員兼任。但這也引出一些問題，即聯邦委員會成員與他原來的公職是什麼樣的關係，以那一個工作爲主，兩者能不能兼顧。例如，如果莫斯科市市長或副市長作爲代表當選聯邦委員會成員，他有沒有可能同時做好這兩個工作？這些都是不確定因素，要由專門法律對此作出規定或修改。

第三節　一九九三～一九九五年俄羅斯議會的運作

㈠議會的選舉和產生

在一九九三年九月二十四日，即葉利欽宣布解散原來的俄人代會和最高蘇維埃的命令三天之後，俄羅斯總統葉利欽發布總統令，宣布成立中央選舉委員會。中央選舉委員會是主持國家杜馬選舉工作的專門機構，由各聯邦主體選派的代表組成，委員會主席里亞博夫（Ряъов）由總統任命。十月十二日，葉利欽又發布了關於聯邦委員會的選舉令。十月十九日，葉利欽以總統令方式確定於十二月十二日進行議會大選日期，並把中央選舉委員會改

爲選舉杜馬和選舉聯邦委員會的中央選舉委員會，把全俄劃分爲普遍選區和區段，也相應設立選舉委員會，在中央選舉委員會的統一領導下進行聯邦議會的選舉工作。

根據一九九三年十月七日公布的國家杜馬選舉章程，國家杜馬的四百五十名代表分兩部分進行選舉，其中二百二十五名根據多數制原則産生，全國二百二十五個大選區每區選舉一名；另外二百二十五名按政黨比例選舉制産生。到十月十三日，俄共有九十二個政黨和政治組織在俄司法部進行了選舉登記，它們均可參選；俄羅斯共産黨一度被禁止參加選舉，但最後俄憲法法院裁定俄司法部禁止俄共參加選舉的決定違憲無效，這使俄共也成爲參加政黨競選的一支力量。這實際上也意味著俄共承認葉利欽政權的合法性，並在合法範圍內進行其活動。

根據選舉法，每個參加國家杜馬競選的政黨和團體必須在十一月六日前至少在七個聯邦主體內徵得十萬以上選民的支持，經中央選舉委員會核准支持者的簽名名單後，該組織提出的候選人才能作爲全國代表的正式候選人。共有二十一個組織宣布自己獲得了這一資格，經選舉委員會確認的只有十三個，它們是：

農業黨（一百四十五名候選人）、俄羅斯共産黨（一百五十一名候選人）、自由民主黨（一百五十六名）、爲穩定、正義和進步公民聯盟（一百八十四名）、生態建設運動《雪松》（四十四名）、俄羅斯婦女競選集團（三十六名）、俄民主黨（一百六十七名）、俄統一和諧黨（一百九十三名）、俄羅斯選擇（二百一十二名）、俄民主改革運動（一百五十三名）、亞夫林斯基—博爾德列夫—盧金集團（一百七十二名）、俄羅斯未來—新人（九十五名）、尊嚴和仁慈競選集團（五十八名）。這十三個政

黨提出了一千七百六十六名候選人來競爭二百二十五個席位。團結黨、民族共和黨、立憲民主黨等組織因支持者簽名不到十萬人被取消了資格；新俄羅斯、獨立職業聯盟宣布退出競選運動。按規定，在每一聯邦主體的支持者簽名最多不能超過一萬五千人，而俄全民聯盟在莫斯科市徵集了三萬七千人簽名，因此，雖然全民聯盟也有十多萬人簽名者，但有二至三萬人的簽名因超出這一條規定而無效，這使全民聯盟也被取消了資格。

在以個人身分參選的另外二百二十五個選區中，共有一千五百六十六人報名參加競選。按照規定，個人選區的代表候選人必須在本選區中獲五千名以上支持者簽名才能在選區選舉委員會登記註冊成為正式候選人。

在聯邦委員會的選舉中，因車臣和韃靼的選舉推遲，只有一百七十二個席位，但有四百八十七名候選人競爭。按規定，每位聯邦委員會候選人需徵集本地區選民總數1％的簽名支持。

到一九九三年十一月底，俄中央選舉委員會又對十二月十二日的選舉作了幾項規定。它宣布，全俄大約有一億七百萬選民，在聯邦委員會選舉中，有25％的選民投票即為有效，按照簡單多數當選制，得票最多的二名候選人當選；在四百八十七名聯邦委員會的候選者中，有40％是地方當局成員，13％是前蘇維埃的代表，16％為商人，5％為婦女；在國家杜馬的個人選區中，平均每個選區約五十萬人，當選制與聯邦委員會的相同；在一千五百六十六名候選人中，只選舉二百二十三席（車臣、韃靼推遲），其中20％的候選人是地方政府官員，22％是商人，婦女為6％，記者占5％；在國家杜馬的政黨選區，由十三個政黨爭奪二百二十五個席位，得票率少於5％的任何政黨被排除在外，其餘政黨

按得票率分配二百二十五個席位。在正式投票之後，必須在十至三十天內公開正式結果，新議會要在投票日之後一個月內召開會議。

根據俄中央選舉委員會十二月二十五日公布的最後結果，在國家杜馬的政黨選區中，自由民主黨獲22.79％的選票，得到五十九個議席；俄羅斯選擇獲15.38％的選票，得四十個議席；俄羅斯共產黨獲12.35％的選票，得三十二席，俄羅斯婦女獲8.1％的選票，得二十一席；俄羅斯農業黨獲7.9％選票，得二十一席，亞－博－盧集團獲7.83％選票，得二十席，俄羅斯統一和諧黨獲6.76％的選票，得十八個席位；俄羅斯民主黨獲5.5％選票，得十四席。在國家杜馬的個人選區中，俄羅斯選擇黨人獲五十六席，自由民主黨人十一席，俄羅斯共產黨人三十三席，農業黨人二十六席，亞－博－盧集團人士十三席，統一和諧黨人九席，俄羅斯婦女聯盟人士四席，俄民主黨人七席。另外，在政黨選區選舉中未分得議席的一些政黨，在個人選區中也有一些候選人當選，如公民聯盟人士十八人當選，俄羅斯改革運動八人當選，尊嚴和慈善運動三人當選，俄羅斯未來一人當選。還有三十人以獨立的無黨派人士當選。

在聯邦委員會的選舉中，共有一百七十一人當選，他們來自二十九個民族，其中俄羅斯人占76％，有四十九人是原俄人代會代表，80％稱自己為無黨派人士；在這些委員中，相當多的人是以地方執行權力機關的首腦身分當選的，聯邦委員會主席舒梅科在講話中指出，有70％的成員是各共和國總統、州長和市政長官，他們利用自己的職務在選舉中占了先機。

根據俄有關規定，俄國家杜馬代表享受部長級待遇，其工資

在一九九四年初約爲七十九萬盧布（合四百八十美元），他們在議會大樓每人都有自己的辦公室，並配備司機和一輛汽車。在政治上，國家杜馬代表和聯邦委員會成員在任職期間不受侵犯，不受拘留、逮捕和審訊。一九九四年六月，俄羅斯最高檢察長曾提出要剝奪杜馬代表、俄自由民主黨主席日里諾夫斯基的議員豁免權問題，因日氏在其著作《向南方的角逐》一書中，實際上號召人們去攻占別國領土，因而含有「犯罪」成分。但國家杜馬拒絕了這一要求。

到一九九五年新一輪議會大選進行之前，俄議會曾通過了《杜馬選舉法》。但葉利欽總統在一九九五年五月否決了這一法案。總統與議會的分歧在於：議會主張國家杜馬的四百五十個議席仍按政黨選出二百二十五名，選民直接選出二百二十五名的辦法，但葉利欽希望政黨名單當選總數不超過一百五十名，而選民直接選出三百名代表；在選舉的有效比率上，議會認爲選民的25％參加投票就算有效，而葉利欽主張50％；在公職人員參加選舉上，議會主張在選舉前五十天内參選的公職人員應停止工作，而葉利欽主張不作限制。總之，葉利欽的方案目標在於限制政黨的影響範圍，擴大公職人員的影響。後來，總統與議會進行協商，雙方作了妥協，達成了一致意見。六月九日和六月十五日，議會上下兩院先後通過了新的《杜馬選舉法》，規定政黨和選民直選仍按各二百二十五名比例產生，但每個政黨的中央候選人不得超過十二名，其他候選人由地區選出；對國家公職人員參選不作限制，選民投票率達25％選舉即爲有效。葉利欽在一九九五年六月二十一日簽署了這一法律。

在上院的產生上，議會與總統也產生了分歧。議會制定了上

院選舉法，主張上院代表由選民秘密直接投票產生，地方權力機關可以提出候選人；而葉利欽主張，上院只能用「組成」而不能用「選舉」，實際上主張用「委任制」。但葉利欽的主張受到許多法學家的批評。專家們認爲，如果實行委任制，會導致上院議員首先反映地方行政機構的利益，而地方行政機構又會直接受到總統辦公廳的支配；同時，如果上院由地方長官組成，上院就會缺乏工作效率，因爲地方長官將用大部分時間來解決地方問題，而上院的立法工作很難開展。最後，由選民選擇產生上院的方案占了上風。

(二)俄國家杜馬中的議會黨團

在俄羅斯人代會期間，也存在過議會黨團但不嚴格。俄羅斯人代會的一千多名代表是在一九九〇年選出的，按其黨員成份，俄共代表占80％多。但實際上俄共當時已處於分裂狀態，不少人當選代表後退出了俄共，因此在俄人代會時出現了二十多個議員團，其中農業聯盟、民主俄羅斯、俄羅斯共產黨人、祖國、左翼中心、工業聯盟、俄羅斯、自由俄羅斯、接班人—新政策等議員團影響較大。在政治鬥爭中，各議員因變化較大，一部分議員經常變換立場，甚至出現議會黨團「反水」現象，即一部分議員投票反對本黨的立場。最突出的就是一九九一年三月俄第三次人代會上魯茨科伊等人的「反水」。當時，在俄人代會上有四百多名代表的俄共議員團，在這次人代會上準備罷免葉利欽的最高蘇維埃主席職務，但以魯茨科伊爲首的一部人反對這一方針，並另組「民主共產黨人議員團」，支持葉利欽，結果有一百七十多位俄共議員在投票時投了葉利欽的贊成票，這使俄共議員團罷免葉利

欽的議案不但未能通過，反而使葉利欽得到了臨時總統的授權，並在一九九一年六月進行全民選舉俄羅斯總統。這表明，人代會時期的議會黨團並不反映代表真正的黨派立場。

在一九九三年十二月選出的國家杜馬中，由於按照各政黨在大選中的得票率分配二百二十五個席位，因此這就形成了嚴格杜馬議會黨團制的基礎。為此，國家杜馬設立了議會黨團委員會，對議會黨團的活動進行管理和規定，而重大問題也事先在該委員會上進行協商。按規定，在國家杜馬設立議會黨團應有相應的議員人數才有資格，國家杜馬向議會黨團提供專門的辦公用房和設備。在一九九四年十二月，國家杜馬曾發生取消「十二月十二日聯盟」議員黨團資格的事件，使該組織失去了在杜馬委員會中的代表權和辦公條件。

在一九九四～一九九五年，俄國家杜馬主要存在以下黨團：

(1)俄羅斯選擇黨團，有議員八十名，領導人為蓋達爾。在一九九三年十二月大選中，俄羅斯選擇黨曾有九十六人當選，但布爾布利斯、柯瓦廖夫等退出了該黨團，使人數減少。

(2)俄羅斯農業黨議員團，有議員約五十多名，領導人為拉普申。

(3)俄羅斯自由民主黨議員團，有議員六十多名，領導人為日里諾夫斯基。

(4)俄羅斯共產黨議員團，有議員四十多名，領導人是久加諾夫。

(5)「蘋果」議員團，以亞—博—盧集團議員為主，包括俄社會民主黨、共和黨、俄基督教民主聯盟的議員，共約二十多名，以亞夫林斯基為領導。

(6)俄統一和諧黨議員團，有議員三十名，以沙赫賴爲領導。

(7)俄羅斯婦女議員團，有議員二十多名，以拉霍娃爲領導。

(8)新地區政策議員團，由大約六十多名議員組成，其成員黨派傾向不明顯，以俄羅斯石油工業者聯合會主席 B‧梅德維捷夫爲領導。

此外，還有俄民主黨議員團、俄羅斯之路議員團等。

這些議員黨團的領導人大多是各主要政黨的主要負責人，他們在議會中不擔任職務；參加議員團的議員一般均少於該黨在議會中的代表人數，因爲並不是一個黨的所有議員都會參加該黨的議員團，例如，俄共黨員有六十五人當選議員，但有些參加了農業黨議員團，有些參加了俄羅斯之路議員團。但是，幾個主要政黨的議員團相對穩定，這形成了俄國家杜馬議會黨團制的基礎。議會黨團也由此成爲俄國家杜馬機制運轉的一個重要工具。一些政黨爲協調自己的立場，往往在杜馬開會討論之前先在各黨團聯席會議上達成共識。例如一九九四年十月十八日，俄羅斯選擇、亞博盧集團和自由民主聯盟三個議員黨團派代表舉行了協商會議，表示今後要在立法工作中進行協調。在國家杜馬的會議上，往往都是由各議員團的主要領導人闡述各黨團的立場，並提出立法動議和決議草案。

在聯邦委員會中，代表都是按地區原則選舉的，其首要任務是表達和體現自己所在地區的利益，因此在聯邦委員會中沒有議會黨團。

(三)俄羅斯議會的常設機構

除議會黨團制外，推動俄議會制運作的另一根槓桿是議會中

的常設機構，首先是議會兩院中的常設委員會。

在國家杜馬中，一九九四年初設立了二十三個委員會。它們是：

(1)立法和法制改革委員會

(2)社會團體和宗教組織委員會

(3)勞動和社會保障委員會

(4)保健委員會

(5)生態保護委員會

(6)民族事務委員會

(7)婦女、家庭和青年事務委員會

(8)預算、稅收、銀行和財政委員會

(9)財產、私有化和經濟活動委員會

(10)經濟政策委員會

(11)農業委員會

(12)工業、動力、交通和能源委員會

(13)自然資源和自然資源利用委員會

(14)國防委員會

(15)國際事務委員會

(16)安全委員會

(17)聯邦事務和地區政策委員會

(18)新聞政策和通訊委員會

(19)地緣政治委員會

(20)獨聯體事務和僑胞聯絡委員會

(21)地方自治委員會

(22)國家杜馬工作組織委員會

⑵教育、科學、文化委員會

在建立各委員會時，是以議會黨團為基礎的。在考慮各個政黨組織在各委員會中都有代表的同時，在國家杜馬中擁有較多議席的政黨往往也派自己的代表擔任委員會的主席。一九九四年俄國家杜馬中各委員會主席在各黨團中分配如下：

俄自由民主黨黨團議員擔任了第(3)、(5)、(12)、(13)、(19)等五個委員會的主席。

俄羅斯選擇的議員擔任了第(4)、(14)、(18)、(22)等四個委員會的主席。

俄羅斯共產黨議員擔任了第(2)、(16)兩個委員會的主席。

俄羅斯農業黨議員擔任了第(1)和(11)兩個委員會的主席。

新地區政策議員擔任了第(6)、(9)兩個委員會的主席。

俄羅斯統一和諧黨議員擔任了第(17)、(20)和(21)三個委員會的主席。

亞博盧集團議員擔任了第(8)、(15)兩個委員會的主席。

俄羅斯婦女議員擔任了婦女事務委員會的主席。

俄羅斯民主黨議員擔任了經濟政策委員會的主席。

此外，俄羅斯憲法還明確規定，國家杜馬任免人權問題的全權代表，因此人權委員會實際上是獨立於這二十三個杜馬委員會的一個機構。

在聯邦委員會中，設立以下十個委員會：

⑴聯邦、聯邦條約和地區政策委員會

⑵憲法、立法和審判法委員會

⑶預算委員會

⑷經濟改革、所有制和財產委員會

(5)獨聯體事務委員會

(6)國際事務委員會

(7)安全和國防委員會

(8)社會政策和居民社會保障委員會

(9)農業政策委員會

(10)科學、文化和教育委員會

俄羅斯議會中的委員會是立法權較大的常設機構，有關領域的立法、決議草案及其相關的問題都首先在各個委員會進行審議和討論，在委員會通過之後再提交國家杜馬或聯邦委員會正式審議。

俄議會兩院的日常工作和會議的主持召開及準備是由兩院的主席和副主席領導的。

國家杜馬設一名主席和若干副主席。

國家杜馬主席由杜馬會議選舉產生。在一九九四年一月杜馬召開第一次會議時，各黨派都先後提出了自己中意的候選人，八個議員團先後提出了九名，其中有農業黨提名的雷布金（Рыбукин）亞夫林斯基集團提名的盧金（Лукин），新地區政策議員團提名石油工業聯合會主席梅德維捷夫（Медвидев），自由民主黨提名其主席日里諾夫斯基（Жинировский），民主黨推荐俄前外經部長格拉濟耶夫（Гратиев），俄共提名農業黨主席拉普申（Лапшин），統一和諧黨則提名沙赫賴。經過激烈的競爭，最後雷布金獲二百二十三票，以微弱多數票當選。伊‧雷布金生於一九四七年，俄羅斯人，畢業於優爾加格勒農業學院，是技術學副博士，曾任蘇共優爾加格勒市某區區委記書，一九九○年當選俄人民代表，在俄人代會中曾擔任俄共議員領導

人。一九九三年俄共二大召開時，雷布金曾當選俄共中央執委委員，後加入俄共的友黨—農業黨，並以農業黨候選人當選為俄國家杜馬議員，接著又當選國家杜馬主席，成為俄政壇上一個新崛起的政治人物。國家杜馬主席的職權儘管不如過去的最高蘇維埃主席的職權，只是主持國家杜馬會議的一個職務，但利用這一職務，也可以對杜馬的工作產生很大的影響。

俄國家杜馬的副主席也是按議會黨團制在各議員黨團中進行分配。這一屆國家杜馬共設了四位副主席，其中俄羅斯選擇議員團的米・米丘科夫（М・Мичуков）擔任第一副議長，俄共議員柯瓦廖夫（В・Ковалев）、俄自由民主黨議員溫格羅夫斯基（А・Унгеровский）、俄羅斯婦女議員團的費杜洛娃（А・Федулова）擔任副議長。

俄聯邦委員會主席即上院議長的選舉更為激烈。在上院的一百七十一名當選議員中，其推舉出十七名上院議長的候選人，最後參與競爭的有四人。主要對手是俄政府第一副總理舒梅科（Шумейко）和克拉斯諾雅爾斯克化學聯合公司集團總經理羅曼諾夫（Романов），他們共進行了三輪角逐。在第一輪投票中，舒梅科獲八十五票，僅差一票就可當選，羅曼諾夫獲五十六票；第二輪投票，舒梅科獲八十一票，羅曼諾夫獲七十九票；在第三輪投票中，舒梅科獲九十八票，終於當選。上院還設立了二名副議長職務。

㈣俄羅斯議會兩院職權的行使

一九九四～一九九五年間，俄議會兩院根據俄憲法賦予的權力展開了自己的活動。

俄國家杜馬行使自己職權並引起較大政治影響的事，是一九九四年二月作出了大赦的決定。俄憲法規定，俄國家杜馬有權宣布大赦。宣布大赦不是透過立法文件，而是杜馬的特權，不需經上院復議，也不需要總統簽署。俄國家杜馬正是利用了這一點，剛一開始工作，就在一九九四年二月十一日從二百四十七票贊成、三十九票反對和十七票棄權的多數，通過了「關於政治和經濟大赦」的決定；二月二十三日，國家杜馬又通過了《因俄羅斯憲法通過而實行大赦的決定》，對一九九一年八・一九事件的參與者和一九九三年五・一事件和一九九三年十月事件的參與者實行大赦，他們因此被免於剝奪自由的懲罰以及與剝奪自由無關的懲罰，該決定自公布之時起自動生效，在六個月內必須執行。杜馬宣布，對上述事件的參與者實行大赦是為了保證國內和平和社會和睦。

　　在這三個事件的參與者中，大多是葉利欽的政治反對者，他們當中有原蘇聯最高蘇維埃主席盧基揚諾夫、原蘇聯副總統亞納耶夫、原蘇聯總理帕洛夫、原蘇克格勃主席克留奇科夫、原蘇聯國防部長亞佐夫等，還有原俄議長哈斯布拉托夫、原俄副總統魯茨科伊、原俄安全部長巴蘭尼科夫、原俄內務部長杜納耶夫，以及葉利欽政權的堅決反對者康斯坦丁諾夫（Костантинов）、馬卡紹夫（Макасов）和安皮洛夫（Анпинов）等人。因此，這一決定被認為是對葉利欽政權的打擊。一些葉利欽政權的支持者認為，國家杜馬宣布大赦實際上是宣布「國內戰爭的開始」，將重新導致俄政局的動盪，會發生新的流血事件。葉利欽總統本人一開始堅決反對這一措施，但又苦於沒有明確的憲法措施，而且新議會、新憲法剛剛運轉，如果強烈反對，會引起議會—總統的

新對抗。考慮再三，葉利欽總統於二月二十六日吞下了這一苦果，默認了杜馬的這一決定。他在致國家杜馬主席雷布金的信函中說，「我對杜馬遵循民族和解、謀求公民和睦與和諧途徑的意願感到非常滿意」，表示尊重杜馬的權限，並建議對「大赦」決定進行進一步修改，使它完全符合俄羅斯聯邦憲法；同時葉利欽爲挽回面子，又公開警告說，如果被大赦者被釋放後「稍有企圖再次搞亂國家局勢，就立即逮捕他們」。後來，國家杜馬又於三月三日發表聲明，對總統的態度表示迎合。

大赦事件實際上對俄政局的相對穩定起了好的作用，也給葉利欽一個在一九九三年十月炮擊議會之後與議會重新進行合作的機會。但這一事件尤其突出了議會的作用，提高了俄國家杜馬在政治生活中的影響力。

但總統與議會的關係總括來看矛盾和鬥爭的一面較突出。在一九九四～一九九五年間，議會兩院先後在以下三個方面與總統發生了較大的衝突。

(1)在俄聯邦總檢察長辭職問題上。在國家杜馬二月十三日通過大赦決定後，俄聯邦總檢察長卡贊尼克（Казанцк）有義務執行。卡贊尼克受到總統的壓力，要他不要釋放這些人，在這種情況下，卡贊尼克左右爲難。從政治立場上看，卡贊尼克是葉利欽的追隨者之一。卡贊尼克生於一九四二年，是法學博士，曾任俄鄂木斯克大學教授，一九八九年當選爲蘇聯人民代表，並被選爲蘇聯最高蘇維埃代表，但在葉利欽競選最高蘇維埃成員失敗時，卡贊尼克宣布「辭職」，把自己在最高蘇維埃的位子「讓」給了葉利欽。一九九三年十月，卡贊尼克被葉利欽任命爲俄聯邦總檢察長。但他表示將按法律辦事。因此在國家杜馬宣布大赦決定

後，卡贊尼克默許副總檢察長卡爾卓夫簽署了釋放受偵訊者的決定。卡贊尼克爲了給葉利欽一個交待，因此在二月二十六日向總統遞交了辭職信，他在聲明中說：

「俄聯邦總統呼籲我停止執行聯邦會議國家杜馬一九九四年二月二十三日關於宣布政治和經濟大赦的決定。我完全贊同國家元首的正義立場和呼籲內容。…政治『大赦令』將永遠成爲國家議會制歷史上恥辱的一頁。然而，我作爲俄聯邦總檢察長在作出任何決定時都應當考慮到法律的精神與實質。在俄羅斯，總檢察長不享有終止大赦的權力。他也不擁有請求國家杜馬重新審議其決定的立法動議權。因此，我沒有其他的選擇：我宣布辭去俄羅斯總檢察長職務」。葉利欽對卡贊尼克不按總統指示行事不滿，決定解除其職務，並任命總統辦公廳監督局長伊柳申科代理總檢察長。

根據憲法，任免總檢察長屬於上院職權。上院在四月六日開會討論時，以六十八票贊成七十四票反對否決了總統解除卡贊尼克職務的決定。卡贊尼克也表示，將執行上院決定，儘快恢復履行總檢察長的職務。葉利欽與馬上致信上院，堅持自己的決定。四月七日，上院再次駁回了總統的建議。這形成了總統與上院的第一次對立。

總統駐上院代表雅科夫列夫（Яковлев）呼籲上院改變決定，而上院憲法和法律委員會主席認爲，上院已兩次作出決定，對總統的違憲行爲作出了反映，今後不再討論這件事。雙方陷入了僵局。後來，還是卡贊尼克本人出來打破了這一僵局。他在講話中雖然抨擊總統班子不執行憲法，但爲了避免雙方對抗，他再次宣布辭職。這樣對立才被化解。

(2)國家杜馬一再批評政府和總統的經濟政策。一九九四年七月十三日，國家杜馬否決了俄政府提出的私有化綱領第二階段的計劃；七月二十一日，國家杜馬在對這一計劃進行修改後，再次表決，結果遭到第二次否決。一九九四年十月二十七日，國家杜馬借盧布匯率暴跌之機，再次對政府進行了猛烈的抨擊，雖然杜馬未通過對政府的不信任案，但即使那些反對讓政府下台的議員也認爲，由於政府的方針失誤，俄的工業正被外國公司擠垮；連亞夫林斯基也說，俄的經濟危機表明，葉利欽的任務已經完成，作爲一名改革者的潛力和影響已經發揮完了。葉利欽也被迫承認，政府的方案「有缺點和差錯」。

一九九五年七月二十一日，國家杜馬在討論政府總理的報告時通過決議，認爲俄政府在實行《一九九五～一九九七年改革及發展俄羅斯經濟計劃》時没能完成上半年的工作，由此認定政府的上半年工作「並不令人滿意」，並責令政府討論國家杜馬的意見和建議，在一個月内通報議會；國家杜馬還請俄總統審查俄政府個別領導人的個人職責問題，因爲他們未能完成總統聯邦會議的國情諮文中提出的任務；十月二十八日，俄國家杜馬通過決議，認爲「政府政策不符合人民意願」。

(3)俄議會强烈抨擊葉利欽總統和俄政府的車臣行動及其在布瓊諾夫斯克人質事件中的表現。

(4)一九九四年十二月，俄議會兩院在其會議上都一致譴責總統和政府對車臣動武。十二月八日，上院發表聲明，指責聯邦政府權力機關旨在使用武力解決車臣衝突，挑起武裝對立的尖銳化，並導致大規模傷亡。十二月十三日，國家杜馬召開非常會議討論車臣局勢，總統和政府的作爲受到譴責，連一向支持葉利欽

政權的以蓋達爾爲首的俄羅斯民主選擇議員團，也公開表示反對葉利欽的方針。國家杜馬以二百八十九票的多數通過決議，認定「聯邦國家權力機關在政治調解車臣共和國具有爆炸性危險的局勢中的工作不能令人滿意」。

一九九五年六月二十一日，國家杜馬以布瓊諾夫斯克人質事件爲由，提出了對政府的不信任案，而且第一次以二百四十一票的多數通過了這一提案。稍後，在一九九五年七月，國家杜馬一百七十位議員還試圖發起對葉利欽總統的彈劾。雖然這兩起針對總統和政府的彈劾和不信任案沒有發生效力，但它卻表明了議會與總統和政府的對立，並迫使總統對政府作了重大調整，撤換了幾名重要的部長和一名副總理。

除這些重大的衝突外，議會與總統之間的對立還大量表現爲日常的相互關係上。在一九九四年一年中，國家杜馬通過的法律和決議，有三分之一被葉利欽否決。其中只有少數又被議會再否決而得到通過，例如一九九四年十一月，國家杜馬曾以三分之二的壓倒多數重新通過了被葉利欽否決的《聯邦預算審議和通過法》，但大多數法律文件被葉利欽否決後，因難以得到三分之二的多數而被擱置。這一傾向意味著，葉利欽政權以總統令來削弱議會的作用，加強國家的行政權力管理體制。

在議會行使權力過程中，議會兩院既有合作，也有衝突。按照俄憲法，國家杜馬在立法的審議和通過上握有主導權，但上院對國家杜馬的活動起制約作用，有許多法律不經上院同意就不能提交總統簽署，國家杜馬必須以三分之二多數方可對上院的不通過進行否決。而且，上院和下院的組成人員、工作性質也有所不同，雙方在一些問題上發生衝突也是難免的。

上院議長舒梅科一九九四年六月曾指出，「聯邦委員會不能以非常設的形式工作。如果一個人既在區域內掌握著政權，同時又是上院議員，那麼他是很難在兩把交椅上都坐得住的。我們看到，這些人是怎樣手忙腳亂的，成天打電話被自己的地方事務搞得頭疼，卻又要捲入他們認爲毫無結果的辯論中去。結果整個國家的事務都被搞糟了。我認爲，是到了該對憲法和聯邦選舉法進行修改的時候了。一個人不可能同時既是州長，又是議員。況且我相信，一旦把修正案列入聯邦法律，代表們就會堅決主張將來進入聯邦委員會的人不是通過任命，而是通過選舉産生的」❸。

　　在一九九三年憲法中，關於聯邦委員會的條款是最不成功的，以至於上院議長在這一機構剛誕生一百天就忙著要對它進行修改。這也難怪，因爲聯邦委員會的設想是在總統與議會鬥爭的高潮時期産生的，其主要目的之一就在於透過拉攏地方官員來與當時的議會作鬥爭並制約議會。

　　一九九三年八月十三日，葉利欽總統主持的俄羅斯聯邦各共和國元首理事會會議通過了設立聯邦委員會的決定，這一決定建議由俄羅斯聯邦總統主持由各聯邦主體代表權力機關和執行權力機關領導人組成的俄聯邦委員會的工作，並將其作爲討論經濟政策、國家建設和聯邦建設等問題的協商機構。之後，關於聯邦委員會的性質、作用、地位引起了較大的爭議。一些人認爲，這一機構應當是磋商諮議機關，不是立法機關；而葉利欽等則力主使它成爲完全合法的政權機關；一些人主張，它的成員應當由選舉産生，而不是使各聯邦主體的代表和執行權力機關的代表自動成爲它的成員。還有人指出，設立聯邦委員會將會使聯邦制變得鬆散，可能産生地區政權機關直接行使中央國家權力，這會使地方

政權與中央政權互相對立，而屆時撤銷這一機構會比成立它更困難。

但到八月二十三日，總統辦公廳主任主持的俄聯邦各主體和部分地區領導人參加的會議上，再次重申了建立聯邦委員會的必要性，確定建立這一機構有三大目標：

⑴協調聯邦國家機構與地方政權機構之間的活動。

⑵制定統一措施，推行憲法改革，解決聯邦政治、社會經濟發展中的其它重大問題。

⑶促進保障俄羅斯聯邦的安全和領土完整，保障社會政治穩定和國家權力的統一，並提高其在解決政治、經濟問題過程中的效率。

但對付當時的議會才是其最主要的任務。葉利欽的意圖很清楚，就是準備繞過議會，利用制憲會議或聯邦委員會會議的形式替代議會，解決總統—議會的權力之爭問題。後來的局勢發生了較大的變化，但對設立聯邦委員會的構想並未作大的修改。

但按照憲法的規定，聯邦委員會體制的運轉很困難，這正如舒梅科所述。那麼，怎樣對它進行修改？這也成爲議會兩院產生矛盾的一個問題。舒梅科首先提出要延長議員任期來緩解矛盾。因一九九三年憲法規定，第一屆議會任期只有兩年，到一九九五年十二月將進行新的大選。但遭到下院多數議員的反對。一九九五年六至七月，議會兩院在如何產生上院議員及工作方式上再次產生矛盾。兩院的爭議是圍繞《聯邦委員會組成法》進行的。上院對下院通過的這一法律中的「組成」概念提出質詢。下院認爲，上院議員應照憲法規定的，由各聯邦主體的代表機關和執行機關各提出自己的候選人，由選民進行投票；而上院的一些人認

爲，應由地區代表和執行權力機關的領導人，按職務自動當選；另一些人認爲，上院議員應由選民按照普遍平等和直接選舉的原則產生；另一個分歧是，國家杜馬通過的法律認爲，每一聯邦主體在上院的兩名議員中，應當只有一人可以在上院長期工作；而上院主席舒梅科認爲，這一條不符合憲法原則。

最後，議會兩院根據憲法的規定，對這一法律進行了協商，達成了一致的意見。一九九六年，聯邦上院的代表由各聯邦主體的選民直接選舉產生。

第四節　俄羅斯的司法制度

㈠沙俄時期的司法制度

從十六世紀開始，在沙俄專制君主等級制度的形成過程中，俄羅斯的法律制度在逐步建立。一四九七年，沙俄頒布過「律書」，一五五○年又有「律書」問世，一六四九年產生了「會典」這一重要法律文件；最重要的法律是一八三三年形成的《俄羅斯帝國法律全書》❹。

沙俄司法和法律制度的思想淵源是「羅斯真理」，它形成於十一世紀，先後有過「羅斯真理」、「雅羅斯拉夫真理」、「雅羅斯拉維奇真理」等版本。後來在十二至十五世紀期間，歷代沙俄統治者又根據其需要，不斷增加或修改「羅斯真理」的內容，使其反映當時的社會制度、各階級的法律地位、國家結構、刑事和民事的司法制度等的變化。

在「羅斯真理」基礎上形成和發展起來的沙俄重要法律文

獻，其基本特點就是用嚴厲的懲罰手段，保護沙俄統治者的利益。例如在一六四九年沙皇阿列克賽·米海伊洛維奇主持頒布的「會典」共二十五章九百六十七條，內容包括了國家管理、訴訟、物權、刑法等方面，其中特別規定，對觸犯沙皇和教會者處以極刑，對侵犯沙俄貴族的人也要進行嚴厲制裁。

一八三三年的《俄羅斯帝國法律全書》是沙俄歷史上最重要的法律文獻。它是由沙皇尼古拉一世在一八二六年下令開始其編纂工作的，歷時七年得以完成，一八三五年在沙俄帝國正式生效。

這部法律全書共十五卷四萬二千條。其主要內容主要有：

⑴等級制，將居民分爲不同等級，各等級享受的法律的權利與義務不同。如從十八世紀起，沙俄的臣民分爲世襲貴族和終身貴族、黑色教士和白色教士，市民、農民等幾個層次，這種等級制在法律全書中得到確認。貴族和教士爲特權等級，他們享有不受體刑、免服兵役和免納人頭稅等特權；市民屬於納稅等級，但其中的「上層市民」即富有的資産者也享有「名譽公民」稱號，可擁有與貴族一樣的特權；農民則屬最下層。

⑵在民法和刑法方面，沙俄的法律具有明顯的封建制的特點。在民法方面，强調保護封建貴族和上層公民的私有權、占有權。但到十七至十八世紀，又引進了一些西歐資産階級的法律，例如，隨著經濟的發展和經濟案件增多，沙俄法律全書中對經濟契約、定金、違約金、抵押、保證以及股份公司須向政府主管機關登記等作了明確規定，對婚姻、家庭與繼承關係也按照西歐國家的條文對「羅斯真理」中的一些規定進行了較大的修改，例如在夫妻財産方面，明確規定了女方的財産權。在刑法方面，沙俄

的法律強調懲罰、鎮壓，對罪犯往往施加嚴酷的刑罰，例如死刑種類達三十五種，其中有斬首、絞刑、溺刑、焚刑、活埋、肢解、車裂等。在一八四四年，沙俄又頒布了《刑罰和感化法典》，規定了一些新的原則，其特點有：同罪不同刑，處刑輕重按犯者的社會地位決定，上層人士不受體刑；把刑罰分為十五個等級，從死刑到訓誡的各種方式都有，其中有些屬於感化性的處罰，按照刑罰輕重，又分為主刑、附加刑和代替刑，後者如沒收財產、在教會懺悔等；此外，還有區別於刑罰的特別處分和例外處分，如革職、降職、扣除薪俸、剝奪繼承權、剝奪基督教的葬儀等。這些雖不如過去的刑罰殘酷，但總括來說還是比西歐國家的刑罰要嚴厲得多。

(3)在法院組織與訴訟方面。古羅斯時期，地方行政長官如市長、鄉長同時也是司法官員，當事人沒有被告原告之分，都稱為原告，作為司法證據的主要有供詞、見證或目擊者、神明裁判、抽簽和發誓。十六世紀時，形成了比較系統的法院組織，設立了國家法院，世襲領地法院、教會法院。行使司法大權的中央司法機關還有沙皇、杜馬、政府各部。沙皇有權審判那些享有特權的上層分子。十八世紀時，葉卡特琳娜為貴族設立了初級地方法院和高級地方法院，為市民設立了市公署、郡公署，為農民設立了初級裁判所和高級裁判所，在每個郡都設有「感化法院」，在最高一級，設有元老院作為最高司法機關，並設立檢察機關。

在訴訟方面，從十八世紀起，把訴訟程序分為偵查和審判兩個程序。一七二三年頒布的訴訟條例規定了審判過程中的四項原則，即：實行口頭庭辯、原告和受害人在申訴時必須指明有待被告答覆的控訴要點、擴大代理人的範圍、規定雙方當事人出庭的

日期等。

　　沙俄帝國的法律全書到一九一七年被布爾什維克政權廢止，在此之前一直起著重要作用。

(二)蘇俄時期的司法制度

　　一九一七年十一月，蘇俄政權成立後採取的最初步驟，就是徹底摧毀沙俄時代的一切法律制度。布爾什維克政權在關於法院的第一號法令中宣布：撤銷舊的全部審判機關，代之以根據民主選舉而成立的新法院；停止初級審判官的活動，代之以常設的地方審判員，由直接民主選舉產生的常設地方審判員一人和輪值陪審員兩人組成的地方初級法院代替過去的初級審判官制度；廢除舊的法院偵查、檢察和律師制度，刑事案件的偵查由地方審判員擔任，在偵查和庭審階段允許辯護，凡享有公民權利的一切品行端正的公民都可以擔任辯護人。

　　一九一八年二月，蘇俄政權又頒布了關於法院的第二號命令，對新的審判機關體系作了規定，除已設立的地方法院和革命法庭外，還新設立了州人民法院、省人民法院和最高審判監察處；該法令還確認了蘇俄的訴訟制度，對公開辯論、被告的辯護權、庭辯中使用本地語言等原則作了規定。

　　一九一八年七月的第三號關於法院的法令，標誌著蘇俄審判機關體系的初步形成。以後，經過一九二四年、一九三六年和一九七七年蘇聯憲法的修改和變動，蘇俄形成了不同於西方社會的司法審判和護法制度。在一九七七年通過的蘇聯憲法中對這一制度的基本規定如下：

　　(1)蘇聯各級法院均由審判員和人民陪審員組成，它主要由各

級蘇維埃選舉產生。

(2)蘇聯的法院體系是：基層（市、區）法院—州、邊疆區法院—加盟共和國最高法院—蘇聯最高法院。蘇聯最高法院是蘇聯最高審判機關，在法律規定的範圍內，監督蘇聯各級法院及加盟共和國各級法院的審判工作。蘇聯最高法院由院長一人、副院長若干人、委員若干人或人民陪審員若干人組成，其中包括蘇聯各加盟共和國最高法院院長。

基層法院的人民陪審員由居民點公民會議上以公開投票方式產生。其餘各級法官和人民陪審員均由各級蘇維埃選舉任命。只有軍事法庭審判員由蘇聯最高蘇維埃主席團任命。

(3)審判員和人民陪審員獨立，只服從法律。憲法規定保障審判員和人民陪審員為順利、有效實現其權利和義務所必需的條件，任何干涉審判員和人民陪審員審判活動的行為都不允許；他們的人身不可侵犯。

(4)蘇聯經濟爭執案件的審理由蘇聯最高仲裁法院和各加盟共和國設立的專門法律機關進行，不受任何機關、團體和公職人員的干涉。

(5)檢察系統獨立於法院體系。蘇聯的檢察機關與法院平行，它由地方基層—州（邊疆區）—加盟共和國—蘇聯最高檢察機關組成。

蘇聯總檢察長、各加盟共和國檢察長及其隸屬的檢察員對政府各部、其他國家管理機關企業、機構、團體、地方人民代表蘇維埃及其執行和發布命令的機關、政黨、社會團體和群眾運動、公職人員、公民準確一致地執行蘇聯法律實施監督。

蘇聯總檢察長由蘇聯最高蘇維埃選舉產生，並向其報告工

作。他在全蘇檢察系統中具有絕對權威，各加盟共和國的檢察長由同級蘇維埃選舉，但必須服從蘇聯總檢察長，總檢察長還可直接任命地方各級檢察機關的長官。

(6)蘇聯憲法的監督權由蘇聯最高蘇維埃及其主席團行使。在一九九○年的政治改革中，在蘇聯人民代表大會上選舉產生憲法監督委員會，具有某種憲法法院的性質。

但在蘇俄七十多年的歷史上，曾經出現過大規模和嚴重地破壞踐踏法律制度的現象。蘇俄政權的主要護法機關和國家安全機關曾被賦予極大的權力，並不受司法機關的監督。一九一八年八月列寧遇刺受傷後，當時的全俄肅反委員會（即契卡）對布爾什維克政權的敵人實行了「紅色恐怖」。此後，契卡演變爲內務部的國家政治保安總局、蘇聯人民委員會（政府）的國家政治保安總局和蘇聯國家安全部，一九五四年改組爲蘇聯部長會議國家安全委員會（即克格勃）。這一機構在維護布爾什維克政權方面起了重要作用，但也成爲破壞蘇聯法律司法制度的主要工具。

在三○年代，蘇聯曾展開了大規模的「肅反」運動，不但反布爾什維克政權的人遭壓，而且成爲黨內自相殘殺的血腥運動，先後進行了多次大審訊，把布爾什維克黨、政、軍的一大批領導人送上了斷頭台，其中包括季諾維也夫、加米涅夫、布哈林、李可夫等人，還包括圖哈切夫斯基元帥、布留赫爾元帥、葉戈羅夫元帥等。數以百萬計的公民受牽連，被流放到西伯利亞的集中營，許多人死於非命。這種殘酷鎮壓異端的行徑甚至比當時的沙皇政權還厲害。當年列寧、斯大林等反沙皇政權的重要領袖人物也曾被沙皇政權逮捕，但也只不過流放西伯利亞，而三○年代卻有數十萬人死在這一大恐佈年代。這使蘇俄的司法制度、民主制

度等遭到嚴重破壞。正是這些不可挽回的巨大災難，成爲九〇年代蘇聯的政治制度崩潰的重要原因之一。

(三)九〇年代初期俄羅斯的司法制度

一九九一年底蘇俄解體、俄羅斯獨立後，俄羅斯的葉利欽政權對前蘇俄的司法制度和司法實踐進行了抨擊，認爲前蘇俄社會是極權主義社會，它造成的弊端之一就是法律的虛無主義，即名義上有完整的法律制度，但實際上在黨治制的原則之下，司法完全從屬於執政黨的政治需要。俄羅斯社會在政治變革時期的一個主要任務，就是要建立法律至上的民主法治社會。

但在一九九二～一九九三年間，由於缺少有絕對權威的憲法依據，由於總統與議會爭權，俄羅斯的司法制度也陷入一片混亂之中，作爲法治工具建立起來的俄聯邦憲法法院、俄羅斯聯邦最高檢察機關也成爲政治鬥爭的工具，或者不得不捲入政治鬥爭的漩渦。

一九九三年三月二十一日，葉利欽發表了實行總統特別治理的總統令和「告人民書」。當晚，俄憲法法院院長佐里金就宣布，憲法法院主動審理了葉利欽總統的行爲是否違憲的問題，認爲「俄羅斯總統實際上已經勾銷了憲法制度的最重要原則」，「總統已超越了憲法，他應該回到憲法上來」，憲法法院還將討論總統以及有關官員的憲法責任。俄羅斯總檢察長斯捷潘科夫也表示，俄檢察機關追究參與起草「告人民書」的負責人員的責任問題，實際上也站到了議會一邊，爲此，議會決定擴大俄羅斯聯邦總檢察長對政府的正式法律性決定是否符合俄羅斯聯邦法律的監督權限。

一九九三年四月，俄羅斯最高蘇維埃又責成俄聯邦檢察院成立調查公職人員貪污材料專門委員會，這使總檢察長斯捷潘科夫更堅決地站到了議會一邊。他指令六位檢察官組成專門小組，對親議會的副總統魯茨科伊提供的針對葉利欽身邊的人員進行貪污的材料進行調查，並得出了有利於議會的結論。一九九三年六月，由俄聯邦副總檢察長馬卡羅夫（Макаров）領導的這一特別小組向俄議會提交了一份報告，議會根據這一報告通過決議，對葉利欽的得力助手、政府第一副總理舒梅科和聯邦新聞中心主任波爾托拉寧表示不信任。而舒梅科則指責馬卡羅夫誣陷他，並表示要向法院起訴馬卡羅夫等人。一九九三年七月，總檢察長斯捷潘科夫（Сдепанков）又親自向議會提出了「同意對前人民代表舒梅科提出刑事起訴」的請求，指責舒梅科充當俄羅斯公司與瑞士—公司的「國家中介人」，使國家利益蒙受損失，爲此犯有「瀆職罪」，總檢察長還下令搜查波爾托拉寧的辦公室。九月，俄總檢察院又把矛頭對準了葉利欽的親信格拉齊夫國防部長領導的軍隊，調查西部集團軍群高級指揮員盜竊和受賄事件。

　　在一九九三年十月事件中，憲法法院—院長佐爾金和總檢察長斯捷潘科夫均再次站在議會一邊。在葉利欽炮打議會之後，俄憲法法院和俄總檢察機關的作用都一度下降。

　　但俄羅斯的司法系統此後仍力圖獨立地發揮其作用。一九九三年十一月三十日，俄政府第一副總理舒梅科要求議會選舉委員會禁止俄共參加議會大選，理由是俄共反對憲法草案。這一案件被送到俄羅斯新聞仲裁法庭裁決。新聞仲裁法庭認爲，舒梅科的請求「不符合競選宣傳法規」，確認代表候選人有權決定自己競選講話的內容，其中也包括對聯邦憲法草案發表批評性意見。

一九九三年十二月確定的俄羅斯憲法對俄羅斯的司法制度作出了明確規定。俄羅斯憲法規定：

(1)俄羅斯聯邦境內的司法審判權只能由法院行使；司法權透過憲法、民事、行政和刑事訴訟程序實施。

(2)俄羅斯聯邦的司法體系由俄羅斯聯邦憲法和憲法性法律確定，不允許建立特別法庭。

(3)擔任法官的資格，是年滿二十五歲，受過高等法律教育，並具有五年以上司法職業工作經歷的俄羅斯公民；法官是終身制，法官權力的中止或暫停必須遵循聯邦法律規定的程序和原則；法官人身不可侵犯，除非根據聯邦法律的程序，否則不能追究法官的刑事責任。

(4)法官獨立並只服從俄羅斯聯邦憲法和聯邦法律；法庭在審理案件時判明國家機關或其他機關的活動不符合法律，可根據法律作出判決；法院的經費只能來自聯邦預算並應能保障按照聯邦法律充分而獨立地進行審判。

(5)所有法庭對案件的審理都是公開的，在法律規定的情況下允許旁聽非公開審理的案件；除規定的情況外，法庭不能對刑事案件缺席審理；訴訟程序在辯論和當事人平等的基礎上進行；由陪審員參加訴訟程序。

(6)俄羅斯聯邦憲法法院由十九名法官組成。它根據總統、聯邦委員會、國家杜馬或議會上下院五分之一的代表、聯邦政府、聯邦最高法院、聯邦最高仲裁法院、聯邦主體的立法和執行機關的請求，裁決下列文件是否符合聯邦憲法的案件。這些文件包括：聯邦法律、聯邦總統、上院、下院、政府的法規；聯邦主體（共和國、州等）的憲法或章程，涉及聯邦權力機關管轄或由聯

邦中央與聯邦主體共同管轄的問題的法律或法規；聯邦中央與聯邦主體間的條約，聯邦主體之間的條約；尚未生效的俄聯邦國際條約。

憲法法院有權解決聯邦權力機關之間的、聯邦中央與聯邦主體之間的、聯邦主體之間的職權範圍內的各種爭端。

憲法法院可根據違反公民憲法權利與自由的申訴或法院的要求，按照法律規定的程序檢查在具體案件中採用的或將採用的法律是否符合憲法。

憲法法院可根據俄羅斯聯邦總統、聯邦委員會、國家杜馬、聯邦政府和聯邦主體立法權力機關的要求對聯邦憲法作出解釋。

憲法法院根據聯邦委員會的要求作出關於對俄羅斯聯邦總統提出的犯有叛國罪或其他嚴重罪行的指控是否遵守規定的程序的裁定。

(7)聯邦最高法院是民事、刑事、行政以及其他案件的最高司法機關，是擁有一般司法權的裁決法院，按聯邦法律規定的訴訟形式對法院的活動實行司法監督並對審判實踐問題作出解釋。

(8)俄羅斯聯邦憲法法院、俄羅斯聯邦最高法院和俄羅斯聯邦最高仲裁法院的法官由聯邦委員會根據俄羅斯聯邦總統的提名任命；其他聯邦法院的法官由俄羅斯聯邦總統直接根據聯邦法律所規定的程序任命。

(9)俄羅斯聯邦檢察院組成統一的集中系統，下級檢察長服從上級檢察長和俄羅斯聯邦總檢察長；俄總檢察長由聯邦委員會根據俄羅斯聯邦總統的提名任免；俄羅斯聯邦主體的檢察長由俄羅斯總檢察長任命並徵得俄羅斯聯邦主體的同意，其餘的檢察長由俄聯邦總檢察長任命。

與蘇俄時期的司法制度相比，俄羅斯一九九三年憲法規定的司法制度在一些方面是與過去相似的，例如審判體系由最高法院作爲一般的民事、刑事審判機關，最高仲裁法院作爲專門的經濟案件審判機關，檢察系統獨立於審判機關，仍實行高度統一集中的領導體制和任命制。但兩者的不同點也是極爲突出的，這表現在以下方面：

　　(1)特別強調司法體系的獨立性。過去蘇俄時期的司法體系原則上也要獨立工作，但實際上在共產黨領導一切的制度下，不可能嚴格地實行這一原則。例如，黨政官員的行爲不大受法律的約束，反而可向司法官員發出各種指令，黨的意識形態、黨的指令、政策、領導人的講話都嚴重地干預和影響司法機關的獨立性，司法體系中也沒有共產黨的組織。法院一度成爲「無產階級的法院」和「鎮壓階級敵人的機關」，成爲政治鬥爭的工具，一些公認的法律原則如「無罪推定」被認爲是資產階級的陳腐原則而受到批判。黨和國家的最高領導階層往往最終決定一些重大案件的審判結果，甚至親自批准執行死刑或作出死刑判決。司法體系政治化、意識形態化嚴重干擾了蘇俄的司法獨立性，是造成蘇俄時期大批冤假錯案的重要根源。

　　俄羅斯在一九九二年獨立之後，葉利欽總統頒布了國家機關、包括司法機關的非黨化的命令，任何政黨、政治運動均不得在司法體系中設立其組織；一九九三年的憲法又特別強調司法的獨立性，並在憲法中明文規定了法官的終身制、法官人身不可侵犯、法官只服從憲法和法律、聯邦預算爲法院獨立工作提供保障等條件，使司法獨立具體化。

　　從一九九二～一九九四年的司法實踐來看，俄羅斯的司法獨

立原則開始得到實現。例如，在蘇俄時期司法審判一般都奉上級黨政機關的命令行事，很少有司法判決與蘇共黨政領導機關不一致的現象，更別說相矛盾的現象。而在俄羅斯的司法活動中，這種現象已成爲正常現象。例如，一九九三年法院不顧葉利欽總統的意旨，裁決葉利欽禁止俄共活動的命令部分合法，部分不合法，從而爲俄共恢復活動提供了司法條件；一九九三年十二月大選中，法院又駁回了俄政府第一副總理舒梅科關於禁止俄共參加選舉的請求。

(2)特別突出憲法法院的作用。在一九九三年俄聯邦憲法關於司法權的規定中，有關憲法法院的條文所占的篇幅最多，規定也最詳細，這也是過去的蘇俄司法制度所沒有的。它表現了三權分立的原則。過去的憲法監督、裁判權在蘇俄的議會中，議會是至高無上的，本身不受任何機關的監督、制約。但在一九九三年憲法中，專門規定成立獨立於議會的憲法法院，並賦予憲法法院以有權裁決議會、總統、總理的法律、法令、命令無效的權力，並負有解決權力機關之間的權力糾紛、調節聯邦中央與聯邦主體關係的重要使命，也是制約俄羅斯總統濫用權力的重要一環。

在實踐中，俄憲法法院也發揮著緩和權力機關權力衝突的作用。最明顯的一個例子是，俄羅斯議會與俄羅斯總統在車臣問題上存在較大的分歧。一九九五年七月十日，憲法法院開始受理議會兩院議員提出的關於在車臣採取軍事行動的總統令和政府決定是否符合俄羅斯憲法的問題。俄議會兩院一部分議員在憲法質詢中對俄羅斯總統令、政府解除車臣非法武裝等決定是否符合憲法提出異議，他們認爲，只有在宣布緊急狀態法的基礎上才有權使用軍隊來解決國內問題，但運用該法，須通知議會兩院，而總統

和政府在作出決定時均未告知議會，顯然違反憲法，而總統和政府方面則向憲法法院陳述說，總統有權根據憲法採取措施來保障國家的領土完整，而且當時車臣的法制基礎已完全被破壞，只是在嘗試透過談判來實現政治解決失敗之後才使用了軍隊，其命令和決定有憲法依據。憲法法院在審理這一糾紛中，慎重地考慮了雙方的意見，最後於七月三十一日裁定，總統和政府對車臣使用武力是合法行動，憲法法院還建議議會就軍隊今後使用武力通過新的法律，對此作出更明確的規定。

(3)俄羅斯總統對司法制度的影響力大於議會。過去，蘇俄的司法制度在形式上受蘇維埃控制，其法官、檢察長均由蘇維埃任免，要向蘇維埃報告工作。一九九三年的俄羅斯憲法改變了這一制度。俄羅斯總統由於具有法官和檢察長的提名權而具有很大的選擇餘地，議會上院只能根據總統的提名任免，其權力大大受限制，而議會下院則在此問題上沒有權力。

第6章
俄羅斯聯邦體制

第一節　從蘇俄的聯盟制到俄羅斯的聯邦制

㈠蘇俄聯盟制的演變及其解體

聯盟制或聯邦制的實質是國家結構問題，即一個國家政權對待國內各民族和中央與地方關係的問題。俄羅斯的聯邦制的形成與帝俄時期，尤其是與蘇俄時期俄羅斯的民族問題緊密聯繫的。不了解蘇俄的聯盟制，也難以理解俄羅斯的聯邦制。

在帝俄時期，俄羅斯帝國的版圖內生活著一百多個民族，疆域橫跨歐亞大陸，民族關係極爲複雜。雖然這些民族隨著歷史的

推移，在政治、經濟、文化和意識形態上形成了較緊密的聯繫，但總括來說，民族矛盾、民族衝突的因素強於各民族共同生活的向心力因素。這是因爲：

第一，沙俄帝國形成的歷史不長。沙俄的大規模擴張主要是從十六至十七世紀開始的。到二十世紀初，許多民族和地區被沙俄吞併的時間也不過二至三百年，各民族的共同生活形成的共同的國家認同心理還較弱。

第二，在沙俄兼併過程中，沙俄的野蠻的征服方式對許多民族造成了刻骨的民族仇恨，這種仇恨並不由於沙俄帝國的瓦解而消除。

第三，在沙俄統治時期，沙俄推行大俄羅斯主義，推行對其他民族的民族歧視政策，力圖抹煞一些弱小民族的語言、文化、心理和生活特徵，對民族地區實行殖民地式的掠奪與剝削，使非俄羅斯地區成爲沙俄原料的供應地和商品推銷市場。在政治上，沙俄的封建專制是高度集中統一的制度，俄羅斯人占據著國家的一切權力，絲毫談不上民族自治；這使一些有比俄羅斯民族更高文化的民族，如波羅的海沿岸民族和烏克蘭人、摩爾多瓦人對大俄羅斯主義有強烈的反抗情緒。

第四，沙俄帝國中的各民族，在社會發展水準、人種、文化、語言、宗教、習俗等方面，本來就存在巨大的差異，這些差異即使沒有大俄羅斯主義作祟也難以使帝國長期維持，而在大俄羅斯主義的民族壓迫下，這些差異就很容易發展爲民族隔閡，甚至成爲民族仇恨的根源。

在帝俄時期，沙皇政權是靠殘酷的鎮壓把這些民族綁在一起的。正如列寧指出的，沙俄帝國是各民族人民的一座「大監

獄」，服從也好，反抗也好，都只能在這個監獄中生活。

　　一九一七年的革命推翻了沙俄這座監獄，一些民族借沙俄帝國崩潰之機，利用當時的蘇俄政權四面被包圍的困境，為自己掙得了民族自由：芬蘭、波羅的海沿岸三國、波蘭等地先後成為民族獨立的主權國家。

　　正是沙俄帝國的崩潰，使蘇俄政權在一開始就放棄了原來單一的中央集權制形式而採取了聯邦—聯盟制的形式。蘇俄的領袖列寧在一九一三年時曾明確指出，「我們無條件地擁護民主集中制，我們反對聯邦制。……我們在原則上反對聯邦制，因為它削弱經濟聯繫，它對於一個國家來說是一種不合適的型式」❹❺，但到一九一七年十月革命後，列寧放棄了這種觀點，認為「俄羅斯共和國是建立在自由民族的自由聯盟基礎上的各蘇維埃民族共和國聯邦」❹❻。列寧為什麼會有這種轉變？這是因為：⑴沙俄帝國的崩潰，使俄羅斯許多民族實際上完全分離和隔絕，⑵各民族在經濟發展水準上的確存在較大的差異；⑶沙俄的民族壓迫政策和其他非俄羅斯民族對統一的中央集權制持有抵制情緒。如果一味堅持單一制，就會激化民族矛盾，而且在一九一七～一九一八年間也根本做不到。

　　因此，一九一七年十一月蘇俄政府發表了《俄國各族人民權利宣言》，宣布將用各族人民真誠自願的聯盟政策代替沙俄的民族壓迫政策；蘇俄政府宣布實行的聯盟—聯邦制包括四個原則：⑴各民族平等和獨立自主；⑵各民族人民有自由自決乃至分立並組織獨立國家之權利；⑶廢除任何民族和宗教的一切特權和限制；⑷在俄羅斯領土上的各少數民族可以自由發展。

　　一九一八年，蘇俄將其國名正式定為「俄羅斯蘇維埃聯邦社

會主義共和國」。但實際上，這一時期的蘇俄聯邦只是一個形式，直到一九二二年蘇聯成立時才形成了國家結構形式。一九二二年十二月，俄羅斯聯邦、烏克蘭、白俄羅斯和南高加索聯邦（包括格魯吉亞、阿塞拜疆和亞美尼亞三國）簽訂了「聯盟條約」，宣布成立「蘇維埃社會主義共和國聯盟」；此後，又不斷有共和國加入：一九二四年十月，烏茲別克和土庫曼加入；一九二九年十二月，塔吉克成為第七個加盟共和國；一九三六年十二月，南高加索聯邦分為三個共和國即亞美尼亞、阿塞拜疆和格魯吉亞重新加入，使蘇聯的成員國由七個變為九個；同時，俄羅斯聯邦中的哈薩克、吉爾吉斯兩個自治共和國改為加盟共和國，使蘇聯成員國增至十一人；一九四〇年，卡累利阿—芬蘭加入蘇聯，但到一九五六年七月它又下降為俄羅斯聯邦中的一個自治共和國；一九四〇年八月，摩爾達維亞、愛沙尼亞、拉脫維亞、立陶宛分別成為蘇聯的加盟共和國。到一九五六年，蘇聯形成了十五個加盟共和國。

儘管一九二四、一九三六和一九七七年蘇聯憲法都明確規定，每一個加盟共和國都有權自由退出聯盟，但到一九九〇年前，沒有任何一個加盟共和國宣布退出。

從國家結構的形式上看，蘇聯的聯盟制具有以下特徵：

(1)實行統一的政治經濟制度。蘇聯實行統一的國籍，每個加盟共和國的公民都是蘇聯公民；雖然名義上加盟共和國可以制定自己的憲法，但它們實行的政治經濟法律制度都是一致的。

(2)實行多重的行政建制。蘇聯的行政建制一般分為：聯盟—加盟共和國—州—區—村五級，但有些加盟共和國如俄羅斯、烏茲別克等，本身又具有聯邦性質，如在俄羅斯聯邦有近二十個自

治共和國，阿塞拜疆、格魯吉亞、烏茲別克共有四個自治共和國，而摩爾達維亞、亞美尼亞、立陶宛、拉脫維亞、愛沙尼亞等五個加盟共和國設有州一級建制；在行政管理體制方面，蘇聯設全聯盟部委和聯盟兼加盟共和國部委兩種；自治共和國雖然歸所在的加盟共和國管轄，但它們都可單獨選舉十一名代表進入蘇維埃中的民族院；自治州、自治專區也有同樣的特殊地位。

(3)在權限劃分方面，聯盟中央政權擁有廣泛的職權。根據一九七七年蘇聯憲法，聯盟的權力有接受新的加盟共和國，批准成立新的自治共和國和自治州；確定蘇聯國界，批准加盟共和國疆界變更，制定全聯盟應遵守的憲法和法律，統一領導聯盟的經濟、外交、軍事、外貿等，監督和保證各加盟共和國的憲法符合蘇聯憲法，有權廢止或撤銷加盟共和國政權機關的法律或命令、決議；加盟共和國職權較小，沒有獨立的主權和外交權，只在自己共和國的領土內擁有解決區域性事務的權力，可規定自己的行政區劃。

但從實際情況看，聯盟制未能得到很好的實現。這主要是由於：

(1)過度集中的聯盟政權使聯盟制關於加盟共和國的權力失去了實際含意。

(2)在黨治制下，蘇共的地方組織控制著各加盟共和國，而在蘇共的組織結構中，地方組織必須無條件服從中央的命令，它們連形式上的自治權也沒有，所以，垂直的、自上而下的蘇共組織網絡也使聯盟制度變質。

(3)使民主集中制與聯盟制相對立。在實際上，民主集中制的原則高於聯盟制的原則，而在民主集中制上，集中制又壓倒了民

主制。

因此，在這三個因素的影響下，蘇聯的聯盟制與一般的單一中央集權制國家並無兩樣，甚至比許多中央集權制的單一國家更集權化。再加上在蘇聯七十年的歷史中，蘇共領導犯有許多人為和主觀的錯誤，這使蘇聯地方與中央、大民族主義和民族分離主義的矛盾不斷積累。在政治高壓年代，這種矛盾得不到解決，越積越多，終於在八〇年代中後期的「改革時期」像火山一樣爆發，造成聯盟中央政權不可收拾和控制的局面。

縱觀蘇俄聯盟制七十年的歷史，大體上可以從中找出以下比較突出和重大的問題：

(1)聯盟制的基礎不牢靠。在蘇聯的十五個加盟共和國中，有許多民族並不是真正或心甘情願地加入的。蘇聯成立於一九二二年，一開始在外高加索以什麼樣的方式加入聯盟上，就存在尖銳的民族矛盾。列寧提出要讓格魯吉亞、亞美尼亞和阿塞拜疆之民族以平等身分加入蘇聯，而斯大林卻提出要讓這三國先加入俄聯邦，然後俄聯邦與烏克蘭、白俄羅斯再結盟。這一方案遭到列寧的尖銳批評；但與斯大林持相同立場的奧爾忠尼啓則甚至粗暴地對待堅持民族主義立場的格魯吉亞的領導人。後來列寧宣布要與斯大林的沙文主義立場進行「決戰」，斯大林等人才有所退步，但仍把外高加索三國作為一個聯邦加入蘇聯，直到一九三六年才同意三國分別以加盟共和國身分重新加入聯盟，但這在三民族心中均積下了不滿和怨恨。

到一九四〇年，蘇聯又強行兼併了波羅的海沿岸三小國，並用軍事手段鎮壓三國的民族主義者。雖然這三小國沒有實力反抗，但對俄羅斯的沙文主義並不認帳，心中一直耿耿於懷。在後

來，正是這三個小國成爲瓦解蘇聯聯盟制的急先鋒。

(2)完全無視少數民族的自治權，聯盟中央任意把自己的錯誤決定强加於地方民族政權，實際上使地方民族當局在中央的高壓下失去了決策權，失去了捍衛本民族自治利益的作用，因而也逐漸爲當地民族不信任，使中央失去了對當地民族民意的控制。

尤其是在涉及民族居住地的行政區劃、民族遷徙權上，蘇聯犯了許多嚴重的不可饒恕的罪過和錯誤。例如，在納戈爾諾—卡拉巴赫地區的歸屬上，聯盟中央就完全違背了尊重當地民族的原則。納—卡州地處亞美尼亞和阿塞拜疆交界處，但80％居民爲亞美尼亞人，18％爲阿塞拜疆人。歷史上曾多次發生衝突。一九二一年，阿塞拜疆曾決定放棄這一地區，將其交給亞美尼亞，但不久，斯大林又作出決定，決定納—卡州仍歸阿塞拜疆，這引起亞美尼亞人的强烈不滿。到一九八八年，亞美尼亞人再次提出將納—卡地區與亞美尼亞共和國合併的要求，由此引發了多年的民族仇殺，直到一九九五年阿—亞兩國仍在爲該地的歸屬爭鬥不休。

又如，在歷史上，蘇俄當局曾多次把許多少數民族强行趕出他們世世代代生活的地區，將其趕往西伯利亞和中亞地區，實行「集體大流放」。尤其是在一九四一～一九四五年的衛國戰爭時期，蘇聯以一些民族「與敵人合作」或「背叛蘇聯」爲名，把他們强行流放。如克里米亞韃靼人從十三世紀起就居住該地區，一七八三年被沙皇兼併。一九二一年克里米亞組成韃靼共和國加入俄聯邦。在衛國戰爭中，克里米亞爲德軍所占，到一九四四年蘇軍解放克里米亞後，就於五月十八日下令所有的韃靼人遷往中亞、烏拉爾和西伯利亞地區，約有二十多萬韃靼人被驅趕出家園，克里米亞韃靼自治共和國也被撤銷。後來，大批俄羅斯人遷

往這一風光秀麗的地區，並占了克里米亞居民的大多數土地。但到一九五四年二月，赫魯曉夫又把克里米亞作爲禮物送給了烏克蘭，成爲烏克蘭的一部分，由此又引起俄羅斯民族的不滿。

定居在高加索地區的巴爾卡爾人一八二七年成爲沙俄臣民；一九二二年，巴爾卡爾人與另一民族卡巴爾達人合建了卡巴爾達—巴爾卡爾自治州，一九三六年又變爲俄聯邦中的自治共和國；一九四三～一九四四年間，該自治共和國被改爲卡巴爾達自治共和國，因爲巴爾卡族已被迫遷往中亞。

伏爾加河西岸的卡爾梅克族在十八世紀爲沙俄兼併，一九二〇年建自治州，一九三五年成爲俄聯邦中的卡爾梅克自治共和國；一九四三～一九四四年間，有約十多萬卡爾梅克族人被強迫遷至西伯利亞和烏拉爾地區，該自治共和國被撤銷。

遭到同樣厄運的還有伏爾加的日耳曼族人。日耳曼人在沙皇葉卡捷琳娜二世統治時大量遷居伏爾加河流域。一九二四年成立了伏爾加日耳曼自治共和國；在衛國戰爭前夕，蘇聯政府下令將日耳曼族三十多萬人趕到中亞和烏拉爾地區，該自治共和國也被撤銷。

據統計，一九四一～一九四四年間，先後有十多個民族達三百多萬人被強行遷移，其中約有百萬人在這一過程中死亡。

在五〇～六〇年代，蘇聯政府曾先後多次爲這些民族平反，允許其遷回家園，同時恢復其自治州或自治共和國的地位：但日耳曼人和克里米亞韃靼人的問題長期未能解決。到八〇年代中後期，這些民族多次呼籲真正實行民族自治，克里米亞韃靼人還先後在中亞和莫斯科集會和示威遊行。

(3)蘇俄聯盟制實施中的一個根本性錯誤是只反對地方民族主

義而不反對大俄羅斯主義，使許多少數民族對俄羅斯族抱有敵視態度，對俄族人占主導的聯盟中央政權不信任。

蘇俄政權表面上也承認民族平等，但實際上推行的是以俄羅斯為中心的民族一體化政策。

在蘇俄的七十年歷史中，俄羅斯民族的確也為其他民族地區的發展、繁榮作出過很大的努力。但在這一過程中，蘇俄當局大力宣揚俄羅斯民族是「偉大的母親」，而其他民族則被稱為「偉大俄羅斯民族的忠實兒子」，使俄羅斯民族在蘇俄的政治、經濟、文化中享有特權。斯大林時代，蘇俄認為民族問題已經解決，各民族存在的基礎也在逐漸消失，剩下的問題是使各民族接近、融合，到赫魯曉夫時期又提出，蘇聯已經形成「新的歷史共同體—蘇聯人民」，而勃烈日涅夫則認為，民族問題已經一勞永逸地解決了。這實際上是要把各民族都融合進俄羅斯民族之中，造成了非俄羅斯民族的生存危機。

在「民族融合」過程中，俄羅斯人大量遷居少數民族地區，改變了一些民族地區的人口結構，例如在拉脫維亞，俄族人占32.8％，本族人只占51％；在哈薩克，俄族人占40.8％，本族人則只占37％。而按憲法規定，本族人口在當地總人口的比例如下降到50％以下，就有可能失去共和國的地位。

在民族文化方面，蘇俄強制推行俄語的使用，從一九三八年起，蘇聯就在許多民族地區實行以俄語教學取代當地民族語言的教育，減少民族語言出版的書籍和小冊子。民族語言是一個民族生存的象徵，俄語的強制推行也遭到許多民族的反對。在白俄羅斯、摩爾達維亞、格魯吉亞和波羅的海沿岸三國，都曾經發生抵制使用俄語，擴大本民族語言使用範圍的運動；同時，蘇俄當局

還對少數民族作家、藝術家進行壓制，對少數民族文化採取虛無主義態度。

在用人政策上，蘇俄重用的是俄羅斯人，或具有大俄羅斯主義傾向的少數民族。在蘇俄歷屆領導人中，也出現了一大批少數民族出生的高級領導者，如斯大林是格魯吉亞人，卻做了黨的總書記和國家最高領導者，曾經顯赫一時的貝利亞、蘇斯洛夫等人也是少數民族，但總括來說，他們具有的大俄羅斯主義甚至比一般的俄羅斯人還嚴重。此外，俄羅斯人控制著黨政軍的各個要害部門，甚至在一些加盟共和國中，其黨政第一把手也長期是俄羅斯人，例如，赫魯曉夫是俄羅斯人，卻長期擔任過烏克蘭的最高領導職務；一九八六年冬，蘇俄當局撤銷了摩納耶夫（哈薩克人）擔任的哈薩克共和國黨中央第一書記職務，由俄羅斯人科爾賓接任，這導致哈薩克阿拉木圖青年學生的民族主義情緒高漲，引發了阿拉木圖事件。

(4)由於高度中央集權，地方共和國缺少解決問題的權力，使民族矛盾與中央和地方的矛盾交織在一起，使聯盟制的問題更加複雜。

在蘇俄的聯盟制中，中央對地方事務具有壟斷權。中央可以不經過共和國政權，決定對共和國產生重大影響的事情，例如，中央政權不經過俄羅斯聯邦同意，就決定把原屬俄羅斯的克里米亞和中亞的一大片土地分別割讓給烏克蘭和哈薩克斯坦；另外，在中央推行的所謂經濟一體化政策中，也不考慮地方的利益，人為地決定各共和國的經濟結構，使一些共和國變成單一的、畸型的原料供應地，讓它們造成經濟損失。例如，蘇聯中央把塔吉克、烏茲別克變成單一的棉花供應產地，而塔吉克共和國本來有

比較發達的園藝業和葡萄種植業，其經濟價值超過棉花種植業的十四至十五倍，但在中央壓力下，塔吉克被迫擴大棉花種植面積，使其經濟長期蒙受損失❹。

而俄羅斯聯邦一方面比其它共和國擁有優越的地位，俄羅斯民族也從大俄羅斯主義政策中得到不少好處，但俄聯邦在聯盟體制中，也和其它共和國一樣，處於無權也位，它在中央壓力下，不得不讓出大片土地給兄弟的共和國，同時，又要每年爲「支援」落後地區而付出大量的人財物力。因此，不僅非俄羅斯地方政權覺得委屈，而且俄羅斯政權也覺得吃虧。久而久之，俄羅斯的民族主義與俄羅斯地方和中央爭權的力量相結合，就對聯盟制形成了巨大威脅。所以，蘇俄的聯盟制一方面受到非俄羅斯民族的民族主義壓力，另一方面也受到俄羅斯民族主義的壓力；前者表現爲反對大俄羅斯主義，後者表現爲與中央爭權。

由於以上的矛盾和問題，到了八〇年代中期，表面上看蘇聯似乎國力強大，但其內部已是危機四伏。戈氏倡導的「公開性」和「改革」，打開了聯盟制中的「潘朵拉之盒」，使長期潛伏的民族問題如火山爆發，此起彼伏，最終把聯盟體制的大廈炸個粉碎。

一九八六年十二月十七日，阿拉本圖的民族騷亂拉開了聯盟制解體的序幕。哈薩克青年因不滿中央任命俄羅斯人爲哈薩克第一把手，上街遊行，高呼「俄羅斯人滾回去」，「哈薩克屬於哈薩克人」等民族主義口號，並與驅趕他們的軍警發生衝突，死二人，傷二百多人。

一九八七年，居住中亞的克里米亞韃靼人在莫斯科組織請願和示威，要求重返克里米亞，重建自治共和國。

一九八八年二月，亞美尼亞人和阿塞拜疆人因納戈爾諾—卡拉巴赫歸屬問題發生衝突，由此開始了多年的戰爭。

一九八九年春天，格魯吉亞的阿布哈茲共和國要求脫離格魯吉亞，升級爲加盟共和國；七月，格魯吉亞人與阿布哈茲人發生械鬥，死十一人，傷一百二十七人。

一九八九年五～六月，在衛國戰爭期間被迫遷往烏茲別克費爾干納的麥斯赫特土耳其人與烏茲別克人發生大規模衝突，死九十五人，傷一千零一十人。

波羅的海沿岸三國在蘇聯首先拉起了「獨立」的大旗。自一九八五年起，這三國每到八月二十三日（一九三九年八月二十三日蘇聯外長莫洛托夫與德國外長里賓特洛甫簽訂了蘇德互不侵犯條約中的秘密條約，後三國爲蘇聯吞併），就要舉行聲勢浩大的示威活動，要求獨立。一九九○年三至五月，三國先後正式宣布退出蘇聯。

在這種情況下，一直認爲民族問題早已解決的聯盟中央，才如夢初醒，在一九九○年開始認真著手解決聯邦—民族問題。一九九○年八月，蘇聯成立了蘇維埃主權共和國聯盟條約起草委員會，十一月二十三日，蘇聯公布了新聯盟條約草案。這一條約草案規定，條約參加國是主權國家，各自保留自主解決自己發展的全部問題的權利，也享有對外主權，有權與外國建立直接的外交、領事和貿易關係，與外國互設全權代表機構，簽署國際條約，可自由退出聯盟；條約規定，參加國承認現存邊界，不允許在國內使用聯盟軍隊；主權共和國把國防、通訊、貨幣等職能交給聯盟，但全權擁有本國的土地、礦藏、動植物資源等，共和國有權在其境內中止聯盟法律的效力。

和過去相比，新聯盟條約大大擴大了地方共和國的權力，因此受到許多共和國的支持。這一條約在經過多次修改後，於一九九一年八月十五日正式公布了它的最後文本，並定於一九九一年八月二十日由各共和國簽署；但由於「八・一九事件」，這一過程被中斷；「八・一九事件」後，戈爾巴喬夫試圖繼續這一過程，多次修改這一條約。在這一過程中，蘇聯於一九九一年九月六日正式宣布承認波羅的海沿岸三國獨立，而且聯盟中央政權自「八・一九事件」後已大大削弱。尤其是烏克蘭和俄羅斯兩個最大的共和國，一直想徹底摧毀中央政權，因此對簽署該條約已無興趣。俄羅斯在一九九〇年六月十二日發表的《俄羅斯主權宣言》對這一過程也產生了重大影響，這一宣言宣布俄聯邦擁有絕對主權，內外政策獨立，俄聯邦的法律，決定均在俄境內高於蘇聯法律和決定。這實際上架空了聯盟中央。在俄聯邦的帶動下，其他共和國先後發表了主權宣言。「八・一九事件」後，除波羅的海沿岸三國獲獨立外，其他共和國也先後宣布獨立。但到一九九一年十一月二十五日，俄羅斯、白俄羅斯和中亞五國還曾決定準備簽署新聯盟條約。到一九九一年十二月一日，烏克蘭全民公決宣布獨立，烏克蘭總統克拉夫丘克（Кравчук）宣布不參加這一條約。一九九一年十二月七日，俄羅斯、白俄羅斯和烏克蘭三共和國總統簽訂了《明斯克協定》，正式宣布組成斯拉夫國家共同體，但歡迎其他國家參加。十二月二十一日，除波羅的海沿岸三國和格魯吉亞外的其餘八個蘇聯加盟共和國在阿拉木圖簽署了「獨立國家聯合體」宣言。一九九一年十二月二十五日，蘇聯總統戈爾巴喬夫宣布辭職，一九九一年十二月二十六日，蘇最高蘇維埃共和國院召開最後一次會議，承認獨立國家聯合體，宣布蘇

聯作爲一個國家實體和國際法主體停止存在。這樣，蘇聯的聯盟體制就此完全毀滅。

㈡獨立後俄羅斯聯邦制的危機和新聯邦體制的形成

蘇聯的解體使原蘇聯境內的民族矛盾得到了一種解決，中央與地方共和國的矛盾，非俄羅斯民族與俄羅斯民族之間的矛盾，都從各共和國宣布完全的獨立，以非俄羅斯民族組成自己的主權國家而告結束。

但蘇聯的解體没有解決俄聯邦内的民族矛盾和中央與地方的矛盾。一九九一～一九九三年間，由於俄羅斯政治經濟形勢不斷惡化，尤其是總統與議會之間的尖銳的對抗，使民族分離主義和地方分離主義的勢力上升，使俄羅斯的聯邦制面臨著解體的危機。

一九九一年獲得獨立的俄羅斯，在某種程度上與蘇聯的情況很相似。俄羅斯也實行聯邦制，境内有十六個自治共和國，五個自治州，十個自治專區，還有六個邊疆區，四十九個州，有大大小小一百多個民族。由於沙俄時期、蘇聯時期民族矛盾的積累，俄羅斯聯邦制中也存在許多問題。獨立後，俄羅斯聯邦中央政權曾採取了一些措施來解決民族問題，主要的措施有：

(1)一九九二年三月二日，葉利欽總統發布命令，分階段恢復俄羅斯的德意志人的國家組織。正如前面提到的，一九四一年蘇聯曾撤銷伏爾加日耳曼人自治共和國，並把日耳曼人遷往烏拉爾地區。俄羅斯獨立後，德國曾把解決這一問題提到俄德關係日程上，並表示願爲此提供援助。俄羅斯聯邦在一九九一～一九九二年間曾在阿爾泰邊疆區和鄂木斯克州建立了兩個日耳曼人居住

區，並提出了在伏爾加河流域恢復日耳曼人的自治共和國的問題，但這一設想受到薩拉托夫州和伏爾加格勒州的抵制，因為在原日耳曼自治共和國地區現居住著五十萬俄羅斯居民，而當地的日耳曼人只有約五萬多人，而在俄聯邦中共有八十多萬日耳曼人。因此，為緩解與日耳曼人的矛盾又不引起當地俄羅斯居民的強烈反對，葉利欽政權決定把恢復日耳曼人的國家組織作為長遠目標，而其第一階段是在伏爾加格勒州和薩拉托夫州境內建立德意志民族專區。

(2)採取措施制止韃靼斯坦的獨立分離運動，不使局勢惡化。

公元十三世紀，蒙古韃靼人征服了現今俄聯邦境內的喀山地區，為金帳汗國一部分。一四三八年，金帳汗國瓦解，該地區成立了喀山汗國。一五五二年喀山汗國被併入俄羅斯。一九二〇年五月，喀山成立了韃靼自治共和國，屬俄聯邦。該共和國人口四百萬，其中韃靼人占48％，俄羅斯人占43％，面積為六萬八千平方公里，是經濟比較發達地區。在蘇聯解體過程中，韃靼共和國中的分離主義勢力受到鼓勵，於一九九〇年八月三十日發表主權宣言，一九九一年四月十八日頒布共和國基本法，一九九二年三月二十一日舉行了「國家地位」的全民公決，公決的內容是：是否同意韃靼斯坦共和國成為主權國家、國際法主體，並在平等條約的基礎上同俄羅斯聯邦、其他共和國國家建立關係？結果有61％的投票人贊成共和國成為主權國家。這一舉動使葉利欽政權極為擔憂，害怕其他共和國起而效之，其後果不堪設想。因此，葉利欽政權一方面宣布這一公決無效，另一方面又許諾就韃靼共和國的自治權限進行對話和談判。這樣，在一九九二～一九九三年間，雖然問題沒有解決，但也沒有激化，也沒有引起連鎖反

應，爲一九九四年解決雙方關係奠定了基礎。

(3)賦予各共和國較大的自治權，緩解中央與地方的矛盾。一九九二年一月二十日，俄議會作出決定，對中央聯邦與地方政權的權力進行了劃分。這一決定把俄聯邦原來的十六個自治共和國全部升爲共和國，提高民族自治機構的地位。更重要的是，一九九二年三月，俄聯邦與各共和國的總統簽署了俄聯邦條約，除車臣—印古什和韃靼斯坦兩共和國外，其餘均明確表示加入俄聯邦。

根據這一條約，聯邦和共和國的權限作了如下劃分：

俄聯邦的權限是：制定和修改聯邦憲法、法律，確定聯邦體制和領土，組建聯邦國家權力機關，管理聯邦財產，制定聯邦國家經濟、社會、文化和發展方面的綱領、政策，管理和制定聯邦的財政、外匯、稅收、價格、貨幣、能源、運輸、交通、電訊以及國防、安全等事務及其政策。

聯邦與共和國共同管轄的有：共和國的憲法和法律要符合聯邦憲法和法律，保障法制和社會安全，利用資源和保護環境、生態安全，教育科學文化、體育、社會保障問題，自然災害問題，行政法、勞動法、土地法等法律的制定等。

共和國的權限是：共和國擁有自己領土上的全部國家權力，但根據條約交由聯邦行使的權力除外，可獨立參加國際活動和對外經濟聯繫；參與聯邦事務的管理；聯邦在共和國領土上實行緊急狀態應徵得共和國同意。

這一條約的意義在於把各共和國約束在聯邦體制內。條約隻字未提共和國有權宣布退出俄聯邦的權利。

這些措施在一九九二年間對穩定俄聯邦體制起了積極作用。

但隨著總統與議會的政治鬥爭，聯邦的權力大大削弱，爲了戰勝對手，總統和議會都競相拉攏地方的行政長官和地方議會，這使地方分離主義在一九九三年大大發展。這主要表現在兩方面：

一是各民族共和國紛紛不實行一九九二年三月達成的聯邦條約。如巴什基爾共和國在一九九二年八月後重新提出了在聯邦中的地位問題，在其制訂的憲法中公開宣布「保留自由退出俄聯邦的權利」；圖瓦、薩哈—雅庫特、科米和巴什基爾四共和國還宣稱本共和國法律高於聯邦法律和憲法；雅摩特共和國領導人還聲稱中止俄聯邦法律在其境內的效力，用一個更鬆散的邦聯取代聯邦；一九九三年六月，許多共和國的領導人在制憲會議上還公開要求在新憲法草案中明確宣布共和國是主權國家。

另一方面，地方分離主義活動較爲頻繁。在各共和國要求提高地位的同時，俄聯邦中以俄羅斯人爲主體的許多州和邊疆區，也要求得到與共和國相等的權力。這些州認爲，各共和國享有特權和優惠，使俄羅斯中的各州處於吃虧地位。例如，韃靼斯坦共和國、巴什基爾共和國每年只上交30％的財政收入，而相鄰的奧倫堡州則要上交55％；同是向中央伸手要錢，科米作爲共和國可得到一千一百四十億盧布，而沃洛格達州只能得到十億盧布；同爲黃金產地，薩哈共和國能得到10％的開採支配權，而阿爾漢格爾斯克和摩爾曼斯克州卻沒有任何支配權。在地方經濟利益的驅使下，許多州也打出了地方主義旗號，甚至揚言要退出俄羅斯聯邦。一九九三年七月一日，葉利欽的老家斯維爾德洛夫斯克州宣布成立「烏拉爾共和國」，七月九日，車里雅賓斯克州決定「南烏拉爾共和國」，八月初，濱海邊疆區決定變成共和國，八月底，哈巴羅夫斯克邊疆區開始討論是否要恢復一九二○～一九二

二年在該區曾經出現過的「遠東共和國」；之後，沃洛格達州制定了「沃洛格達共和國憲法」，克拉斯諾亞爾斯克宣布成立「西伯利亞共和國」，加里寧格勒州使自己享有相當於共和國的地位，托木斯克、克麥羅沃、鄂木斯克、新西伯利亞、秋明、阿爾罕格爾斯克、克拉斯諾達爾、斯塔夫羅波爾等州和邊疆區也先後宣布自己爲共和國。這樣，在一九九三年間俄羅斯出現了各州和邊疆區「共和國化」的自發運動。

在總統與議會鬥爭的高潮時期，民族和地方分離主義的活動也達到了高峰：在一九九三年六～七月間，有十五個共和國禁止其代表在制憲會議上達成的憲法草案上簽字，以要脅聯邦政府答應它們與中央政府平起平坐，使地方自治權變爲國家主權，並絕對擁有本地區的資源、資金的使用和分配權，擴大外事權；有十二個州和邊疆區成爲不受中央控制的經濟獨立自主地區，有五個共和國不向中央政府納稅。如果照這種形勢發展下去，俄羅斯的聯邦制很快就會被架空，成爲一種「邦聯制」，並有可能像一九九一年的蘇聯那樣，發生解體和崩潰。

一九九三年十月成爲俄聯邦制發展的一個轉折點。葉利欽總統在用武力擊潰議會後，立即採取一系列措施，來扼制民族分立主義和地區分立主義勢力。

在一九九三年夏天的制憲會議上，葉利欽爲爭取地方勢力支持他與議會作鬥爭，對地方作了重大讓步，一是同意把一九九二年三月簽定的有利於民族共和國的聯邦條約載入憲法，二是同意把各民族共和國作爲主權共和國，並有權利退出聯邦的權利載入憲法。

但在一九九三年十月後，葉利欽改變了這一立場，一再對地

方領導人施加行政高壓，凡不執行總統命令的，一律撤職，為了加強對地方的控制，葉利欽還向許多地方派出了總統代表，並賦予其巨大權力。十月二十七日，葉利欽發布《關於遵守俄羅斯聯邦預算結構措施的命令》。命令指出：

如各聯邦主體不把所徵的聯邦稅款納入聯邦預算，俄政府可以暫時中止對有關地區企業機構以及組織的撥款，停止給有關地區提供從事對外經濟活動所必需的配額，暫時停止給有關的地區提供聯邦資源統配產品，其中包括進口產品。

在這一命令的壓力下，包括韃靼共和國在內的三十個抗稅地區開始重新向國庫納稅。

與此同時，葉利欽還在十月二十八日頒布了《關於地方自治改革的命令》，批准了《地方組織原則條例》，將在過去支持議會與總統作鬥爭的各地方的議會一律停止活動，並將其權力移交總統可以控制的地方行政機關；但在控制聯邦主體權力之時，又允諾各共和國、州之下的市區成立權力較大的地方自治機關。

遏止地方分離主義和民族分離主義的最重大的措施是對一九九三年六月制憲會議通過的對有利於地方的憲法草案文本進行再修訂。十一月三日，葉利欽公開明確表示，各共和國不應享有主權，否則，俄羅斯就會變成邦聯；贊成地方自治，但反對分立主義。

經過一九九三年十一至十二月期間的努力，尤其是一九九三年十二月俄羅斯新憲法的確立，使俄羅斯避免了解體的災難，並形成了一個新的聯邦體制。

當然，俄羅斯聯邦之所以能夠渡過聯邦制的危機，還有更深刻的原因。

首先，從俄聯邦構成的主體看，與原蘇聯不同。蘇聯由十五個加盟共和國構成，俄羅斯人只在俄聯邦中占多數；而俄聯邦主體有八十九個，其中三十一個為非俄羅斯民族占多數，五十八個為俄羅斯族占多數，因此以俄羅斯人占主體的聯邦制不易解體。雖然許多地方領導人在一九九三年間也曾提出分立口號，但它們的目的與民族共和國不同，只是以此作為向聯邦中央要權的一個籌碼，並不真正想要從俄羅斯聯邦分離出去。

其次，從人口構成上看，過去的蘇聯俄羅斯族只占總人口的51%，而且大多居住在俄聯邦；而現在的俄聯邦中，俄族人占81%，甚至在一些民族共和國中，俄羅斯還占多數或占將近一半，這使共和國也很難獨立。例如，韃靼斯坦共和國，韃靼人占48%，俄族人占43%，如韃靼斯坦人要獨立，境內的俄羅斯人就不會同意，其結果就可能導致內戰和災難。

再其次，俄聯邦的形成過程與蘇聯的形成歷史也不同。蘇聯中的波羅的海沿岸三國等曾有過獨立的歷史，被併入蘇聯只不過是四十多年的事情，而俄聯邦中的非俄羅斯民族，自被沙俄以武力兼併以來，已有數百年歷史，即使是車臣共和國，在俄聯邦中也有上百年歷史，它們作為俄聯邦的組成部分，為世所公認，鬧獨立不易得到國際社會的認同，而且，它們的政治經濟文化也與俄羅斯發生了十分密切的聯繫，很難分開。

由於這些原因，俄羅斯聯邦很難像蘇聯那樣解體。

第二節　一九九三年憲法確立的聯邦體制及其特點

(一)一九九三年憲法確立的聯邦體制

一九九三年十二月通過的俄羅斯聯邦憲法，在第三章中對聯邦體制作了專門規定。

(1)俄聯邦的構成。俄聯邦由八十九個聯邦主體組成，它們包括——

二十一個民族共和國：它們是：阿迪格共和國、阿爾泰共和國、巴什科爾托斯坦共和國、布里雅特共和國、達格斯坦共和國、印古什共和國、卡巴爾基諾—巴爾卡爾共和國、卡爾梅克——哈利穆格坦格契共和國、卡拉切沃—切爾克斯共和國、卡累利阿共和國、科米共和國、馬里艾爾共和國、莫爾多瓦共和國、薩哈共和國（雅庫特）、北奧塞梯共和國、韃靼斯坦共和國、圖瓦共和國、烏德穆爾特共和國、哈卡斯共和國、車臣共和國、楚瓦什—恰瓦什共和國。

六個邊疆區：阿爾泰邊疆區、克拉斯諾達爾邊疆區、克拉斯諾亞爾斯克邊疆區、濱海邊疆區、斯塔夫羅波爾邊疆區、哈巴羅夫斯克邊疆區。

四十九個州：阿穆爾州、阿爾漢格爾斯克州、阿斯特拉罕州、別爾戈羅德州、布良斯克州、弗拉基米爾州、伏爾加格勒州、沃洛格達州、沃羅涅什州、伊萬諾夫州、伊爾庫茨克州、加里寧格勒州、卡盧加州、堪察加州、克麥羅沃州、基洛夫州、科

斯特羅馬州、庫爾干州、庫爾斯克州、列寧格勒州、利佩茨克州、馬加丹州、莫斯科州、摩爾曼斯克州、尼熱戈羅德州、諾夫戈哥德州、新西伯利亞州、鄂木斯克州、奧倫堡州、奧廖爾州、奔薩州、彼爾姐州、普斯科夫州、羅斯托夫州、梁贊州、薩馬拉州、薩拉托夫州、薩哈林州、斯維爾德洛夫斯克州、斯摩棱斯克州、坦波夫州、特維爾州、托木斯克州、圖拉州、秋明州、烏里楊諾夫斯克州、車里雅賓斯克州、赤塔州、雅羅斯拉夫爾州。

二個聯邦直轄市：莫斯科市、聖彼得堡市。

一個自治州：猶太自治州。

十個自治專區：阿加布里亞特自治專區、科米—彼爾米亞克自治專區、克里亞克自治專區、涅涅茨自治專區、泰梅爾自治專區、烏斯季—奧爾登斯基布里亞特自治專區、漢特—曼西自治專區、楚科奇自治專區、埃文基自治專區、亞馬爾—涅涅茨自治專區。

(2)關於俄羅斯聯邦的領土、語言、國旗和首都的規定。

俄憲法規定：俄聯邦領土包括聯邦各主體的轄區、聯邦的內陸水域和領海、領空，聯邦對聯邦的大陸架和特別經濟區擁有主權。

聯邦主體間的邊界可根據相互間的協議進行變更。

俄語是俄羅斯全境內的國語。共和國有權規定自己的國語，在共和國的國家權力機關、地方自治機關和國家機構中，共和國國語和俄語一起使用；聯邦保障各族人民享有保留本族語言、建立學習和發展本族語言的條件的權利。

聯邦根據公認的國際法原則和準則以及俄羅斯聯邦簽署的國際條約保障本地少數民族人民的權利。

聯邦的首都是莫斯科市。

(3)俄羅斯聯邦的十八項權力：

①通過和修改俄羅斯聯邦憲法與聯邦法律，監督其執行情況。

②聯邦體制和俄羅斯聯邦領土。

③調解和維護人和公民的權利與自由，俄羅斯聯邦國籍；調解和維護少數民族的權利。

④確定聯邦立法、執行和司法權力機關系統及其建立和活動的程序；成立聯邦國家權力機關。

⑤聯邦國家財產及其管理。

⑥確定俄羅斯聯邦在國家、經濟、生態、社會、文化和民族發展方面的聯邦政策和聯邦計劃的基本原則。

⑦規定統一市場的法律原則；金融、外匯、信貸及關稅調節，貨幣發行，價格政策原則；包括聯邦銀行在內的聯邦經濟部門。

⑧聯邦預算；聯邦稅收與收費；聯邦地區發展基金。

⑨聯邦動力系統，核動力，裂變材料；聯邦運輸，交通道路，信息和通訊；宇宙空間活動。

⑩俄羅斯聯邦的對外政策和國際聯繫，俄羅斯聯邦的國際條約；戰爭與和平問題。

⑪俄羅斯聯邦的對外經濟聯繫。

⑫防務和安全；國防生產；規定買賣武器、彈藥、軍事技術裝備和其他軍用物資的程序；有毒物質、麻醉劑的生產及其使用程序。

⑬聯邦的國家邊界、領水、領空、特別經濟區和大陸架的地

位的確定與保衛。

⑭司法制度；檢察機關；刑事、刑事訴訟和刑事執行立法；大赦和赦免，民事、民事訴訟和仲裁訴訟立法；知識産權的法律調節。

⑮聯邦衝突法。

⑯氣象服務，標準，標準儀器，公制，計時；大地測量和繪圖；地名；官方統計和簿記核算。

⑰俄羅斯聯邦的國家獎勵和榮譽稱號。

⑱聯邦的國家公務。

(4)聯邦與聯邦主體共同管轄的有：

①保證共和國的憲法與法律，邊疆區、州、聯邦直轄市、自治州和自治專區的章程、法律以及其他法規符合俄聯邦憲法和法律。

②維護人和公民的權利與自由；維護少數民族的權利；保證法制與公衆安全；邊界地區制度。

③土地、礦藏、水資源以及其他自然資源的擁有、使用和支配問題。

④國家財產的劃分。

⑤自然資源的利用；保護環境和保證生態安全；特殊自然保護區；保護歷史和文化遺跡。

⑥培養、教育、科學、文化、體育運動的一般性問題。

⑦醫療衛生問題的協調；保護家庭、母親、父親和子女；包括社會保障在內的社會保護。

⑧採取與災禍、自然災害和流行病抗爭的措施，消除其後果。

⑨確定俄羅斯聯邦稅收與收費的一般原則。

⑩行政、行政訴訟、勞動、家庭、住宅、土地、水、森林立法，地下資源、環境保護立法。

⑪司法和護法機關的幹部；律師、公證制度。

⑫保護少數民族的世代居住環境與傳統生活方式。

⑬規定組織國家權力機關體系和地方自治的一般原則；

⑭協調俄羅斯聯邦主體的國際交往和對外經濟聯繫，履行俄羅斯聯邦簽署的國際條約。

(5)各聯邦主體的權力。憲法規定：在俄羅斯聯邦管轄範圍以及俄羅斯聯邦與聯邦主體共同管轄範圍所擁有的權力之外，由俄聯邦各主體行使全部國家權力職權。

(6)統一的經濟和法律制度和空間。

俄憲法規定：

在俄羅斯聯邦境內不允許建立阻礙商品、勞務和財政資金自由流動的海關邊界、稅收、收費以及任何其他障礙。

盧布是統一貨幣，只由俄聯邦中央銀行發行，不允許使用和發行其他貨幣；維護和保證盧布的穩定性是聯邦中央銀行的基本職能，不受其他國家權力機關的干預。

根據俄羅斯聯邦管轄對象透過在俄羅斯聯邦全境具有直接效力的聯邦憲法和聯邦法律；聯邦法律不得與聯邦憲法性法律相抵觸。

共和國、邊疆區、州、聯邦直轄市、自治州和自治專區可自行通過在各自轄區內有效的法律或法規，但不得與聯邦憲法、聯邦法律相抵觸，在發生抵觸的情況下，聯邦憲法和聯邦法律有效；只有當聯邦法律涉及屬於聯邦主體管轄的問題並與聯邦主體

的法規發生抵觸的情況下，聯邦主體的法規才有效。

(7)聯邦與聯邦主體執行權力機關的關係。

憲法規定：

聯邦主體的權力機關體系，由各主體根據俄聯邦憲法和法律的一般原則獨立確定。

在聯邦管轄範圍內，在聯邦與聯邦主體共同管轄的範圍內，聯邦、聯邦主體的執行權力機關組成統一的體系。

聯邦執行權力機關可以建立地區分支機構並任命相應的公職人員。

聯邦和聯邦主體在徵得對方的同意之後，可互相把自己的部分權力轉交其行使。

但俄聯邦總統和俄聯邦政府根據俄羅斯聯邦憲法保障在俄聯邦全境內實現聯邦國家權力的全權。

(二)俄羅斯聯邦體制的特點

與過去蘇俄的聯盟制和世界其它國家相比較，俄羅斯的聯邦制具有以下特點：

(1)兼有民族聯邦和地方聯邦的特點。

聯邦制實際上有兩種形式，一種是以民族地區擁有相對獨立權力的聯邦制，如過去的蘇俄聯盟制，原南斯拉夫聯邦，原捷克斯洛伐克聯邦；一種是以地方相對獨立地行使權力的聯邦制，如美國、德國等的聯邦制。而俄羅斯的聯邦制把這兩種形式結合在一起，形成了一種新的混合聯邦制。俄羅斯的共和國、自治州、自治專區等聯邦主體，表現民族聯邦制的特點，州、邊疆區、聯邦直轄市等主體，則表現地方聯邦制的特點。

⑵俄聯邦制中的民族共和國的憲法地位相對下降，對民族分離主義勢力是一種遏制。

從形式上看，過去的蘇俄聯盟制中的民族共和國地位較高，但一些小的加盟共和國，如摩爾達維亞共和國，面積為三萬三千七百平方公里，人口四百三十九萬，亞美尼亞三萬平方公里，三百五十八萬人，愛沙尼亞四萬五千平方公里，一百五十七萬人，立陶宛六萬五千平方公里，三百七十二萬人，拉脫維亞六萬三千平方公里，二百六十八萬人，但其地位遠比許多俄羅斯的大城市和大州如莫斯科、列寧格勒、斯維爾德洛夫斯克州的憲法地位高。

而在一九九三年的俄羅斯聯邦制中，民族共和國與各州、民族自治州、自治專區處於同等地位，失去了往日獨特的地位。

同時，俄憲法僅賦予民族共和國有制定本共和國法律的特權，除此而外，它和各州相比沒有什麼更大的權力；憲法也隻字未提共和國是主權共和國，也沒有提到共和國可有權退出俄羅斯聯邦，這些對民族共和國中的民族主義將是一種潛在的憲法遏制，使其失去民族獨立運動的合法憲法依據。

此外，俄聯邦由八十九個平等的聯邦主體構成，對鞏固統一的聯邦國家也極有好處。因為過去蘇俄的十五個加盟共和國，每一個獨立都能對蘇俄聯盟制造成危害，尤其是像俄羅斯、烏克蘭、白俄羅斯、哈薩克斯坦這樣面積廣闊、人口眾多、經濟比較發達的民族共和國，具有較強的政治經濟實力，對聯盟制具有舉足輕重的影響。在一九九一年，即使波羅的海沿岸三國退出蘇聯，蘇聯本來還是可以繼續存在下去的，但由於烏克蘭突然發難，使戈爾巴喬夫的聯盟條約終成泡影，因為沒有烏克蘭的聯盟

制是一個跛足的、殘缺不全的怪胎，聯盟制也由於俄羅斯、烏克蘭、白俄羅斯三國領導人作祟而死亡。

俄羅斯的聯邦制吸收了這一教訓，把聯邦劃分為八十九個平等的聯邦主體，其中任何一個都難以對聯邦制產生決定性的影響；即使以後某一主體想鬧獨立，也絕不會影響聯邦制的存亡。

(3)聯邦中央與地方有較明確的分權，地方獲得相對過去較多的實際自治權，但聯邦中央仍擁有巨大權力。

俄憲法把國家權力劃為聯邦中央權力、地方權力和中央—地方共有權力。聯邦主體即地方的權力在憲法中沒有一一載明，但其權力範圍還是十分明確的，就是凡是在中央權力之外，在中央—地方共同權力之外的，都屬地方權力的管轄範圍，這主要是指僅僅涉及各聯邦主體的純地方性事務。

但是，從整個權力劃分的範圍來看，聯邦中央的權力是極為廣泛的，而且具有制約地方的權限。

可以説，任何地方的重大問題，例如稅收、人權、市場運作、交通電訊、地區安全、環境保護、礦藏和資源的使用、社會保障體系等，都在聯邦中央權力或中央—地方的共同權力管轄之內，其中有許多對地方也會產生極為廣泛和深刻影響的決策權，如經濟政策、貨幣政策等，都完全不受地方的任何影響。

就法律調節關係來講，實際上聯邦憲法、聯邦法律要高於地方的法律、章程和法規。

在執行權力體系中，聯邦中央政府可透過其派駐地方的分支機構影響和控制地方事務。

另外，俄總統發布的命令和指示全境都必須執行，俄總統有權根據情況中止地方政府法規的效力；在中央—地方發生分歧

時，總統可以出面協商，或請聯邦有關法院進行審議。

這些規定對地方都是有很強的約束力的。

第三節　一九九四～一九九五年間俄羅斯聯邦制的運行

㈠鞏固聯邦制的幾個措施

一九九三年十二月俄羅斯聯邦憲法通過後，葉利欽政權相繼採取了一些措施來鞏固俄的聯邦制。

⑴恢復巴爾卡爾族的地位。一九四三～一九四四年間，巴爾卡爾族曾被強行遷至中亞各地，它與卡巴爾達族組成的自治共和國也一度被撤銷。一九四四年，蘇聯恢復了卡巴爾達族的地位，並建立卡巴爾達自治共和國。但巴爾卡爾族的「平反」卻被拖延下來，成爲一個歷史遺留問題。一九九四年三月三日，葉利欽簽發總統令，恢復巴爾卡爾族的地位。命令指出，要採取措施來恢復歷史公正，從政治、社會和精神上復興巴爾卡爾族，恢復因民族特徵而被非法遷移和遭受政治迫害的公民的權利，命令責成俄聯邦政府採取下列措施：

協助復興和發展巴爾卡爾族的精神和文化遺產、民間手工藝和傳統經營形式，恢復居民點和地區的原有名稱。

協助居住在哈薩克、吉爾吉斯的巴爾卡爾族人遷回俄聯邦，並對他們的落戶、分田、安置等問題給予幫助。

審議俄聯邦卡巴爾達—巴爾卡爾共和國提出的向遭非法遷移的人民提供養老金優待的法律；審議向其家屬及其在遷居地出生

的子女提供一次性補助金的問題。

建議俄聯邦中央銀行向這部分居民提供個人住房建設優惠貸款。

(2)改革聯邦體制，用新的方式解決聯邦體制中的問題。

一九九三年十二月的憲法確定了俄聯邦制的基本模式，但許多問題按這一模式是無法解決的。例如韃靼斯坦共和國的問題就很特殊。韃靼共和國不僅拒簽一九九二年三月的聯邦條約，也抵制俄羅斯的憲法全民公決和新議會的選舉。

在一九九四年初，葉利欽下令俄政府與韃靼共和國政府進行談判，尋求用新的方式解決問題。經過一個多月的努力，聯邦與韃靼用雙邊條約和協議的方式簽署了一系列文件。韃靼斯坦宣布放棄韃靼斯坦的「主權國家、國際法主體」這一特殊地位的要求，而俄羅斯聯邦中央也給予韃靼較大和較多的自主權。雙方在所有制、財政稅收政策、使用自然資源、與犯罪現象作抗爭達成了共識。韃靼斯坦同意向聯邦政府納稅，並重新進行聯邦議會的選舉，韃靼斯坦總統沙伊米耶夫和前最高蘇維埃主席穆罕默德申被推舉爲聯邦委員會代表。俄聯邦政府同意韃靼斯坦有權獨立與外國簽署國際經濟條約。

這使韃靼與俄羅斯的聯邦關係建立的基礎發生了變化，即不是俄憲法中規定的強硬的中央政權爲基礎，而是以聯邦和聯邦主體相互考慮對方利益的條約爲基礎。它被俄國報刊稱爲解決俄聯邦問題中的一個突破，也是對俄憲法確立的聯邦制內容的一個重大改革，有利於保持俄聯邦國家的穩定和完整，也有利於各民族共和國特殊利益的實現。這一過程又被稱爲韃靼模式。

但在後來實施韃靼模式的過程中，也出現了一些問題。例

如，韃靼共和國未能按雙邊條約的規定向聯邦政府上繳30％的稅收，而僅上交了5％～6％的稅收，而聯邦中央劃分給韃靼共和國的權限也停留在書面協議上，未能兌現。為推動該條約的實施，葉利欽總統於一九九四年五月底對韃靼共和國進行了視察，並與韃靼斯坦總統沙伊米耶夫進一步探討落實條約的途徑。經過協商，雙方同意成立以韃靼總統沙伊米耶夫和俄聯邦第一副總理索斯科韋茨領導的雙邊委員會，專門監督俄—韃條約的實施。這使俄聯邦與韃靼的關係進一步改善。

俄—韃關係模式也為解決俄聯邦中的其他問題提供了可能性。葉利欽公開表示，要運用這一模式來解決俄聯邦與巴什基爾共和國、圖瓦共和國、加里寧格勒州等聯邦主體的雙邊問題，把「憲法聯邦」變為「條約聯邦」，使地方各聯邦主體擁有更大的自主權。

㈡車臣問題對俄羅斯聯邦制的影響

一九九二年俄羅斯獨立以來，聯邦制運轉中最大和最突出、最嚴重的問題是車臣問題，它直接影響到俄的聯邦制的有效性。

車臣族是俄北高加索諸民族中人數較多、反對俄羅斯統治也最堅決的一個民族。早在十八世紀八〇年代，就有過車臣人在曼蘇爾教長領導下反抗沙俄統治的民族鬥爭，遭到沙皇政權的殘酷鎮壓。一八三四年，車臣人在伊斯蘭教旗幟下展開了建立獨立的伊斯蘭國家的運動，直到一八五九年這場運動的首領「伊瑪姆」沙米爾被殺後才停止下來。

一八九三年，沙俄在車臣發現石油，車臣的格羅茲尼這座「嚴酷之城」逐漸發展起來，許多俄羅斯人和烏克蘭移民進入這

一地區。十月革命後，車臣族在一九二二年十一月建立了車臣自治州。一九三四年一月，車臣自治州與印古什自治州合併爲車臣—印古什自治州，一九三六年十二月又改建爲車臣—印古什自治共和國，隸屬俄羅斯聯邦。在三〇年代的蘇俄的大鎮壓和「農業集體化運動」期間，車臣民族與俄羅斯當局的矛盾開始激化。衛國戰爭時期，高加索地區被德國納粹占領，一部分車臣人採取了與德軍合作的態度。一九四三年蘇聯紅軍把高加索地區從德軍占領下解放出來，蘇聯政府以車臣人曾與德軍「合作」爲由，將車臣和印古什人流放中亞，並於一九四四年三月七日下令撤銷車臣—印古什自治共和國。五〇年代初，車臣民族曾一度成立「起義者聯合軍事總部」，再度反對俄羅斯的統治，被鎮壓。一九五七年一月九日，蘇聯政府在清算斯大林「粗暴地殘踏民族政策」的錯誤過程中，爲車臣、印古什等民族平反，允許他們返回自己原來的家園，並恢復了車臣—印古什自治共和國的建制。

但該地區的民族主義運動並未停止。一九八五年，戈氏發動改革，給了車臣民族主義運動大發展的機會。他們一開始在支持改革、要求公開性的旗號下集合起來，繼則公開打出民族主義大旗。由於當時聯盟戈氏政權與俄羅斯葉氏政權爭鬥不已，局勢失控，致使車臣民族主義坐大。一九九〇年十一月，以原蘇軍空軍退役將軍喬哈爾·杜達耶夫爲首的民族主義分子掌握了車臣代表大會的領導權；使車臣獨立的勢力迅速增長。一九九一年蘇聯的八·一九事件使中央上層政權陷於癱瘓，波羅的海沿岸三國正式獲得獨立。車臣分離主義在此鼓舞下，又進一步公開打出了獨立的旗號。一九九一年十月，杜達耶夫領導的車臣全國人民代表大會執行委員會宣布接管當地政權；十月二十七日，杜達耶夫在全

民選舉中當選爲共和國總統，並於十一月二日宣布車臣退出俄羅斯聯邦成爲獨立國家。

車臣的獨立，是對俄聯邦制的嚴重挑戰。但到底如何啓動聯邦制的機制來解決這一危機，在此後的三年中並未見效。一九九二年三月，車臣拒絕參加簽署俄聯邦條約。在這整整一年中，俄中央政權陷於總統與議會的尖銳對立和衝突中，實際上沒有採取任何重大措施來解決車臣問題。一九九二年十一月，俄政府曾一度在車臣邊界地區調動了數千名俄軍，準備對杜達耶夫採取行動。當時的副總統魯茨科伊雖然在政治經濟政策上反對葉利欽，但在解決車臣問題上卻與葉利欽等人一致，他大聲疾呼要在車臣實施軍事緊急狀態。但當時在憲法上還擁有大權的俄議會否決了這一行動。

一九九三年，俄羅斯當局對車臣採取了高壓政策，宣布杜達耶夫政權非法，在政治上扶持和支持杜達耶夫的反對派，在經濟上凍結車臣的預算補助，同時又試圖按照俄聯邦與韃靼共和國簽訂雙邊條約關係的模式解決車臣問題。但杜達耶夫政權毫不退讓，仍堅持獨立立場，不上交聯邦預算，不組織聯邦議會選舉，不承認聯邦條約和聯邦憲法，並拒絕了「韃靼模式」。

一九九四年，俄聯邦中央政府開始用軍事手段來解決車臣問題。年初，俄羅斯派武裝直升飛機攻擊了格羅尼茲市附近的杜達耶夫的部隊駐地；繼而又派俄軍以志願人員身分進入車臣境內參加對杜達耶夫軍隊的戰鬥。一九九四年七月下旬，車臣反對派與杜達耶夫的武裝衝突不斷發生。八月二日，車臣境內納德捷列奇諾耶地區的領導人阿夫圖爾哈諾夫領導成立車臣反對派臨時委員會，宣布罷免車臣總統杜達耶夫，接管共和國的全部政權機關，

並在俄軍支持下向杜達耶夫軍隊展開進攻。十一月二十五日，反對派武裝出動坦克、裝甲運兵車、大炮和武裝直升機，大舉進攻格羅尼茲，並一度攻占總統府，把杜達耶夫趕到郊外。但在二十六日夜晚，杜達耶夫的軍隊捲土重來，把反對派武裝趕出了格羅尼茲，還使反對武裝傷亡五百多人，俘虜了二百多人，其中包括俄軍幾十名。

車臣格羅尼茲的這次戰役表明僅靠車臣內部的反對派難以推翻杜達耶夫政權。俄羅斯聯邦當局一方面公開聲明，車臣永遠是俄聯邦的一部分，車臣問題是俄的內政；另一方面，俄又以俄軍俘虜命運爲借口，開始轉向俄軍公開和直接捲入車臣戰爭的立場。

十一月二十八日，車臣杜達耶夫不僅指責俄軍方參與十一月二十六日的戰事，而且還威脅處決在戰鬥中被俘的七十名俄軍戰士。爲此，葉利欽總統發出最後通牒，要杜達耶夫立即釋放俄軍俘虜，否則就要進行軍事干預，在杜達耶夫拒絕後，俄聯邦當局一方面延長最後通牒的日期，並表示願意政治解決車臣問題，但另一方面又在邊界上集結大批部隊，作好進攻準備。十二月五日，俄國防部長格拉喬夫下令空軍襲擊格羅尼茲；十二月九日，葉利欽正式授政府可以用武力解決車臣衝突。十二月十一日，俄軍出動大約四萬部隊大舉進攻車臣，正式拉開了車臣戰爭的序幕。國防部長、內務部長和安全局局長三位實力部長親飛北奧塞梯的莫茲多克鎮，直接指揮作戰。

當時，格拉喬夫曾誇口，要在兩個星期內拿下格羅尼茲。一些觀察家也認爲：俄羅斯強大的軍隊用不了 幾天就可摧毀杜達耶夫的武裝。

但是，車臣戰爭的過程遠比這種估計要複雜得多。其原因主要有：第一，車臣人的武裝比原來預想的要先進，使俄軍遭到重創；第二，車臣人頑強抵抗的程度也比原先估計的要高。車臣人口一百二十萬，但衝鋒槍達一百萬支，幾乎男女老少皆有武器，使俄軍防不勝防；第三，俄軍士兵士氣低落，指揮不力，作戰過程緩慢。一些高級指揮官拒不服從指揮和命令，部隊傷亡也較大。這些使車臣戰爭遲遲達不到原定的政治目標。雖然後來俄軍基本上攻占了首都格羅茲尼，但直到一九九五年九月，仍未達成車臣政治解決的方案，杜達耶夫的戰鬥隊員仍在進行抵抗。一九九五年六月，杜達耶夫的戰鬥隊員突襲斯塔夫羅波爾邊疆區的布諒諾夫斯克市，並扣押數百名人質，在俄羅斯社會造成很大震憾。許多人擔心此類恐怖事件重演，為此俄內務部長和安全局長以及負責車臣談判的政府副總理被免職。

此後，俄聯邦當局加強以談判方式解決問題的努力，並達成了軍事協議。但在車臣的政治地位談判中雙方差距很大。杜達耶夫分子仍堅決車臣的獨立權。為此衝突不斷。僅在一九九五年九月，俄官方宣布的俄軍傷亡數字就為二十六人死一百五十三人傷。到一九九六年，俄軍在車臣戰爭中死亡人數為八百多人，受傷者為四千多人；而車臣武裝人員傷亡在數萬人以上，杜達耶夫本人也被導彈炸死。

車臣問題暴露了俄聯邦制的重大缺陷。它沒有一種得力的機制來解決這類問題。車臣戰爭意味著俄聯邦當局運用聯邦制體制解決問題的失敗。車臣方面拒絕韃靼模式，拒絕在主權和獨立問題上讓步；而聯邦當局如默許其獨立，又會連帶影響到其他民族共和國，從而危及整個聯邦制的大廈。因此，除了武力解決之

外，俄聯邦當局似乎別無他途。

車臣問題也暴露了聯邦機構作用的局限性。作爲聯邦制重要表現的聯邦議會中的聯邦委員會，在這次戰爭中幾乎沒有發揮什麼作用。相反，一些民族共和國甚至對車臣共和國抱有同情。尤其是北高加索印古什共和國，在車臣戰爭中實際上許多居民支持了杜達耶夫分子。在一九九四年十二月中旬，印古什人曾試圖阻止俄軍通過其領土進入車臣，還燒毀了約三十輛裝甲車，印古什的特種部隊還向俄軍開火。相當多的聯邦主體一方面表示反對車臣獨立，但另一方面又反對軍事力量解決車臣問題。

車臣問題還表明了俄聯邦主要政治領導階層和主要政治力量的分歧。俄羅斯司法部長卡爾梅科夫因反對對車臣動武而辭職；葉利欽總統的顧問派因指責以武力征服車臣是一個極其危險的錯誤。一向支持葉利欽的俄民主派組織「俄羅斯民主選擇黨」主席蓋達爾首先在一九九四年十二月十一日舉行群眾集會，抗議軍隊進攻車臣，主張和平決議；「民主俄羅斯」聯邦委員會發表聲明，認爲軍事進攻車臣是一種「犯罪的冒險行動」。俄羅斯國家杜馬除主席雷布金支持總統外，杜馬中的多數議會黨團均反對對車臣動武。這樣一些俄聯邦制運行的主導機關均不能達成一致意見，表明聯邦制的運作很難正常運轉。

車臣事件對俄聯邦制的影響好壞參半。從積極方面說，車臣戰爭在軍事上重創了杜達耶夫，打掉了車臣獨立的基礎，對獨立傾向較嚴重的北高加索地區的民族分離主義運動也是一種威懾，使之不敢再輕易打出民族獨立的旗號，對其他民族共和國的分離傾向也是一種警告，這對維護和鞏固俄的聯邦制是有利的。

但是，車臣戰爭也對俄羅斯的聯邦制有不利因素。對車臣民

族而言，即使車臣民族最終與聯邦達成政治解決方案，同意作為一個共和國存在於聯邦之中，但這也不能使車臣民族憲臣服，而只不過是在軍事武力逼迫之下不得不作出的一種屈服。車臣戰爭使近兩萬車臣人死於戰火，其中多數為和平居民，使十多萬人成為難民，造成六萬二千億盧布之多的直接經濟損失，在車臣人心中又留下了一道新的傷痕，這正如歷史上車臣人多次被鎮壓一樣，實際上在俄羅斯人與車臣人之間又多了一道歷史的宿仇，一旦時機成熟，還會成為爆發新的民族運動的潛在因素。因此，用武力解決民族問題永遠都會留下歷史後遺症，實為一種下下策。應當說，在車臣問題上，運用政治方式解決問題的潛力還未用盡。車臣問題今後仍將是一個俄羅斯聯邦中的「死結」。

其二，車臣戰爭雖使一些有分離傾向的民族共和國心存懼怕心理。它們懾於俄羅斯聯邦強大軍力的威嚴，自知無力對抗，因而不得不收斂其分離之心，但實際上對聯邦中央政權可能更加不服氣，更加心存疑慮，可能會採取一種陽奉陰違做法，表面上對聯邦中央恭敬從命，但實際上卻會採取各種對策，與聯邦中央拉開距離。

經過近兩年的戰爭，俄羅斯聯邦與車臣雙方均疲憊不堪，最後不得不於一九九六年八月達成停戰協議。聯邦軍隊無法消滅車臣分離主義分子，而車臣人也無法達到脫離俄羅斯而獨立的目標。雙方同意，把車臣在俄羅斯的地位問題留到五年後再來解決。經過一番輪迴，車臣問題又回到了原地。

(三)俄羅斯聯邦制中的潛在問題

一九九四～一九九五年間，俄羅斯聯邦制的運行總括來說是

有利於聯邦制的鞏固的，這主要表現爲以俄羅斯族居多數的地方各州、邊疆區的地方分離主義勢力有所降溫，表現爲以車臣爲帶頭兵的民族分離主義勢力遭到沉重打擊，韃靼共和國最終與聯邦簽訂條約，回到聯邦體制中來，其他的民族分離主義勢力也有所收斂。因此，俄聯邦解體的危險期可以說已經過去。

但從長遠和發展的角度看，俄的聯邦制存在兩個較大的潛在的問題。

第一，近幾年來俄羅斯民族的民族主義或俄羅斯沙文主義、大俄羅斯主義勢力有所上升，並正日益成爲俄羅斯聯邦中的重要的力量。它不僅在外交上表現爲要求恢復俄羅斯的大國地位，在波蘭戰爭、伊拉克問題、伊朗核電站問題上採取與西方不一致的立場，而且在北約東擴上也反對西方的圖謀，力圖主張把東歐視爲對俄羅斯有特殊利益的地區，而且在前蘇聯地區加強俄羅斯的影響力的呼聲也在高漲。

這種俄羅斯民族主義在俄羅斯聯邦內部也正在有所反映。現在已有許多民族建立了單獨的共和國。俄羅斯民族是聯邦中最大的主體民族，雖然憲法上規定俄羅斯民族的各州、邊疆區和聯邦直轄市享有與民族共和國同等地位，但畢竟沒有一個反映俄羅斯整個民族在聯邦中的民族地位的共和國。因此，一些具有大俄羅斯主義傾向的社會運動和組織正在宣傳建立「俄羅斯共和國」的主張。他們認爲，在俄羅斯聯邦中，人數最多的俄羅斯民族沒有自己的國家組織，這是不正常的，因此應在聯邦中把俄羅斯的各州、邊疆區和聯邦直轄市聯合爲一個統一的單一制的俄羅斯共和國，以提高俄羅斯民族在聯邦中的地位。一旦這種傾向發展坐大，有可能會危及俄羅斯的聯邦制。

第二，在俄羅斯共有一百一十個民族，其中共有二十六個民族在十萬人以上。現在有約四十多個民族擁有自己的民族實體（共和國、自治州、自治專區），其中一些民族如圖瓦人、卡累利阿人、科米人、卡爾梅克人等，只有十多萬，巴爾卡爾人只有六萬，卻擁有自己的共和國，而一些人數較多的民族，如俄羅斯的烏克蘭有三至四百萬，白俄羅斯人有約一百萬，哈薩克人有五十萬，但這樣一些民族卻沒有自己的民族實體組織。此外，還有其他幾十個民族也有同樣的問題。爲什麼一些民族應該有自己的民族實體而大多數別的民族卻沒有？這是一個很難回答的問題。絕不是只有俄羅斯的德意志（日耳曼人）才會提出恢復或建立自己的民族實體的問題（這一問題已經開始付諸實施）。在一定條件下，它們也可能引起俄羅斯聯邦制的麻煩❽。

第7章
俄羅斯的外交政策和對外關係

第一節 蘇俄對外政策的特點及其演變

㈠沙俄擴張政策對蘇俄外交的影響

在蘇維埃時期，蘇聯的社會主義制度在理論上和實際上都與沙俄有重大區別，但在對外政策方面，兩者的共同特徵卻較爲明顯，沙俄的對外政策對蘇俄產生了深刻的影響。

沙皇俄國的外交，其特點可以歸結爲三：

⑴大規模的，持續不斷領土擴主義。從十六世紀到一九一七年，俄羅斯以一個歐洲東都的內陸國擴張成爲一個橫跨歐亞大陸

的龐大帝國。

(2)對非俄羅斯民族實行大俄羅斯沙文主義。在沙俄帝國中，俄羅斯民族是上等統治民族，而對其他民族則實行種族歧視和民族壓迫。

(3)與歐洲大國爭奪世界霸權。在十八至十九世紀，俄羅斯已經不甘心做地區大國，而是野心勃勃地與英法德等爭奪對歐洲大陸和世界霸權。尤其是在十九世紀，沙俄以歐洲憲兵自居，成爲歐洲封建統治階級的主要堡壘，並在爭奪對黑海的控制權，對東歐的控制權以及遠東的控制權上，先後與英法和日本等國發生衝突和對抗。

這些特點實際上均對蘇俄的外交產生了很大影響，只不過形式不同，例如，「世界革命」的口號取代了「泛斯拉夫主義」，「社會主義大家庭」取代了沙俄對東歐赤裸裸的控制和殖民統治，而與美國的對抗實際上是沙俄爭奪世界霸權的繼續。

㈡蘇俄推行的超級大國霸權主義外交

一九一七年蘇俄政權成立初期，曾一度宣布允許沙俄帝國統治下的各民族自決，無條件廢除沙俄與別國簽訂的一切不平等條約，並與各國和平共處。一九一七～一九一八年，芬蘭和波羅的海沿岸三國先後宣佈脫離俄國成爲獨立國家，羅與尼亞也在一九一八年三月收復了比薩拉比亞；一九二〇年，波蘭軍隊擊敗了蘇俄軍隊，也事實上擺脫了過去俄羅斯帝國的控制。

但到二〇至三〇年代，蘇俄在斯大林領導時期，蘇俄對外政策中的民族沙文主義，大國霸權主義、擴張主義在「世界革命」、「國際主義」支援被壓迫民族反對西方帝國主義的鬥爭旗

號下遂漸發展起來。

這首先表現爲，一九三九年八月，蘇聯與法西斯德國簽訂秘密協定，把波蘭的一部分，羅馬尼亞的比薩拉比亞、立陶苑、拉脫維亞、愛沙尼亞等劃歸蘇聯的勢力範圍；緊接著，蘇俄又在一九三九年九月占領了波蘭東部，與德國再次瓜分了波蘭；一九三九年十一月，蘇俄發動對芬蘭的戰爭，强行把芬蘭的卡累利阿地區劃歸蘇俄；一九四〇年，蘇俄强行併吞了波羅的海沿岸三小國，並逼迫羅馬尼亞將比薩拉比亞和北布科維納割讓給蘇聯，一九四一年四月，蘇聯政府背著中國與日本達成《蘇日中立條約》，竟然宣布蘇聯保證日俄「滿州國」的領土完整和不可侵犯，而日本則以承認蒙古作爲回報。

在第二次世界大戰中，蘇聯成爲世界反法西斯的主要力量，隨著蘇軍在戰場上的節節勝利，蘇聯的國際地位急速上升，而蘇聯的大國沙文主義也發展。蘇俄在德黑蘭、雅爾塔和波茨坦會議上，將東歐等國劃入了蘇俄的勢力範圍。

二戰結束後，蘇俄已成爲與美國平起平坐的超級大國，其大國霸權主義和對世界霸權的爭奪也更加明顯。蘇俄首先通過「華沙條約組織」和「經濟互助委員會」，把東歐各國控制起來，進而形成以蘇俄爲中心的「社會主義大家庭」，蘇俄以「家長」自居，對東歐各國的内部事務進行指揮和干預，一九五六年派軍隊平息了匈牙利的事務；一九六八年又出兵侵占了捷克斯洛伐克。

在嚴密控制東歐各國基礎上，蘇俄還在世界各地區到處插手，向拉美、中東、非洲、東南亞不斷擴張、滲透，其外交活動大大超越了沙俄的歐洲大陸和歐亞大陸，更加鮮明地暴露其爭奪世界霸權的目標。蘇俄試圖在古巴佈署導彈，因而引發了與美國

處予嚴重對抗中的古巴導彈危機；一九七五年，蘇俄支持古巴出兵安哥拉，支持雇佣軍插手非洲之角的戰爭，一九七八年十二月支持越南侵略柬埔寨，並在越南獲得金蘭灣軍事基地。一九七九年十二月，十萬蘇俄軍隊直接武裝侵占阿富汗。這也是蘇俄推行全球進攻性戰略，在全世界廣大地區擴大蘇聯影響，排擠和削弱美國勢力的最典型的表現。

蘇俄的超級大國的霸權主義外交還赤裸裸地表現爲與美國進行激烈的軍備競賽，試圖在核戰略武器和常規武器上取得對美國的軍事優勢，取得對海陸空和外層空間的控制權。爲此蘇俄將整個國民經濟軍事化，建立了世界上最龐大的軍工集團，其產值達到國民經濟總值的三分之二左右，在六〇至七〇年代，蘇聯的直接軍事費用大量增加，軍力也急劇膨脹，在海外建立了二十八個軍事基地，國外駐軍達七十五萬人。到七〇年代中期，蘇俄在常規力量上比美國有明顯優勢，在核戰略力量方面則從大大劣於美國變爲略超過美國，在核武器的運載工具和數量上還有較大優勢。

蘇俄對中國也採取了大國霸權主義政策，企圖逼迫中國服從蘇俄的世界戰略。蘇俄在五〇年代末已開始實行其反華政策，因爲中共領導人拒絕其提出的建立聯合艦隊和租用旅順港等無理要求，後又因意識形態的分歧，兩國關係更趨惡化。蘇俄爲使中國就範，在中俄、中蒙邊界駐紮了一百多萬軍隊，併在六〇年代挑起了數千起邊界事件，一九六九年公然出動大批武裝部隊入侵中國領土珍寶島，對中國進行軍事威脅。

到七〇年代末，八〇年代初，蘇俄的超級大國的大國霸權主義外交也取得了一些重大進展，但它卻使蘇俄爲此付出了重大代

價。

　　蘇俄推行其霸權外交，對其國民經濟體系帶來了災難性後果，它的積累率在六〇至七〇年代長期高達30％左右，而其中的投資又大多用於軍事，這使它的民用經濟長期落後，人民生活水平提高不快。蘇聯的國民經濟增長率與軍費開支成反比。蘇俄軍費開支占其國民總值的11％～13％，一九八〇年達到了一千七百五十億美元（美國爲一千一百五十九億美元），六〇至七〇年代，軍費開支每年約增長4％～5％，而蘇聯經濟增長速度卻逐年下降，七〇年代末和八〇年代初，增長率以七〇年代的5％下降爲2％～3％，實際上處於停滯狀態。

　　與此同時，一方面，蘇聯在許多與軍事相聯繫的高科技產業上有重大成就，但另一方面，國民經濟的技術改造卻長期落後於西方，經濟實力，經濟水準不斷下降。七〇年代，蘇聯的經濟實力相當於美國的75％，八〇年代，相當於美國的53％；在電子計算機方面，蘇聯比西方落後了十五至二十年。這使蘇聯的經濟出現了具有諷刺性意義的現象；一方面，蘇聯的宇宙飛船技術世界領先，能在太空實行高難度的太空船對接，但與此同時，蘇俄造的彩色電視機、冰箱等技術卻十分落後，質量很差。

　　同樣的矛盾現象還表現在，蘇俄爲爭奪世界各戰略地，不惜花費大量的經濟力量，向許多第三世界國家提供巨額的援助，一九七八年時，這種援助已達三百多億美元，但國內的老百姓卻不得不爲日常生活必需品的經常短缺付出沉重的代價。例如，蘇聯每年爲阿富汗戰爭要花費一百一十億美元，支持越南侵占柬埔寨要花費二十億美元，支援古巴等拉美國家的六十至八十億美元，支持埃塞俄比亞等非國家約六十至八十億美元。僅花在阿富汗戰

爭的費用就高達一千一百億美元❹，而蘇俄的老百姓在這一期間卻不得不爲了購買一瓶伏特加或半公斤香腸排長隊和到處奔波。

正是這樣一種霸權外交使蘇聯人民生活每況愈下，國庫空虛，經濟實力下降，國際上名聲狼籍，動搖了治國根基，成爲導致蘇聯亡國的主要因素。

㈢戈爾巴喬夫時期蘇俄外交政策的轉變

一九八五年，戈爾巴喬夫上台執政，併於一九八七年出版了《改革與新思維》，對蘇俄長期推行的外交政策進行了重大的修正。

戈氏「外交新思維」的出發點，是爲國内經濟振興創造一個有利的國際環境，甩掉過去由於與美國進行軍備競賽而承受的沉重的包袱和壓力。

戈氏「外交新思維」一改過去蘇俄領導人堅持的「世界革命」、「反帝國主義」、「國際階級鬥爭」、「國際主義」、「社會主義大家庭」和「有限主權論」等傳統原則，提出把國際關係人道主義化、非軍事化、民主化、非意識形態化作爲蘇俄外交政策的指導思想，戈氏「外交新思維」包括以下主要論點：

⑴全人類價值尚可一切，全人類利益高於階級利益；⑵在核戰爭條件下，戰爭不再是政治的繼續，不能把戰爭再視爲進行社會主義革命的條件；⑶和平共處不再是國際階級鬥爭的特殊手段，不同社會制度的國家之間應用政治對話代替對抗，進行和平競賽；⑷爲此，需要進行大規模的裁軍和裁減軍備，建立沒有戰爭和軍備競賽、沒有核武器威脅的世界；⑸承認各國有自由選擇發展道路的自由，實現國家間的非意識形態化，實現各國的利益

平衡，⑹蘇美兩國應進一步緩和，但要繼續對全世界負有特殊責任。

戈氏「外交新思維」的核心在於「人類價值高於一切」，全人類價值優先，全人類價值超越階級利益，高於社會主義與資本主義的具體利益，要排除兩大社會體系的對抗。

在戈氏「外交新思維」的指導下，蘇俄八〇年代中後期的外交政策也發生了重大變化。首先是在裁減軍備上邁出了重要的步伐，與北約達成了銷毀中程導彈的協定，與美國就限制軍備和核武器上也有進展；從阿富汗撤出蘇俄軍隊；從東歐和蒙古撤出部分蘇軍；蘇軍自行裁軍五十萬，停止進一步對亞非各國的擴張；在中蘇關係上實現了正常化等。這些都使當時的國際關係得到改善，使蘇聯的國際形象有所提升，戈氏本人為此也得到西方各國領導人的大力讚揚，還獲得了諾貝爾和平獎。與此同時，蘇俄對東歐國家的控制也有所變動，允許各國按自己的情況實行改革政策。

但另一方面，戈氏的外交政策也帶來三方面的嚴厲後果，第一、戈氏使勃列日涅夫時期的全球進攻性外交戰略急速地轉變為在全球實行戰略收縮和撤退，使蘇俄的國際地位和國家利益受到損害，引起國內的強烈批評；第二，在對東歐國家的態度上，蘇俄一方面放鬆了對波捷匈三國的干預，但另一方面又對民主德國，捷克斯洛伐克、保加利亞，羅馬尼亞等國施加壓力，促其按戈氏新思維進行改革，這又表明戈氏繼續另一種形式的大國主義；第三，蘇俄的外交從與美國和西方尖銳對抗，急速地轉變為與西方緩和，再進而轉變為實行親西方外交政策，在一些國際問題上追隨西方，充當美國和西方外交的小伙伴，甚至對美國和西

方干涉蘇俄內政也聽之任之，尤其是在對波羅的海沿岸三國獨立問題上，屈從西方壓力，導致蘇聯解體。

第二節　俄羅斯的外交決策機制及其影響因素

㈠俄羅斯的外交決策機制

　　過去，蘇俄的外交決策權是高度集中的。例如，斯大林曾經長期控制對外決策權，名義上蘇共中央政治局是決策機構，但實際上許多政治局委員對諸如蘇德秘密協定的內容並不清楚。在勃列日涅夫時期，外交決策權也高度集中在少數幾個人手中。例如，正如葉利欽當時所揭發的，蘇軍入侵阿富汗這樣重大的決策，事先是由勃列日涅夫、葛羅米柯和烏斯季諾夫三人決定的。

　　蘇俄解體後，俄羅斯的外交決策機構發生過一些變化，尤其是在一九九二～一九九三年間，由於總統和議會爭權，權限不清，導致出現多頭外交，即總統和議會在對外政策上都有憲法的決策權，各唱各的調，按當時的憲法，俄羅斯的對外政策大權屬議會所有，政府執行的外交政策原則應提交議會批准，一九九三年憲法之後，俄羅斯總統實際上掌握了俄羅斯外交的決策大權。

　　但在實際運作中，有一些機構和官員能對俄的外交決策能產生重大影響。

　　首先是外交部長及其領導的外交部。一九九二年至一九九五年間，俄羅斯外長科濟列夫在制定俄外交政策上起過重要作用。他曾先後於一九九二年十二月發表了《俄對外政策的基本構想》，一九九四年三月發表《俄軍事學說與國際安全》等許多文

章，對俄外交政策提出構想或進行闡述，對形成俄的外交政策產生了影響，在外交部中還有專門的「對外政策委員會」，對俄的外交政策進行研究並提出建議。

除此之外，國防部、對外情報局、聯邦安全局，國家杜馬中的國務委員會等機構，在俄外交政策的形成過程中也有重要作用。例如，在北約東擴問題上，國防部對俄外交政策的影響很大，又如，俄羅斯的外交和國防政策委員會在一方面有很大發言權，它是由俄羅斯總統親自領導和主持的，如，一九九四年五月，該委員會曾在俄第一副外長阿達米中，俄工業家和企業家聯盟主席沃爾斯基、俄總統對外政策顧問沃龍佐夫，《消息報》總編戈達北奧夫斯基，聯邦反間諜局局長斯捷帕申、副總理沙赫賴以及經濟和政治研究中心理事會主席亞夫林斯基等人的參與下，提出了俄羅斯新的外交戰略，並對後來俄羅斯的外交政策產生了影響。

俄羅斯聯邦安全會議在俄外交決策上有重大影響，例如，一九九三年四月《羅聯邦對外政策構想基本原則》這一重要文件，雖然科濟列夫作為外交部長提出了一個框架，但作為正式文件，它則是由安全會議支持的。當時的安全會議秘書斯科科夫主持了這一工作，他組織了一個有外交部，對外經濟聯絡部、國防部，對外情報局、安全會議辦公廳，議會的國際事務和對外經濟聯絡委員會，國際安全委員會的專家參加小組，對該文件進行了詳細的討論。最後，這份文件又得到了安全會議的批准，並在一九九三年四月二十日由俄羅斯總統批准實行。

從這一主要的外交政策的制定過程也可以看出，俄羅斯總統在外交決策中起著最主要的作用。如果說這一決策權在一九九三

年之前還要受到議會的制約的話，那麼在一九九三年憲法制定後，總統的外交決策權就更加穩固了。俄羅斯總統可以直接召集和主持外交部的部務會議，干預外交政策的執行過程。雖然一九九一～一九九五年十月，科濟列夫一直擔任外交部長，但葉利欽曾多次批評俄外交部的工作。尤其是在一九九五年九至十月間，由於俄羅斯的波黑政策受挫，葉利欽曾兩次指出由於俄外交部工作失誤使俄羅斯的利益受損。這些都有利於俄總統從外交執行權角度對外交決策機制形成反彈。

㈡影響俄羅斯外交決策的主要因素

當然，俄羅斯的外交決策機制也不可能不受俄總統外交原則和外交學說和思潮的影響，因爲現今的俄羅斯與沙俄時代的俄羅斯在許多方面都保持著共同的特徵和連續性。

從沙俄時代（十八世紀）起，俄羅斯就一直存在著三大外交學派之間的鬥爭，它們相互滲透、相互交錯，對俄羅斯外交產生了深遠的影響，這三大外交學派是：

⑴西方派。彼得大帝可以說是俄羅斯西方派的創始人。彼得大帝堅決主張俄羅斯西化，其西化政策的主要目標在於模仿西歐各國的經濟軍事制度。後來，西方派在十九世紀亞歷山大二世時期得到很大發展。西方派對內主張俄羅斯模仿西歐的文明，對外主張俄羅斯應逐漸融合於西歐社會，使俄羅斯成爲西歐社會中之一員。

⑵斯拉夫派。斯拉夫派的思想基礎有兩個：一是以斯拉夫民族主義爲基礎，主張組成以俄羅斯爲中心的，包括西部斯拉夫（波蘭、捷克斯洛伐克），東部斯拉夫人（烏克蘭、白俄羅斯）

和南部斯拉夫人（南斯拉夫，保加利亞）等構成獨立的體系；二是以東正教爲基礎，鼓吹俄羅斯正教是第三羅馬，應爲新的世界中心，並賦予俄羅斯以拯救世界的歷史使命。斯拉夫派在國內主張建立有俄羅斯特色的斯拉夫的新文明，認爲俄羅斯應走自己的發展道路，不屑於以西歐爲師，對外主張俄羅斯應控制東歐，尤其是在巴爾幹地區應支持保加利亞，塞爾維亞人，具有強烈的民族主義和反西方色彩。

(3)歐亞主義派。歐亞主義派認爲，俄羅斯是一個橫跨歐亞大陸的國家，其文化特色既有西方的，又有東方的，處於東西方文化的中間，是東西方文化的橋樑和中介，這種地位賦予俄羅斯一種世界性的使命，俄羅斯文化既不是西方的，也不是東方的，而是一個新的世界性文化，把東正教的遺產與金帳汗國的遺產結合在一起。在歐亞主義派中，由於其側重點不同，又產生不同的支派，一些認爲歐亞文化應在亞洲支持下對抗西方的羅馬——日耳曼文化；另一些主張以西方文化爲主，吸取一些東方文化，建立一個以東正教的基督教爲主體的新大陸；還有一些則注重和強調西伯利亞和遠東廣大地區對俄羅斯未來發展的獨特作用，主張俄羅斯的重心要逐漸東移，與東亞各國更密切地合作。

歐亞主義派與斯拉夫派具有更多的共同性因而兩者經常合成爲俄羅斯社會的主導思想，俄羅斯帝國的雙頭鷹國徽即表現了這種特色。這雙既向東又向西的雙頭鷹，一方面表現沙俄帝國爭霸世界之野心，另一方面也表現俄羅斯的歐亞大陸的特性。

這三種外交學派長久地影響著俄羅斯，並在今天的俄羅斯外交中都能找到其代言人。

除此以外，俄羅斯的外交政策也受代表這些不同的外交思潮

的政治力量的對比變化的制約。俄歷史學博士涅查德‧奧溫尼科夫指出,「在俄國,對自己的國家及其在世界上的地位所持的態度的特點是,三種推動力量之間進行著特殊的鬥爭」:

(1)愛國主義力量。「愛國主義力量」對每個國家來說都是一種自然的和健康的東西。俄羅斯愛國主義的主要目標是保護祖國全部的歷史特殊性,在尊重其他國家和民族類似的權利的情況下維護祖國的國家利益和尊嚴。這意味著愛國主義中沒有孤立和封閉的情感,意味著願意進行平等合作,當然,首先是和歷史風俗相近、相互關係密切的國家合作,但是也同時對俄羅斯沒有敵意的其他國家合作,愛國主義在影響國際生活方面起著重要作用。

(2)民族主義力量。它是從民族土壤中成長起來的。「俄羅斯的獨特感在民族主義中極度膨脹。國家利益從俄羅斯的利益縮小到了俄羅斯人的利益,而這在多民族國家裡自古以來就是消極的東西。有人會想到透過堅決地前進,其中包括透過損害其他國家的願望來實現自己的國家利益。由於容易從民族獨特性的感覺發展成為領土要求,所以民族主義,特別是極端民族主義,會成為地區和全世界的消極因素和不穩定因素。」

(3)第三種力量是民族虛無主義。這指的是不太大的一個社會派別,它的民族特點是否認有上千年歷史的俄羅斯國家的獨特性。因此,這些人的國家利益感非常低。與顯示民族性的愛國主義和民族主義相反,民族虛無主義傾向於認為自己表現著比俄羅斯傳統的理想和價值「更正確」的外來傳統和價值。因此與民族主義不同的是,民族虛無主義本能地厭惡與西方發生衝突。這可以說是好事,但是它又準備走另一個極端─不僅準備進行平等合作而且準備接受被動的小伙伴的角色。

俄羅斯國力的這三種力量在許多外交的重大問題上存在著根本分岐。例如，在如何發展對獨聯體國家的外交戰略上，愛國主義認為必須把與俄羅斯的近鄰國家的關係提到極為重要的地位上；民族虛無主義則不大關心近鄰國家，而極端的民族主義者則尋求用武力來解決俄羅斯與近鄰國家的關係問題，在保護俄境外的俄羅斯人的利益、在領土劃分問題上採取強硬的立場。又如，在與北約的相互關係上，三種力量的觀點也不相同。民族主義者希望俄羅斯與北約繼續對抗；民族虛無主義者則看不到北約的優勢地位給俄羅斯帶來的問題；愛國主義者認為，如果冷戰的確結束了，那就應該解散北約。❺

這三種力量在俄羅斯政治上進行著鬥爭，當各種力量的政治對比發生變化時，就會對當政者制定外交政策產生影響，因為外交政策畢竟是以國內政治為基礎並為國內政治服務的。

以「俄羅斯民主選擇」和蓋達爾等人為代表的力量一般被認為是親西方派和民族虛無主義者，而以日里諾夫斯基為代表的俄自由民主黨等被認為是民族主義者和極端民族主義者。俄羅斯共產黨、農業黨自稱是俄羅斯愛國主義的代表。但實際上，這三種力量的劃分並不是那麼界限分明的，尤其是愛國主義與民族主義溫和派之間，很難有嚴格的區分。當權的葉利欽，科濟列夫等人也難說是其中那一種力量的代表，他們總是跟隨國內的政治力量的對比而變化自己的立場。在自由主義高漲時期，他們是親西方派的代表；而在民族主義力量較為優勢時，他們的外交政策中又會表現出民族主義的東西。葉利欽等人也在搶愛國主義的大旗，並把它與民族主義相結合。這樣，隨著俄羅斯政壇上政治力量對比的變化，俄羅斯的外交戰略也在變。這說明，俄羅斯的政治力

量對俄羅斯的外交決策權也有很大影響。

　　相對而言，俄羅斯議會在一九九三年之後對俄外交的影響不如一九九三年前大。例如，一九九五年九月，由於俄羅斯外交在波黑問題上受挫，俄國家杜馬通過決議，決定俄羅斯對克羅地亞進行制裁，俄羅斯解除對南斯拉夫聯盟進行制裁的禁令，並建議俄羅斯總統解除外交部長科濟列夫的職務。但這些對俄羅斯外交均無約束力。俄羅斯總統雖然譴責北約對波黑塞族進行大規模轟炸，並決定對波黑塞族提供人道主義援助，但對國家杜馬的其他決定置之不理。這也表明，俄議會在俄外交決策上權限有限。

　　當然，在俄當權者（總統及其親信，政府實力部長等）中，在外交決策上也有一個力量對比的問題。一般認爲，俄當權者可分爲溫和派（以科濟列夫爲代表）和強硬派（以國防部、聯邦安全局，對外情報局等官員爲主），前者與親西方派、民族虛無主義接近，而後者則多爲激進的民族主義者。這兩種力量在不同問題上對俄外交決策的影響力也不一樣。

第三節　一九九二～一九九五年間俄羅斯外交戰略的演進

㈠俄外交戰略變化的三個階段

　　一九九一年底蘇聯解體，俄羅斯作爲一個獨立的國家重新登上世界舞台，昔日蘇聯超級大國的雄風已一去不返。俄羅斯的對外戰略何去何從？以一九九二～一九九五年，俄羅斯的外交戰略經歷了一個重大的變化過程。大體上可把這四年分爲三個階段。

第一階段是親西方外交戰略起主導作用的階段，時間大體上是一九九二年初到一九九二年秋，這是俄羅斯與西方的「浪漫戀愛」階段，俄羅斯實行對西方一邊倒外交；第二階段以一九九二年秋至一九九四年初，這是俄羅斯實行新東方外交的階段，俄羅斯調整了第一階段過分傾向西方的外交政策，試圖在保持與西方密切關係的同時，加強與東方各國的關係，使其外交大體平衡；第三階段是一九九四年初至一九九五年，俄羅斯的外交經過幾年的搖擺，終於形成了「大國獨立外交」的新戰略，大體找到了俄羅斯在國際關係中的確切地位。下面分別對這三個階段俄羅斯外交戰略的特點及其變化的原因進行一些分析。

(二)「親西方外交」形成的歷史條件及其特點

從一九九一年底至一九九二年底，俄羅斯的外交戰略受「大西洋主義」「美國中心主義」「歐洲主義」以及俄羅斯歷史傳統中「西方派」的影響，具有明顯親西方和向西方一邊倒的色彩。

作為主持俄外交工作的外交部長科濟列夫，是這一時期親西方外交戰略的主要制定者之一。他在這一時期的言論以及俄外交的實踐都鮮明地表現了親西方外交戰略的內容和特點。

科濟列夫一九九二年四月一日在《獨立報》發表的談話指出：「俄羅斯聯邦必須加入最蓬勃發展的民主國家的俱樂部」。科濟列夫在指出俄外交的兩個優先考慮的重點時，把發展與西方的合作放在特別突出的位置。他認為，俄羅斯與西方國家之間沒有任何無法克服的分歧和利益衝突，「完全有可能和它們建立友好的關係，將來還會建立盟友關係」，「盟友」就是「建立於共同價值和捍衛這價值之上的聯盟」。這是俄外交的第一個「優

先」，第二個優先是俄羅斯與所有相鄰國建立睦鄰關係，而這還是在強調優先發展和西方的關係，因爲美國、日本、西歐都被認爲是俄羅斯的近鄰國家，其次才是指獨聯體、東歐。科濟列夫認爲俄羅斯「必須加入國際貨幣基金組織，同它共同制定有助於全面基礎改革的大規模合作計劃」。❺科濟列夫在其文章中指出，俄羅斯將「直接把與美國的關係從親近一級上升到友好國家一級，今後則將上升爲盟國一級。我們對日本及許多其他發達國家也正在奉行同樣的方針。這裡並不是指建立新的軍事同盟，而是指建立維護民主人權及國際穩定這些共同財富的聯盟」。❺科濟列夫還在與記者的談話中認爲，「俄羅斯應當步入最積極發展的民主國家行列」再次強調了與西方建立聯盟的設想，指出「我們注重其他民主國家，認爲它們是朋友和潛在的盟友」❺。

這種將俄與西方關係提到特別優先地位的想法在其他一些民主派的報刊上也可以見到。例如，一位作者認爲，新俄羅斯「與以美國爲首的西方結盟」是「對外政策理論基礎」。「首先面向西方的方針是無可置疑的」，「在當前是唯一可行的」「從原則上講，與西方結盟是可能的」，否則，「會致俄羅斯於死地」，因爲「通向世界經濟之門的鎖匙不在的黎波里，也不在北京手裡，而在華盛頓、波恩、倫敦、東京手中」❺。

這一時期俄羅斯的「親西方政策」主要表現在以下幾個方面：

⑴在俄對外關係上，將發展與西方的關係放在第一位上，而把與俄同獨聯體、巴西、智利、阿根廷、希臘、土耳其、印度、中國和東南亞國家的關係放在第二層次上。科濟列夫曾經駁斥關於「歐亞主義」的觀點，認爲「必須消除親西方傾向，並使俄的

政策轉向東方，利用俄羅斯處於歐亞大陸中心的地位」的觀點怎樣說都可以，但「不應脫離那些根本性的問題，因爲能否與正在蓬勃發展的亞洲鄰國發展充實的關係取決於這些根本性問題」，在科濟列夫看來，與西方發展關係就是「根本性問題」，是俄與東方國家發展關係的前提。❺

　因此，在外交實踐中。俄與西方國家保持著極爲「熱乎」的關係。一九九二年上半年，俄總統葉利欽遍訪了西歐的英、法、德、意等國家，還在二月和六月兩次訪問了美國。

　(2)信奉與西方相同的外交原則。例如，俄外交部把自由、人權和民主作爲對外政策的主要原則。科濟列夫在一九九二年八月二十在《獨立報》上發表文章闡述了俄對外政策五個指導原則，其中三個是強調與西方發展關係的，即：參與「西方社會」，「建立互利的經濟關係和吸引投資」，「捍衛人權」，而「與鄰國保持友好關係」也主要指與西方國家的友好。他還特別強調說，俄羅斯人「在世界作爲民主人士，首先是民主人士」❺❻而出現在國際舞台上。

　這使俄羅斯外交在這一時期突出強調自己外交的西方意識形態色彩。例如，一九九二年俄領導人多次突出人權觀念。當時的議長哈斯布拉托夫一九九二年二月二十一日在歐洲議會上發言時指出「人權比不干涉內部事務原則更重要」，一九九二年三月科濟列夫外長在訪問北京時向中國領導人提出討論人權問題，他在回國後對記者發表談話中指出，俄羅斯主張在人權監督上發展國際合作，他不同意中國領導人關於不干涉內部事務、人權應服從這一原則的觀念，認爲「人權特別不受不干涉內政觀念的約束」。一九九二年三月，俄羅斯代表在聯合國人權委員會日內瓦

會議上，追隨西方國家，支持將西藏違反人權問題列入議案。甚至俄國內也有一些學者批評說，俄羅斯的外交官正以當年蘇聯鼓吹「世界革命」的勁頭來宣揚「人權第一」的觀點。

(3)在一系列重大的國際問題上追隨西方，實際上充當西方的「小伙伴」角色。例如，在北朝鮮的核設施問題上，俄外長科濟列夫追隨西方國家對朝核設施進行國際監督的立場，在一九九二年四月發表的文章中指出，「俄國的第一號利益是排除在那裡出現核武器的可能性，督促朝鮮民主主義人民共和國使所做的一切符合朝鮮本國人民的利益—把所有那些核裝置置於國際監督之下」❺❼，俄羅斯在安理會上對西方提出的制裁塞爾維亞共和國的提案投了贊成票；俄羅斯在一九九二年底還一度贊成西方對伊拉克進行空中打擊；在西方的要求下，俄羅斯從從原蘇聯時期的重要的盟友國不斷的撤退，從古巴撤出了軍隊，冷淡了與朝鮮的關係，同意西方國家提出的對利比亞實行經濟制裁的提案等，都是俄討好和追隨西方的表現。

俄羅斯之所以在這一時期實行親西方的的外交戰略，主要是由以下因素促成的：

(1)葉利欽政權在形成和建立過程中得到了西方的大力支持，因而在外交上對西方國家有親近感。葉利欽是作爲蘇共和蘇聯社會主義制度的政治反對派首領而出現的，這與西方摧毀蘇聯社會主義制度的利益不謀而合。在葉利欽作爲反對派領袖期間，在葉利欽一九九〇～一九九一年在俄掌權後，尤其是在一九九一年八月事件中，西方對葉利欽給予了大力支持。蘇聯解體後，俄羅斯成了獨立國家，使葉利欽成爲俄羅斯真正掌權者。葉利欽政府在一九九二年起用的又是以蓋達爾爲首的親西方的民主派，因而他

們的意識形態以西方爲模式。所以，俄羅斯政權在一九九二年間實行親西方政策有其政治因素。

(2)親西方外交是葉利欽—蓋達爾政權推行的政治經濟改革的需要。外交總是爲內政服務的。葉利欽—蓋達爾政權一九九二年的改革，是以西方的休克療法爲其依據的。蓋達爾的改革方針是試圖依賴西方對俄羅斯的大量援助，穩定國內經濟，振興經濟，走出經濟危機的死胡同。因而，親西方外交也把與西方國家搞好關係，促使西方國家更多地援助俄羅斯爲目標的。而西方爲了把俄羅斯拉向西方，在一九九二年也一度宣揚援俄的「新馬歇爾計劃」，擬每年給俄羅斯提供二百至三百億美元援助，但俄羅斯需接受歐共體、歐洲銀行、世界銀行提出的實行自由價格，可兌換盧布、私有化等政策。所以，要實現葉利欽—蓋達爾的激進的改革方針，就要把發展和西方國家的關係放在特別優先的地位。正如葉利欽在一九九二年十月所指出的，「俄羅斯沒有別的選擇，它必須與西方和東方的發達民主國家建立長期的伙伴關係甚至盟友關係」。

(3)對蘇聯長期推行的與西方對抗的外交戰略及其所帶來的惡果的一種極端反映，同時又是戈爾巴喬夫推行的親西方外交的延續。與西方的冷戰和對抗，使原來的強大的蘇聯走向衰弱，被龐大的軍備競賽拖垮，並最終導致崩潰。蘇聯解體後的俄羅斯，其綜合國力已經大大不如過去的蘇聯，這使俄羅斯領導人被迫放棄原蘇聯的勢力範圍，從世界各地實行戰略退卻和收縮，並實際上承認了美國在國際事務中的主導作用，從而追隨以美國爲首的西方。而這在一定程度上正是戈爾巴喬夫時期蘇聯外交戰略的慣性發展。

總之，俄羅斯在一九九二年實行親西方的外交戰略，並不是偶然的，有其產生和形成的各種因素的存在。

㈢俄羅斯的「新東方」外交戰略

在「親西方外交」的指導下，俄羅斯國內出現了對西方國家的幻想，以為俄在西方援助下，可以很快成為西方社會中的一個強國。這也是俄羅斯與西方的自由浪漫時期。但這種樂觀的情緒沒能持續多久時間。有幾個因素促使俄羅斯在一九九二年底對親西方外交戰略進行修改。

首先，俄羅斯與西方國家的關係發生了變化。最初，俄羅斯滿腔熱情地投向西方國家的懷抱，並期望西方國家能慷慨解囊，幫助俄羅斯渡過難關。但西方國家的援助是雷聲大，雨點小。一九九二年西方給俄羅斯的主要是人道主義援助，而允諾的二百四十億美元只到了十億。因為西方國家實際上並不希望俄羅斯重新強大，同時面對俄變化莫測的國內局勢也躊躇不前，不願貿然投資，這使許多人對西方大失所望。

其次，俄羅斯未能得到相應的回報。俄實行親西方政策，一味追隨西方外交，甘心充當西方的小伙伴，但西方並不把俄當作一個平等的伙伴，在許多重大的國際問題上事先並不徵求俄羅斯的意見，連過去一向對蘇聯順從的日本也敢在俄羅斯面前提出立即解決北方四島領土的強硬要求，至使葉利欽總統取消了一九九二年九月對日本的訪問。

再次，國內反西方的情緒在不斷出現。例如，一九九二年七月，俄武裝力量副總參謀長米・科列斯尼科夫將軍指出，西方國家一方面穩定自己國內的經濟形勢和緩和民族矛盾，但另一方面

卻又在加速俄羅斯或獨聯體的瓦解，並在經濟援助上欺騙俄羅斯，並警告說，西方國家會利用獨聯體國家的內部衝突，以需要對核潛力實行「國際控制」為藉口對獨聯體國家進行直接干預。葉利欽總統在議會中的反對派也多次抨擊葉利欽的親西方政策，要俄在國際問題上，尤其是在前南斯拉夫地區和俄出售軍火武器上改變屈從美國的政策。

最後，在俄統治階層中，也出現了批評親西方外交的「歐亞主義」思潮。葉利欽總統的顧問斯坦克維奇認為，從戈爾巴喬夫時期開始並被俄外交部繼承下來的親西方外交是沒有根據的，因為俄國要用許多年時間才能成為西方發達國家，在此之前，只能充當西方的低級伙伴；同時，俄羅斯完全西化也不合俄國情，最後，西方也並不真心希望俄成為發達國家，因此，俄應成為歐亞國家，透過在東西方國家之間的橋樑作用來恢復俄羅斯的國際地位，俄駐美大使盧金等職業外交官也認為，過於親近西方全使西方不切實際地期望俄羅斯在它面前俯首貼耳。當時的副總統魯茨科伊也指出，西方的援助實際上是捕鼠器內的「免費奶酪」，俄應奉行東西方並重的外交政策。

在這些因素影響下，俄羅斯開始逐漸改變對西方一邊倒的外交戰略。在一九九二年七月，俄外長科濟列夫不得不表示，「俄羅斯的東部政策應當同西部政策一樣是積極的」，「俄羅斯外交不奉行某種單獨的『東部政策』或某種單獨的『西部政策』。俄羅斯的國徽是雙頭鷹—它同時注視著東方與西方。因此，俄羅斯的外交政策是平等的，均衡的，而不是親西方或親東方的政策」。

一九九二年十月二十七日，葉利欽在外交部部務會議上對過

去的親西方外交提出了正式批評，認爲外交部的工作中有許多「錯誤和失誤」表現爲忽視獨聯體國家，沒有和東方國家發展關係，無視東歐國家，與第三世界國家的關係在減弱。葉利欽還對俄羅斯外交追隨西方尤爲不滿，指出俄羅斯「獲得了對別國提出的所有議案──不管這些議案我們是否有利──都說『是』的盛名。在國際舞台上舉止縮手縮腳，經常取守勢，往往忍欺受侮；對其任何大國不敢爲的事對俄羅斯敢爲，我們卻對此容忍；今天，俄應對西方包括美國說出俄羅斯的失望」。這也是俄羅斯轉變親西方外交戰略的開始。一九九二年十二月，葉利欽再次指出，「早就該使我們的政策，我們的全部活動來一個大轉變，使其確實面向俄羅斯，面向俄羅斯傳統，確實面向俄羅斯的過去，現在和未來」。

從一九九二年年底到一九九四年初，俄羅斯加強了與獨聯體和東歐國家的聯係，但在外交戰略調整的重點在東方，因此也被稱之爲「新東方外交」或「新東方政策」。它具體表現在：

(1)特別强調發展與東方國家關係的重要性。葉利欽在一九九二年十一月、十二月和一九九三年一月先後訪問了韓國、中國和日印度，這也是俄羅斯新東方外交戰略的付諸實施的標誌。葉利欽在訪問中一再表示俄羅斯「需要從面向西方轉爲面向東方」，「從歐美優先轉向亞太優先」俄將「不僅在西方，而且在東方保持政治利益均衡」。葉利欽還認爲，俄羅斯需要學習韓國和中國經濟改革的經驗。

(2)新東方政策並不意味著俄放棄以歐美爲重點，謀求加強與西方合作的戰略，只不過是試圖通過發展與東方國家的關係，來增强俄與西方國家交往中的國際地位，改變俄羅斯充當西方小伙

伴的角色。實際上，東方國家在俄外交的戰略結構中，仍排在歐美之後。但這一時期，俄對西方國家的外交的確也出現了一些重大變化，表現出較多的獨立性和強硬態度。

(3)強調俄在東亞、東南亞和亞太地區有重要的安全，經濟和戰略利益。俄羅斯的東方政策認為，俄羅斯與中國有很長的邊界線，亞太國家的民族衝突和領土糾紛等都將對俄羅斯的國家安全利益產生重大影響，因此俄羅斯又重新提出了戈爾巴喬夫時代提出的亞洲集體安全體系的主張；同時，亞太地區又是一個經濟蓬勃發展的地區，在西方經濟援助不可能大規模地給予俄羅斯的情況下，俄羅斯除了依靠自己內部的潛力外，可以參與亞太的經濟合作中得到巨大的好處。尤其是占俄領土大部分的遠東地區和西伯利亞，在這種經濟合作中可獲得推動其經濟發展的動力。

(4)逐步恢復原蘇聯與亞洲國家的傳統聯繫，擴大俄羅斯在亞洲的影響。親西方政策占主導時期，俄羅斯與印度、伊拉克、越南、蒙古和朝鮮等傳統盟友的關係處於停滯狀態。在實行新東方政策期間，俄羅斯又重新恢復了這種聯繫。俄羅斯在葉利欽總統一九九三年一月訪印期間，與印度簽訂了為期二十年的「俄印友好條約」，後又決定向印提供衛星發射技術；俄外交部官員訪問了伊拉克，表示要與伊拉克發展關係；外交部副部長庫納澤訪問了北朝鮮，重申俄羅斯願把過去的蘇朝友好條約作為兩國關係的基礎；同時，在一九九三年間，俄還與越南續簽了使用金蘭灣基地的協議，與蒙古簽訂了新的友好條約。過去原蘇聯與東南亞國家關係較冷淡，而在新東方政策推行期間，俄羅斯透過向泰國、馬來西亞出售軍火，加強了與東盟國家的聯繫。

㈣俄羅斯的「大國獨立」外交戰略及其重要意義

　　蘇聯解體後，俄羅斯從未放棄在世界舞台上重樹其大國地位的外交目標，但到底怎樣才能實現這一點，卻長時期內沒有找到很好的途徑。親西方外交和新東方外交實際上也可以看作是俄羅斯追求其大國地位的兩個嘗試。如果說前者導致俄羅斯充當西方小伙伴從而削弱了俄羅斯的大國地位，那麼後者在加強俄羅斯的大國地位方面也未能起特別突出的作用。正如俄羅斯一位議員指出的：「俄羅斯在西面註定會孤孤單單，但它是否有轉向東方的選擇呢？我看不到在短期內有取得重大突破的好機會，也看不到在發展新的『東方政策』方面有什麼好處」；因為「第一，俄羅斯在亞洲搞一體化的機會和需要相當令人懷疑；第二，我們在經濟上也更接近西方，迅速地改變方向是不可能的和不利的；第三，俄羅斯與許多亞洲國家的關係遠非美滿，而改善這種關係需要花時間，例如，俄羅斯與日本有領土爭端，與中國有大量尚未解決的問題，與穆斯林世界已經疏遠」。㊿

　　正是在這種背景下，關於俄國的「大國獨立外交戰略」的呼聲和主張變得越來越強烈。實際上，還在一九九二年中，就已經有人提出過這一想法，例如，安‧米格拉尼揚教授在一九九二年八月的和文章中指出：「俄羅斯仍然沒有在國際社會中找到自己的位置」，他批評親西方的外交政策的基礎在於幻想俄羅斯與西方的利益「到處都是一致的」但實際上俄羅斯的民族利益和國家利益不會總是與西方的利益，特別是美國的利益相一致的，他主張學習中國外交的模式，在和西方的經濟交往中得到好處時又奉行獨立自主的對外政策，在捍衛自己的民族利益時不怕顯得「不

文明」，因爲「俄羅斯還没有富裕和强大到與西方平等地推行對外政策的地步，不過我們也没有貧窮和衰弱到要追隨西方政策的地步」，俄羅斯必須在國際社會中尋找自己的「特殊的面貌」。❺❾

葉利欽總統一九九三年一月在訪印回國後，也提出過俄要「實行獨立自立的外交政策」的主張。但在當時没有形成具體的概念。到一九九四年。關於大國獨立外交的構想日漸成熟。一九九四年三月，俄外長科濟列夫批評世界上只有一個超級大國即美國在領導世界的觀點是一種「瘋狂的想法」，並重申「俄羅斯註定是個大國，……它仍然是大國」❻⓿；葉利欽的外交顧問謝，卡拉加諾夫也在《俄羅斯找到了獨立的外交政策》一文中指出，俄羅斯將不再是戈爾巴喬夫時代末期和葉利欽時代初期那樣的西方十分聽話的「乖孩子」，而將是西方的「獨立的伙伴國」❻❶。俄副外長丘爾金也認爲，俄外交的過渡時期已經結束，俄羅斯正在恢復自己的大國地位❻❷。而一九九四年二月葉利欽的國情咨文實際上正式宣布了大國獨立外交戰略提上了日程。

正是在這種情況下，俄羅斯出現了「俄羅斯新戴高樂主義」的主張，國家杜馬國際安全和軍備控制小組委員會主席尼科諾夫就是其主要代表。他認爲，法國戴高樂總統戰後推行的外交政策可以作爲俄羅斯奉行大國獨立外交戰略的模式，俄應實行「俄羅斯的新戴高樂主義」，其核心思想是，俄羅斯「應該像個大國那樣進行思考和行動」，「應該在自己的對外政策中最大限度地保持獨立的立場，以自己的民族利益和發展民主理想的利益爲目標」❻❸。

到一九九四年年中，俄羅斯在獨立後，第二次進行外交戰略

的調整，逐步形成了俄羅斯的大國獨立外交戰略。這一戰略的特點是：

(1)如果說親西方外交強調俄利益與西方一致，新東方外交強調俄與東方國家有很多共同利益，那麼，大國獨立外交戰略的出發點，則是強調俄羅斯作爲一個大國的獨特性，強調它的幅員遼闊，實力強大，處於歐亞大陸的重要戰略地理位置，因而它的利益與西方和東方都不相同。，正是利益的獨特性決定了俄外交的獨立性。

(2)大國獨立外交的另一個出發點，不是強調西方國家優先，或強調東方國家優先，而是強調俄羅斯的民族利益，國家利益優先，因而，只要符合俄羅斯的利益的，都可以作爲優先的對象。所以，大國獨立外交實際上是一種全方位外交，它不打算與任何國際力量中心對抗，也不打算與任何國家結盟（獨聯體除外），完全放棄過去俄要與西方國家結成盟友的戰略，推行全方位的平等伙伴關係戰略，把所有對俄羅斯的國家利益有益的國家，都作爲平等的伙伴；因而，西方國家可以優先，東方國家可以優先，甚至在一九九四年七月，葉利欽、科濟列夫，切爾諾梅爾金又提出了「非洲過去和現在都是俄對外政策的重點」因爲「非洲關係到俄羅斯的利益」這樣，差不多所有的國家、地區都在不同時期成爲俄外交的「重點」和「優先」因而所有國家和地區都不是俄外交長期不變的「重點」和「優先」，「重點」和「優先」都處於變動之中，只有俄羅斯「利益優先」這一點是不變的。

(3)重振世界大國地位，重返世界舞台，積極參與國際問題的解決過程。在國際問題上，俄從一九九四年初起開始按照自己的意圖重樹俄羅斯的大國地位。一九九四年二月，俄羅斯促成波黑

塞族把重武器撤出薩拉熱窩市周圍地區，並派四百名軍人前往該地區維持和平，阻止了北約對波黑塞族陣地實施空襲。這是俄重振大國地位邁出的第一步，向世界顯示了俄在該地區具有獨特的影響力；一九九四年底，俄在聯合國安理會上否決了西方國家提出的制裁塞族的議案，一九九五年三月，俄又和南斯拉夫簽署了軍事合作協定；同時，俄還積極介入中東事務。一九九四年十月，美國再次宣布準備對伊拉克動武，俄羅斯派使前往伊拉克，說服了伊拉克軍隊從科威特邊界地區後撤，促使伊拉克宣布承認科威特主權和聯合國劃定的伊科邊界；一九九四年三至四月，俄外長科濟列夫等人又出訪中東各國，支持巴勒斯坦自治計劃，促進敘利亞與以色列的和談，並邀請阿拉法特和以色列總理拉賓訪俄；在朝鮮半島，俄在一九九四年提出了召開朝鮮半島國際會議的建議，並表示要恢復與朝鮮的密切經濟和軍事技術合作；與朝鮮南北雙方都保持友好關係。俄羅斯不顧西方的反對，向伊朗提供核反應堆技術，向印度出售火箭發射技術，並停止軍工轉產過程，恢復並重返昔日蘇聯的武器銷售市場；在一度退出古巴之後，俄羅斯在一九九四～一九九五年加緊恢復與古巴的關係，併在一九九五年宣布在新的基礎上簽訂俄古條約。同時，爲了保持與一個世界大國相稱的軍事實力，俄放慢了單方面裁軍的步伐，使俄保持比較強大的威懾力量，並重新修訂軍事學說，繼續進行高精密武器的研究和開發，加速軍隊的改建，還宣布堅持防禦原則，但不放棄首先使用核武器。一九九五年五月，俄羅斯還利用二戰勝利五十週年紀念之機，舉行規模盛大的慶典，顯示俄羅斯的大國地位。

(4)明確宣布獨聯體國家爲俄羅斯「切身利益範圍」東歐和波

羅的海沿岸爲俄「利益範圍」，並不顧西方的立場採取強硬的態度，維護俄羅斯在這兩個地區的影響和存在。過去，俄對外交因害怕被西方指責恢復俄羅斯帝國主義而在獨聯體地區縮手縮脚。在推行大國獨立外交戰略之後，俄公開宣布，俄在獨聯體有特殊的「切身利益」，不容許西方國家染指獨聯體事務，並明確表示將以「首領地位」發揮其獨特作用，在經濟、政治、軍事上大力推進獨聯體國家的一體化進程，承擔在獨聯體範圍内「維和」的特殊使命，加強在中亞、外高加索和白俄羅斯的軍事存在，並使阿塞拜疆、格魯吉亞、摩爾多瓦三國正式加入了獨聯體；俄羅斯還宣布，將集中力量保護居住在獨聯體地區的俄境外的俄羅斯人。

與此同時，俄羅斯的大國獨立外交也改變了過去俄在東歐地區的冷漠態度，強硬地反對北約東擴計劃，宣布不允許東歐地區完全納入西方勢力範圍，因爲北約東擴將使北約力量擴大到俄羅斯邊界，對俄羅斯的安全構成潛在威脅，同時，東歐國家是原蘇聯的盟友，俄羅斯在東歐地區也有重大的利益，東歐也是俄羅斯的勢力範圍，是俄羅斯的近鄰和「近外」國家，俄不會聽任西方勢力占領東歐地區。

(5)與美國和西方國家拉開距離，以保持俄羅斯的大國獨立的地位。大國獨立外交完全放棄了對西方建立盟友關係的幻想。它一方面認爲，俄羅斯不應與西方對抗，避免與西方關係發生不必要的緊張，而是要繼續加強與西方的密切合作，保持和擴大與美國和西方的對話和合作，因爲「只有與美國和歐洲保持密切的關係，我們才能指望經濟改革取得成功，才能指望民主制度在俄羅斯取得勝利」，所以，俄的大國地位要求俄參與「七大國」活

動，先是在政治上使俄成為八大國之一，然後在經濟上逐步成為與七大國平起平坐的伙伴。

但是，另一方面，鑒於俄羅斯與西方的矛盾和俄羅斯的實力，俄羅斯不能幻想與美國和西方結成盟友。俄羅斯必須與西方保持一定距離，才能發揮其獨立的大國作用。所以。在一九九四年後，俄認為俄美關係應從戰略伙伴關係降為平等，正常的、務實的、現實的伙伴關係，俄與西方既合作又競爭，為了維護自己的利益，俄羅斯不惜在伊拉克、波蘭，向伊朗出售核反應堆技術，向印度出售火箭發射技術、北約東擴、制裁塞爾維亞、出售軍火等問題，不惜冒犯美國和西方，甚至不惜採取局部直接對抗的措施，並一再警告俄不接受二流國家的國際地位，要西方和美國不要忽視俄羅斯，否則會出現「冷和平」。

⑹在東方政策方面，大國獨立外交實際上繼續推行新東方政策，但又有重大改變。過去的新東方政策是為了抵銷親西方外交所引起的消極後果，但實際上仍把東方政策放在比西方政策較低的層次上。在大國獨立外交戰略中，東方政策具有了新的含義。尤其是俄中美關係在俄羅斯的外交戰略結構中的地位有所上升。俄不僅把俄中關係以睦鄰友好關係上升為面向二十一世紀的建設性關係，而且實際上使之具有更加重要的外交戰略意義。因為俄中沒有根本的戰略利益衝突，但俄美之間卻有不可調和的戰略利益矛盾，俄中關係在俄美關係中因此具有了特殊含義。一九九四年五月俄外交和國防政策委員會提出的外交新戰略認為，俄「應當繼續奉行旨在發展與中國的最友好和緊密關係的政策」，該報告還把中國作為與七大國將平起平坐的大國來看待，認為「鑒於俄羅斯的歷史、地理及文化特點，西方在經濟和技術上的強大，

而俄羅斯暫時還沒有找到南方和東方的天然盟友，它的長期目標，應當是和從美國、加拿大到日本（今後還要繼續加上中國及其他國家）的北線建立起穩定而現實的伙伴關係。應當繼續奉行首先使俄羅斯，然後可能再加上中國參與七大國的活動（首先是在政治上）的方針」。

因此，從一九九四年以來，俄羅斯與中國的關係不斷升溫，俄外長科濟列夫、國家杜馬主席雷布金、總理切爾諾梅爾金，副總理紹欣，武裝力量總參謀長在一九九四年先後訪華；葉利欽總統宣布在一九九五年年底再訪問中國，而中國方面江澤民主席一九九四年九月和一九九五年五月兩次訪俄，李鵬總理一九九五年六月訪俄。在一九九五年雙方都受到來自美國共同壓力的情況，俄中關係進一步接近。俄羅斯還一反常態，在一九九五年三月聯合國人權委員會會議上第一次投票反對西方國家攻擊中國人權狀況的提案，使該提案以21：20的比例被否決，也可以說羅俄羅斯在這一問題上投了關鍵的一票，表示了對中國的大力支持。俄中最高層的頻繁接觸和交往，大大超過了俄美高層領導人來往的程度。

俄羅斯大國獨立外交戰略在俄獨立以來的外交政策上具有十分重要的意義。如果說親西方只得到了一部分上層人物的支持，新東方外交也受到親西方人士的反對的話，那麼大國獨立外交戰略則得到俄大多數政治力量的支持，從以蓋達爾、科濟列夫為首的親西方派，到溫和的中右、中左派首腦切爾諾梅爾金、沙赫賴雷布金，再到極端的的民族主義代表人物日里諾夫斯基和共產黨主席久加諾夫，從葉利欽總統到國防部長格拉喬夫，對外情報局首腦普里馬科夫，聯邦安全局首腦，都幾乎一致地贊同恢復俄羅

斯的大國地位，主張實行獨立自主的外交戰略。因此，也可以說，親西方外交和新東方外交都不過只是蘇聯解體後俄羅斯外交戰略形成過程中兩個短暫的過度性階段，而大國獨立外交戰略則將長久地影響和主導俄羅斯的外交行動，是一個比較成熟，穩定和符合俄羅斯實際情況的外交戰略，它標誌著俄外交戰略的制訂和調整階段的結束，開始了俄外交的一個新階段。

第四節　俄羅斯的獨聯體政策

㈠從「甩包袱」到俄羅斯的「門羅主義」

俄羅斯對獨聯體國家的政策，與其對外總政策一樣，在一九九二～一九九五年間也有很大的變化。

一九九二年初到一九九五年，在俄羅斯如何對待與獨聯體國家的態度問題上，俄羅斯國內先後出現了四種影響較大的思潮：

第一種是「恐蘇症」。認爲俄羅斯應防止出現像蘇聯那樣的解體，就必須吸取前蘇聯的教訓，完全放棄原蘇聯地區。持這種看法的俄羅斯人認爲，在蘇聯時代俄羅斯雖然是十五個加盟共和國中的「老大哥」，但實際上俄羅斯並沒有從這種優越地位中得到任何實惠，俄羅斯成了蘇聯中一些落後的加盟共和國的「奶牛」，向它們提供了俄羅斯豐富的原材料和先進技術及設備、人才，而俄羅斯未能得到相等的回報；它們是使俄羅斯經濟落後的一個重要因素。因此，要重新回歸歐洲並成爲西方社會中的一員的俄羅斯，應該像甩包袱那樣徹底割斷俄羅斯與中亞、外高加索等各國的經濟聯繫，只與烏克蘭和白俄羅斯等經濟水準與俄羅斯

接近的斯拉夫國家發展聯繫。俄羅斯不應向原蘇聯地區的獨聯體國家提供過多的援助和幫助。「親西方派」較多地表現了這種「甩包袱」的思想。

第二種是與此針鋒相對的「俄羅斯帝國」論。這種思潮以日里諾夫斯基等爲其代表。「帝國」論既反對恢復蘇聯，又反對保存獨聯體，更反對完全放棄原蘇聯地區，相反，「帝國論」主張在前蘇聯領土範圍內鞏固和發展俄羅斯國家，因爲摩爾瓦多、高加索等地歷史上都是俄羅斯領土，而中亞各國沒有俄羅斯的「無私」援助就不能生存。因此，俄羅斯的利益要求俄羅斯「向南方衝刺」，避免俄羅斯受到來自南方的阿富汗、伊朗、土耳其的威脅。俄羅斯將使用軍隊來解決來自南方的麻煩，或採用經濟制裁、停止一切援助的方法，迫使外高加索、中亞各國重新歸併俄羅斯。

第三種是歐亞邦聯思潮。以俄統一和諧黨領導人沙赫賴等爲代表。沙赫賴在一九九二年即已提出歐亞邦聯設想。他主張在獨聯體國家內推行政治經濟和社會的一體化進程，各國可以在保留主權和獨立的基礎上協調各方面的政策，在經濟政策、貨幣、海關、市場等問題上採取統一的步驟，建立經濟共同體；邦聯設立跨國的政治會議和安全會議，成立聯合武裝力量和防務聯盟，設立邦聯聯合法庭；歐亞地區任何國家均可申請成爲邦聯成員國。歐亞邦聯將類似歐洲聯盟加北約組織的模式。這一設想在獨聯體一些國家中也得到了反映。例如，一九九四年三月哈薩克總統努·納扎爾巴耶夫也提出了成立歐亞聯盟的設想，這一設想在許多方面與沙赫賴的歐亞邦聯方案有共同點。

第四種是俄共爲代表的恢復原蘇聯的聯盟的思潮。他們認

爲，蘇聯解體是一個人爲的歷史性錯誤，對各族人民都是一個巨大的災難，應通過合法途徑廢除別洛韋日協定，並在改革、自願和平等基礎上恢復聯盟國家。這一思想在俄羅斯民族主義運動以及獨聯體許多國家的共產黨中也有眾多的支持者。

俄羅斯對獨聯體各國的外交政策，曾經一度受到過「放棄論」的影響。這主要表現爲葉利欽—蓋達爾政權對獨聯體各國比較冷淡。除了蘇聯體解後俄羅斯葉利欽政權忙於應付國內政治經濟和民族尖銳複雜的問題，急於爭取西方的援助等原因外，葉利欽政權在獨聯體問題上舉棋不定，幾乎沒有什麼明確的立場和政策，聽任獨聯體各國自由發展。葉利欽和科濟列夫在一九九二年初幾乎遍訪了歐美的主要國家，但對獨聯體各國的訪問很少。正如後來葉利欽總統的顧問米格拉尼揚指出的：「由於種種原因，俄羅斯外交部領導人和國家的其他政治領導人就作出了一個戰略上的錯誤決定：俄羅斯應面向俄羅斯聯邦範圍內部的問題，脫離前蘇聯各共和國的事務，不干涉前蘇聯的民族和地區衝突，並促使解決衝突的過程國際化。這就公開放棄了俄羅斯境外前蘇聯各地區的特權和利益」❻。

與此同時，「帝國論」的觀點也不時在俄領導人的言論中流露出來。葉利欽早在一九九一年八月二十八日，在蘇聯解體過程中，就提出過「一旦聯盟存在，俄羅斯聯邦保留提出修改邊界的權利」。在獨聯體成立後，俄羅斯對一些成員國也採取了「帝國」立場，不承認它們與俄羅斯的領土劃分。例如，俄聯邦議會曾通過決議，聲明蘇聯領導人一九五四年將克里米亞半島劃歸烏克蘭的決議無效，這實際上提出了對克里米亞半島的歸屬問題，引起烏克蘭的強烈抗議。

因此，在一段時間內，俄羅斯對獨聯體國家的外交同時存在兩種相互矛盾的政策：一方面是「放棄論」，俄不願對獨聯體國家進行經濟援助，不願意獨聯體國家都留在盧布區，對試圖留在盧布區的成員國提出苛刻條件；另一方面俄羅斯又不斷威脅一些成員國，如退出獨聯體，俄將提出領土劃分問題，同時，俄還試圖保留獨聯體統一的聯合武裝力量，在原蘇聯遺產的繼承和分割上不願照顧其他成員國的利益等。

　　但「放棄論」和「帝國論」都不可能成爲俄羅斯對獨聯體外交的主導政策。因爲，從「放棄論」來看，俄羅斯根本不可能「放棄」這一地區，俄羅斯在這一地區有極其重大的切身利益：第一，俄羅斯境外有二千五百萬至三千萬俄羅斯人，他們大多居住在獨聯體國家中；第二，獨聯體各國之間的邊界劃分十分複雜，以至於實際上沒有明確的邊界劃分，各國之間沒有海關，領土是相通的，人員可以自由來往，俄羅斯不可能把俄羅斯與獨聯體國家的邊界作爲外部邊界，否則會影響到俄羅斯的國家安全；第三，俄羅斯與獨聯體國家之間存在著密切的經濟聯繫。原蘇聯時期俄羅斯與其他加盟共和國之間的經濟聯繫並不完全是俄羅斯對這些共和國進行經濟援助的關係，俄羅斯從中也得到了許多。蘇聯解體後，俄羅斯一時難以擠進西方市場，而從長遠看，俄羅斯對中亞、外高加索地區豐富的石油、天然氣和其他原材料的需要也是很大的，同時，它們也是俄羅斯產品的巨大市場，放棄中亞、外高加索地區，也會使俄羅斯遭到很大的經濟損失；第四，獨聯體國家的局勢會對俄羅斯產生難以估計的影響。例如，如果獨聯體國家政局長期動蕩不安，戰火不熄，必然會造成難民潮，而俄羅斯將會是大批難民的首選目標，這又會給俄羅斯的經濟復

興帶來消極影響。所以,「放棄論」對俄羅斯是不可取的。

同時,「帝國論」也遭到了俄羅斯多數人的反對。因為第一,俄羅斯的國力已遠不如昔日的蘇聯,而蘇聯尚且不能長期維持自己的統治,更何況實力已大大衰弱的俄羅斯呢?第二,「帝國論」會使西方想起與蘇聯的對抗,會使西方重新感到「威脅」,因此,西方絕不會允許俄羅斯再演變成為昔日強大到與西方對抗的「帝國」;第三,獨聯體各國的獨立在一定程度上也是許多民族獨立意識的發展的結果,也絕不會再交出自己的獨立和政治主權,聽命於莫斯科的統治。因此,俄羅斯既無實力,又無外部條件來恢復俄羅斯帝國,而且即使恢復了,也不一定對俄羅斯有利。正如一位俄羅斯的歷史學家警告的那樣:「一切帝國的野心都將會把俄羅斯帶向毀滅。蘇聯帝國就是因為它無法維持它所包括的所有領土才崩潰的」。

因此,「放棄論」和「帝國論」註定不能成為長期主導俄羅斯的基本原則,必然會被更加務實的外交原則所取代。實際上,一九九二年年中,俄羅斯政權已注意到獨聯體。一九九二年三～四月,葉利欽政權已經提出了把與獨聯體國家的關係作為俄外交的一個重要任務和優先原則。俄羅斯在一九九二年五月十五日與烏茲別克、哈薩克、塔吉克、亞美尼亞和吉爾吉斯五國簽署集體安全條約是實踐中重視與獨聯體國家發展關係的一個重要標誌。

對獨聯體國家政策的重大轉變發生在一九九三～一九九四年間,俄羅斯在此期間內正式提出了比較成熟和比較務實的對獨聯體的原則。它既不是俄共提出的在革新、平等和自願的基礎上恢復蘇聯的主張,也不是馬上實現歐亞邦聯或歐亞聯盟的主張,而是俄羅斯的新門羅主義。

一九九三年，俄羅斯放棄了不干涉獨聯體成員國內部事務的立場，開始捲入格魯吉亞、摩爾多瓦、塔吉克的衝突。一九九三年二月，俄總統葉利欽指出：俄在保持獨聯體的穩定、制止這一地區的內部衝突方面應發揮「特殊作用」；十月二十日，俄外長科濟列夫又發表聲明說，「俄羅斯指望支持他在前蘇聯採取的維持和平的行動。但是，讓那些不想與我們一起共同負擔的國家不要再對我們講關於新的俄羅斯帝國主義的威脅此類的話」❻❺。俄軍隊的《紅星報》也認為，俄羅斯「開始意識到它在蘇聯解體後時代的真正位置和角色了」❻❻。俄一些學者也指出，「在歐亞大陸沒有比在獨聯體國家內部建立睦鄰關係更迫切和更重大的問題了。這個任務首先擺在俄羅斯面前。如果在獨聯體國家之間不能形成友好關係，那麼受到損害的首先是俄羅斯的利益，然後是歐洲、亞洲和全世界的利益。正因為如此，俄羅斯在與獨聯體國家的關係中不能僅限於起仲裁和調停作用，還應當起保護作用」❻❼。

　　科濟列夫在一九九四年一月十九日俄羅斯對前蘇聯境內各共和國對外政策會議上正式宣布了俄羅斯在獨聯體政策上的新變化。他宣布，俄羅斯在這一地區「起著特殊的作用，負有特殊使命」，同時公開批評了「放棄論」和「帝國論」，認為「用武力恢復某種帝國主義後的廣大地區」和「徹底離開前蘇聯境內各國」是兩種極端錯誤的觀點，「是違反歷史和不現實的」，「其中任何一種觀點都將導致南斯拉夫悲劇在前蘇聯地區重演」，而俄羅斯的新政策處於兩者之間。他宣布，俄羅斯軍隊不會離開獨聯體地區❻❽。科濟列夫一九九四年一月還指出，俄羅斯的軍事學說也認為，「為了俄羅斯聯邦和其他獨聯體成員國的安全利益，

可能有必要把俄聯邦軍隊部署到境外」❻。葉利欽總統的顧問米格拉尼揚則說得更爲直接了當。他一九九四年一月所寫的一篇文章的標題乾脆稱爲〈前蘇聯的所有地方都是俄羅斯切身利益範圍〉❼。葉利欽總統的另一名顧問卡拉加諾夫也指出，俄羅斯將使「獨聯體國家在政治上保持各自的獨立，但經濟上受到控制」，俄羅斯「不能採取仁慈的任它們爲所欲爲的政策」，「在這種模式中，俄羅斯將在獨聯體各國關係中扮演老大的角色」。一九九四年五月俄外交和國防政策委員會提出的俄外交新戰略也明確地認爲，俄羅斯與獨聯體國家「建立（或恢復）聯邦國家，從政治上，尤其是從經濟上看代價過於昂貴」，應推行』用首領地位代替控制」的政策❼。俄外交部第一副部長阿達米申則提出了「近外國家」的概念，認爲獨聯體存在關係到俄羅斯的切身利益，「俄羅斯的生存本身取決於同獨聯體國家關係具有什麼樣的性質」❼，正是在這裡俄與西方有重大分歧。總之，在一九九三～一九九四年間，俄對獨聯體的政策已經演變爲對獨聯體地區進行有限干涉、控制的政策。這一政策包括以下要點：

(1)把獨聯體地區作爲俄羅斯的具有切身利益、特殊利益和利益攸關的戰略地區，並使之與俄羅斯的生存、安全、發展的利益相聯繫，宣布把俄羅斯與獨聯體國家的關係放在俄對外政策的第一位，高於俄與其他國家和地區的關係。

(2)承認獨聯體各國的政治利益，不直接干涉其政治和内部事務，但在軍事、經濟、文化上施加俄羅斯的影響；在獨聯體地區推行一體化政策；其長遠目標是實現「歐亞邦聯」或「歐亞聯盟」。

(3)宣布俄羅斯在獨聯體地區具有維持和平、調解衝突、保護

獨聯體各國不受外部敵人侵犯的特殊使命，在維持獨聯體地區局勢的穩定上發揮特殊件作用。

(4)反對伊斯蘭國家、西方國家過多地染指獨聯體國家的事務，反對在這一地區發展有損俄羅斯的「特殊利益」的雙邊或多邊關係。

俄羅斯舉行的這一新政策，還在一九九三年七月就被西方稱為「莫斯科的門羅主義」。一九九四年三月，哈薩克斯坦共和國總統戰略研究所所長烏·卡謝諾夫又把科濟列夫一九九四年一月的講話稱之為「『科濟列夫主義』—俄羅斯版的『門羅主義』」，認為它的實質是將前蘇聯視為俄羅斯的勢力範圍，「與『勃列日涅夫主義』之間有著某種繼承關係」，即「如果俄羅斯認為其切身利益受到威脅，它有權對前蘇聯境內國家採取任何行動，顯然也包括武裝入侵」而且「有充分根據認為，俄羅斯的維和力量很容易變成占領軍，損害蘇聯解體後新成立的年輕的獨立國家的主權及其領土完整」❼❸。

在俄羅斯，人們也不否認「俄羅斯的門羅主義」。俄著名外交家、俄國家杜馬國際事務委員會主席盧金一九九四年九月在文章中指出，俄羅斯與獨聯體的關係類似於美國與拉美國家的關係：「大鄰國與小鄰國之間有一種十分明確的互盡義務的關係，小鄰國獲得安全上的保證，作為交換它們承認大鄰國的特殊利益和勢力範圍，而這與大鄰國在地理上靠近以及戰略和經濟上實力是相稱的」，「今天我們需要西方所做的事情是承認我們在近鄰的合法利益」❼❹。一位對此持批評態度的俄學者則指出，「在一九九三年十月至十二月的轉折之後，俄羅斯政治上層在這個問題上的主導立場是『門羅主義』」，儘管「俄羅斯真正的民族利益

要求採取與『門羅主義』截然不同的政策」，他批評對「『近鄰』的這種外交實質上是蔑視所有這些國家，把它們看成是俄羅斯的前殖民地」**⑦⑤**。但是，不管親西方派、孤立主義者如何反對，「俄羅斯的門羅主義」在一九九三～一九九五年間支配著俄對獨聯體國家的關係，並且還將繼續發揮作用。

(二)俄羅斯推行「門羅主義」戰略的主要措施

在推行近鄰外交和「門羅主義」戰略的過程中，俄羅斯以強化在獨聯體地區的軍事存在為核心，以推行經濟一體化為動力，以散居在獨聯體各國的兩千五百萬俄羅斯族居民為其紐帶，採用恩威並重，既強硬又靈活，以達到其加強俄羅斯在這一地區的影響和作用的目的。

(1)在軍事方面，以區域多邊等軍事合作和雙邊合作為主。在獨聯體存在初期，俄羅斯一度想維持獨聯體各國的統一武裝力量，由俄羅斯控制和指揮。但各國先後宣布接管原蘇軍在其境內的軍事裝備，組建本國軍隊，逐步脫離了俄羅斯的控制。勉強成立的「聯合武裝力量總司令部」和「總參謀部」，實際上沒有發揮任何作用。一九九三年六月，獨聯體決定撤銷聯合武裝力量總司令部。俄羅斯由此也放棄了這一設想，改而推行區域多邊和雙邊的軍事合作。一九九二年五月，俄與亞美尼亞和中亞四國簽署了集體安全條約；一九九三年下半年，白俄羅斯、格魯吉亞和阿塞拜疆也宣布加入這一條約。土庫曼斯塔沒有加入這一條約，但卻與俄羅斯簽定了廣泛的軍事合作的雙邊條約，決定建立俄土聯合軍隊，共同保衛土—阿、土—伊邊界；俄與摩爾多瓦也達成了俄軍駐紮在境內的德涅斯特河沿岸的十四集團軍的地位的協議。

此外，俄還在獨聯體國家駐軍十多萬，保留了三十多個軍事基地。俄軍在格魯吉亞和亞美尼亞都獲得了長期駐軍和使用軍事基地的權利；俄與哈薩克斯坦簽訂了建立統一的戰略防禦空間，成立共同的宇航指揮中心，俄租賃哈薩克的拜科努爾航空基地等協議；處於戰亂中的塔吉克，實際上處於俄軍的控制和保護之下，俄邊防軍兩萬四千人駐守在塔吉克—阿富汗邊界，以俄軍第二〇一摩托步兵師爲基礎的獨聯體維和部隊駐守在塔吉克首都。俄軍還以維和部隊的面目出現在阿塞拜疆和亞美尼亞長期爭鬥不休的納卡地區。

一九九五年初，俄又與白俄羅斯達成了共同保衛白俄羅斯邊界等協定，與哈薩克斯坦簽訂了共同組建聯合武裝力量、共同守衛外部邊界的協議。至此，除烏克蘭外，俄邊防軍實際上單獨或與所在國共同承擔了保衛獨聯體外部邊界的重任，並在獨聯體充當維持和平的主要力量。

俄羅斯還謀求在獨聯體地區建立統一的防禦聯盟，並還將重新嘗試建立統一的聯合武裝力量，把它們作爲在獨聯體地區推行軍事一體化的進一步目標。當然，在這個一體化進程中，俄羅斯將占據中心領導地位。

俄軍的這種軍事存在是俄與獨聯體國家關係發展最快、進展最大也最有實際意義的一個領域。它是支撐俄羅斯在獨聯體內部發揮特殊和重大作用的第一根支柱。

這種軍事存在當然首先是爲了俄羅斯和獨聯體各國的安全利益，但它也具有微妙的政治意義。

(2)在經濟方面，俄羅斯實行自己在獨聯體地區的「首領地位」和實行經濟控制的主要政策是：堅持取消對商品流通的種種

限制，爲所有國家資本參與一體化創造條件，用工業及其他資產換取貸款，積極支持資本的相互滲透；建立有效的相互結算體制，起先是雙邊的，以後可能透過成立帶有儲備金的支付同盟，但同時要避免金融系統的完全聯合；大力支持資本向對俄羅斯有益的領域出口，支持在州、地區、城市和企業之間建立起直接聯繫。

在一九九二～一九九三年間，俄羅斯在「甩包袱」思想的指導下，在經濟上實行的是「各顧各」的政策。結果原蘇聯時期各國的經濟聯繫中斷，導致獨聯體成員國經濟大幅度下降。據估計，獨聯體各國經濟下降約有二分之一至三分之一是由於經濟聯繫中斷造成的。俄羅斯經濟水平和條件最好，但也不能避免這種損失，其它國家損失就更大了。這一時期，獨聯體在推行經濟一體化上收穫很小。但在經過了一段痛苦的磨難之後，俄羅斯和獨聯體各國終於認識到恢復和加強過去的經濟聯繫對各國都極爲重要，而俄羅斯也可憑借其強大的經濟潛力擴大俄羅斯在這一地區的影響。

從一九九三年下半年起，獨聯體各國經濟一體化進程明顯加快。一九九三年五月，俄羅斯與八個獨聯體成員國簽訂了加速經濟一體化宣言；一九九三年九月，十一個成員國草簽了建立經濟聯盟的條約，一九九四年九月，以俄羅斯爲首又成立了跨國經濟委員會。俄國外長科濟列夫認爲，俄國應當在這一地區起經濟改革的火車頭和引力中心的作用，並推動獨聯體在經濟上向歐洲聯盟的方向發展。爲此，俄羅斯也改變了過去的經濟政策。一九九三年十一月，俄羅斯曾迫使中亞哈薩克、烏茲別克、吉爾吉斯三國退出盧布區。從一九九四年起，俄羅斯增加了對獨聯體各國的

優惠和補貼，撥出四千億盧布用於補貼各國購買俄羅斯的能源，對塔吉克等還給予特別優惠，僅一九九四年就給予了一千二百億盧布的貸款。

一九九五年以來，俄又大力推進與獨聯體各國的多邊和雙邊經濟合作關係，並取得實質性進展。一九九五年初，獨聯體各國確定了統一海關法的基本原則，進一步落實經濟聯盟的條款，俄羅斯還與哈薩克、白俄羅斯達成了建立三國關稅聯盟的協議，並將分階段建立「支付聯盟」，與塔吉克簽訂了加深經濟合作和發展一體化關係的協定，並使塔吉克正式保留在盧布區內。

(3)在獨聯體各國的俄羅斯居民地位問題上，俄羅斯以保護境外俄羅斯人的利益為由，從政治經濟和文化上多方面向獨聯體各國滲透。在政治方面，俄羅斯提出給予居住在各國的俄羅斯居民的雙重國籍問題。一九九四年，俄羅斯與土庫曼首先達成了雙重國籍的協議。此後，俄羅斯與白俄羅斯、哈薩克斯坦等國也就此問題達成了協議，從而解決了一個妨礙俄羅斯與各國發展關係的重大障礙。有些國家如哈薩克斯坦，俄族居民比例很大，甚至超過哈薩克族人。哈一度拒絕給予俄族人以雙重國籍，致使大批俄羅斯人流向俄羅斯，僅此一項哈每年損失就達一百億美元。解決這一問題有助於穩定俄族人心。但這也使俄羅斯多了一個因維護居住在國外的「俄羅斯公民」的利益而干預所在國事務的借口。

在文化上，俄羅斯繼續推行俄語優先的政策，維護俄語的地位，並向非俄羅斯的俄語大學和文化單位提供資助和費用；投入更多資金在俄羅斯大學中為獨聯體各國培養人才和專家；創辦專門的廣播電台、電視節目和出版物，向散居在各國的俄族人提供文化產品，並透過他們繼續在獨聯體各國傳播俄羅斯文化。

在經濟方面，把向獨聯體各國提供原材料和能源、經濟優惠與它們對俄族居民的態度聯繫起來；俄羅斯的所有貸款都附有一個條件，即20％～30％的貸款必須用於滿足俄族居民的需要；同時，俄羅斯還在一些國家中建立救濟和重新安置因民族衝突而陷於困境的俄族居民的機制。

(三)俄羅斯推行「門羅主義」的矛盾和障礙

獨聯體是以俄羅斯為中心、核心的地區，使獨聯體或為俄羅斯的勢力範圍的「門羅主義」其最大障礙是烏克蘭。烏克蘭是獨聯體中實力僅次於俄羅斯的重要國家，它對在獨聯體中充當俄羅斯的小伙伴沒有興趣。

烏克蘭只希望在經濟上加強與俄羅斯的合作和一體化。因為烏克蘭沒有能源，所需的石油和天然氣大多要俄羅斯供給，其產品也需要俄羅斯的市場。但除此以外，烏克蘭的利益與俄羅斯的門羅主義有衝突。首先，烏俄兩國在克里米亞半島的歸屬和黑海船隊的劃分上存在較尖銳的矛盾，其次，烏克蘭奉行中立政策，拒絕與俄羅斯結成軍事同盟或防禦聯盟，更不能接受俄羅斯在其境內建立或使用軍事基地的要求；烏克蘭既反對北約東擴，也反對參加以俄羅斯為核心的軍事同盟對抗北約；同時，烏克蘭的軍事學說「把所推行的政策對烏克蘭構成軍事威脅，率先干涉烏克蘭內部事務、侵犯烏克蘭領土完整和國家利益的國家視為潛在敵人」，並認為軍事威脅主要來自「歐洲的經濟、種族和宗教衝突；周邊某些具有大規模進攻能力的國家；某些國家借助武力掠奪它國領土的政策和在歐亞地區確定顯要地位的企圖」。這實際上是把俄羅斯視為主要軍事威脅和潛在敵人。而俄羅斯國內也有

人認為「烏克蘭的局勢是對俄羅斯的安全與國內穩定最嚴重的長期外來挑釁」，存在對烏進行潛在干預的企圖，而俄羅斯的民族主義者對向來是俄羅斯組成部分的克里米亞劃歸烏克蘭也一直不能接受。這些因素使俄烏兩國不可能迅速實行軍事、政治和經濟的一體化。

第二，在中亞地區推行門羅主義也有雙重矛盾。一方面，俄羅斯內部對是否與中亞五國實行一體化存在相互矛盾的兩種思潮。主張俄羅斯加強在中亞存在的觀點認為，如俄羅斯退出中亞，「可能激起鄰國的野心和更加賣力地爭奪該地區的勢力範圍」，而且，俄羅斯與中亞各國一體化的可能性是很大的，因為各國在經濟、防禦、安全及保衛獨聯體外部邊界方面利益一致。為了避免使俄羅斯受到來自阿富汗的、伊朗的和土耳其的敵對勢力的影響，俄羅斯必須與中亞各國發展緊密的聯繫，更何況中亞地區還有近一千萬俄族居民❼❻；俄羅斯必須「在同中亞各國的統一聯盟中尋求發展，……沒有別的路可走。如果俄羅斯要想避免更大的悲劇，是註定要走上這條路的」，應該建立歐亞聯盟，「越早越堅決，對各國就越有利，越遲損失越大」，「否則中亞會變成俄羅斯最大的潛在危險」❼❼。另一種思潮則主張俄羅斯放棄在中亞的一體化政策，完全撤出中亞❼❽，因為中亞各國將走上民族國家聯合的道路，它們將按照東方國家的模式發展，與俄羅斯的距離必將越來越大，最終導致與俄羅斯的劃分領土的衝突和戰爭❼❾。還有人認為，烏茲別克、塔吉克、土庫曼是三個有濃烈的半封建傳統的中亞國家，在中期會與俄羅斯利益發生衝突，俄羅斯在這一地區不是進行合作，而是進行政治遏制，「應當是分階段撤出的政策，而不是毫無前途地捲入這個次地區的衝突之

中」，中亞地區是「俄羅斯在整個後蘇聯地緣政治區域中相對最不重要的次地區」❽。

在中亞國家中，對俄羅斯的門羅主義也有兩種傾向。一種是以哈薩克總統納扎爾巴耶夫為代表的傾向。納扎爾巴耶夫一方面批評俄羅斯外長科濟列夫關於俄在獨聯體地區有特殊利益的話使人想起三○年代希特勒德國在斯台德地區的政策，但另一方面，哈薩克對俄羅斯加強在中亞的一體化傾向是贊同的，納扎爾巴耶夫本人還積極主張成立歐亞聯盟。

但烏茲別克、吉爾吉斯和土庫曼在這一方面則顯得猶豫不決。它們既希望從與俄羅斯的合作中得到好處，但同時又希望避免受俄羅斯的控制，還希望更多地發展與土耳其、伊朗和伊斯蘭國家的聯繫，並且自有打算。土庫曼自認為有豐富的自然資源，不願意參與以俄羅斯為主體的經濟一體化進程，只作為聯繫會員國參加獨聯體的經濟聯盟；烏茲別克則主張更多地發展中亞五國之間的經濟合作一體化，並有在中亞地區占據某種區域性大國地位的企圖。吉爾吉斯把與西方國家發展關係放到重要位置上，還宣布在政治上保持中立。

此外，摩爾多瓦則堅決要求俄軍從德涅斯特河沿岸撤出，並且拒絕參加以俄為中心的集體安全條約。

最後，西方國家也則不承認俄羅斯在獨聯體國家中的「特殊作用」和扮演「憲兵」角色，對俄羅斯把這一地區劃為自己的勢力範圍抱有高度的戒心。西方尤其反對俄羅斯與烏克蘭在軍事和政治上結盟。儘管一些西方人士也承認俄羅斯在這一地區存在地緣政治利益、經濟利益和民族利益，因而對俄羅斯在這一地區的獨特作用也給予「有限的承認」，但西方的利益「不允許俄羅斯

完全主宰原蘇聯地區」。西方要求派觀察員參加和監督俄羅斯在獨聯體的維和行動，把烏克蘭視爲歐洲體系中的一個重要國家，在主權和領土完整上對烏克蘭給予明確的支持，並且在經濟援助上給予更多的許諾，美國與烏克蘭關係有較大發展。這些對俄羅斯在這一地區的「特殊地位」具有一定的制約作用。

第五節　俄中關係和俄對華政策

㈠俄對華政策在其外交戰略中的地位

　　一九九一年底至一九九五年間，俄對華政策以及俄中關係的發展經歷了四個發展變化階段，總合特點和趨勢，是對華政策在俄外交總戰略中的地位和作用不斷上升和增强，俄對華關係也隨之不斷向前發展。

　　一九九一年十二月二十五日，在蘇聯正式宣布解體的當天，中國政府表示，中國尊重俄羅斯人民的選擇，願與原蘇聯各國繼續保持和發展友好合作關係。一九九一年十二月二十七日，中國宣布承認俄羅斯聯邦並支持俄羅斯接替原蘇聯在聯合國安理會的席位。十二月二十九日，俄方表示願意繼承中蘇關係的積極成果，確認一九八九和一九九一年兩個中蘇聯合公報中闡明的兩國關係的指導原則，並表示履行前蘇聯與中國簽署的包括中蘇東段邊界協定在內的所有條約、協定所規定的義務，承認中華人民共和國爲中國唯一合法政府和一個中國的立場。兩國由此完成了俄中建交和從蘇中關係轉爲俄中關係的過程。

　　但是，由於俄羅斯在一九九二年初奉行親西方的一邊倒政

策，俄中關係在一九九二年的上半年處於比較冷淡的時期。這主要表現在，⑴俄把俄中關係放在較低的地位上。在當時俄羅斯的外交戰略中，最優先的是發展與西方大國的關係，其次是與獨聯體的關係，再其次是在東方發展與日本和韓國的關係，而俄中關係放在其後。葉利欽和科濟列夫在其涉及對外關係的講話中，都很少涉及或提起中國。例如，葉利欽在一九九二年初的一次講話中談到俄羅斯在亞洲的主要伙伴時，提到了日本、韓國，甚至提到了台灣，但唯獨忘記了中國；科濟列夫在一九九二年四月闡明兩個優先原則時，在談判優先發展與鄰國關係時，竟然隻字未提與俄有最長邊界線的最大鄰國—中國。⑵在人權問題上追隨西方反對中國。一九九二年三月，科濟列夫訪華時也學西方外長們的模樣，向中國領導人提出了「人權這個相當尖銳的在某種程度上有爭議的問題」❸俄副外長庫納澤後來還表示，「中國的人權問題無疑很嚴重，我們和中國在這個問題上沒有完全吻合的觀點」❷。一九九二年三月，俄代表在「西藏人權」問題上支持西方提案。⑶在台灣問題上，俄邀請台「外交部次長」章孝嚴兩次訪俄，索布恰克等人也相繼訪台，葉利欽的親信洛博夫還曾擔任莫斯科台北協調委員會主席；⑷俄領導人對中國領導人心存疑慮，主要是在一九九一年江澤民訪蘇時未會見葉利欽，在八‧一九事件中中方實際上反對以葉利欽為首的俄民主派的立場的。

　　一九九二年下半年是俄調整對華政策的時期，其主要的對華政策確定為：⑴確認俄中關係與蘇中關係的繼承性，再次明確表示俄將繼續履行蘇中關係的基本原則和基本協定，例如一九九二年俄表示兌現蘇聯承諾出售給中國的蘇—27型飛機、米—29型和米—31型飛機以及坦克和海軍船隻的協議；⑵使俄中關係非意識

形態化，超越兩國在人權和社會制度上的分歧和差異，把兩國關係建立在務實的基礎上；(3)從地緣政治出發，與中國建立睦鄰關係，因爲俄中邊界長達四千三百公里，是兩個大鄰居，俄應從這一基本事實出發來處理俄中關係；(4)在台灣問題上，俄在一九九二年九月由葉利欽總統簽發了《關於俄羅斯聯邦與台灣關係的命令》，聲明俄與台不發生正式的官方關係，將其限制在民間、經濟實業界往來的範圍內；(5)積極推動俄中經貿關係發展；試圖通過中俄貿易緩解國內市場商品匱乏的困境。在這一時期，由於俄方將其親西方外交逐漸調整爲「歐亞平衡」的「新東方外交」，因此，俄中關係在俄對外總戰略中的地位已上升到較高層次。

葉利欽一九九二年十二月訪華至一九九四年九月江澤民訪俄，是俄中關係的第三個發展時期，也是俄中關係進一步上升，成爲俄外交戰略中一個具有重要意義的組成部分的時期。

一九九二年十二月葉利欽總統訪華，中俄簽訂了《聯合聲明》，互相視對方爲友好國家，共同聲明反對任何形式的霸權主義和強權政治，承諾在任何情況下雙方都不首先使用核武器，並表示要在和平共處五項原則基礎上發展睦鄰友好和互利合作關係，這使俄中關係進入到一個新的發展階段。在葉利欽訪華期間，雙方還簽訂了二十四個正式文件，爲雙方經貿、科技、文化和軍事等各國領域的合作奠定了良好的基礎。

此後，俄中關係雖然也有一些波折，但總括來說是積極、正常和順利的。在俄的對外戰略中，中國已經成爲俄「新東方外交」中的頭號伙伴，超過了俄韓、俄印和俄日關係。

俄中發展關係的第四個階段是一九九四年九月至一九九五年底。一九九四年九月二日至六日，江澤民以國家主席身份對俄進

行正式訪問。俄中雙方簽訂了《中俄聯合聲明》、《中俄西部邊界協定》、《中俄兩國首腦關於不將本國戰略核武器瞄準對方的聯合聲明》等重要文件。江澤民的訪俄使中俄關係從過去的「友好關係」，「睦鄰關係」進一步上升爲「面向二十一世紀的建設性伙伴關係」，並使兩國關係具有了某種戰略性的意義。而在一九九五年年間俄中關係又從雙邊合作關係發展爲在國際問題上進行更加廣泛合作的關係，俄中關係在俄對外總戰略中的地位上升到更加顯要的地位，有些人甚至認爲俄中關係與俄美關係、俄羅斯與獨聯體國家的關係同樣重要，甚至還有人認爲俄中關係應優先於俄美關係。

總之，從一九九二年以來，俄中關係由冷變熱，在俄對外總戰略中的地位逐漸上升，並且在短短的四年中取得了一系列重大的、有實際性意義的成果。連一度極爲親西方的俄外長科濟列夫，也不得不把俄中關係的成果列爲他任期中所取得的最大成果之一。與中國發展不對抗、不結盟的、面向二十一世紀的建設性伙伴關係的方針，也得到俄朝野一致的共識。這使俄中關係的發展前景具有長期和穩定的意義。

㈡俄中關係發展取得的四大成果

在四年多的發展中，俄中關係取得了以下成果：

(1)兩國高層領導人頻繁互訪，已建立起正常的政治對話和磋商機制。

一九九二～一九九五年間，由於兩國領導人以大局爲重，以各自的民族利益、國家利益爲重，拋棄過去的成見和芥蒂，放棄意識形態的對抗和超越兩國社會制度、價值觀念的差異，使兩國

政治領導人和高層領導人之間逐步建立起了有效的交流、互訪、對話和協商機制。在一九九二～一九九五年間，葉利欽總統和江澤民主席都互訪了對方，俄總理切爾諾梅爾金、外長科濟列夫、第一副總理索斯科韋茨、副總理達維多夫、國防部長格拉齊夫、總參謀長科列斯尼科夫、國家杜馬主席雷布金、聯邦委員會主席舒梅科、海軍司令格羅莫夫、農業黨主席拉普申、俄共主席久加諾夫等俄政軍界要人先後多次訪華，此外，僅一九九三年俄部長級的訪華就有四十多人次；中國總理李鵬、外交部長錢其琛、國防部長秦基偉、遲浩田、外貿部長李嵐清等多次訪俄。如此頻繁的高層人士交往，即使在中蘇結盟時期也沒有達到這樣的程度。這對於加深俄中的相互理解和信任、相互合作，保證兩國關係順利發展具有重要意義。

(2)俄中兩國已完全解決了長期以來困擾兩國關係的邊界問題，俄中的安全機制也已初步形成。

中蘇兩國六〇年代關係惡化以後，多次在邊界地區發生衝突，甚至爆發一九六九年的中蘇珍寶島之戰。雙方從一九六四年起在邊界問題上的談判均處於停滯狀態，二十多年中沒有取得任何進展。直到一九九一年五月，中蘇才達成了《中蘇國界東段協定》。俄中建交後，俄方不僅承認了東段邊界協定，在一九九二年三月交換了協定批准書，並且在西段邊界上也與中國進行談判，並最終在一九九四年九月簽訂了《中俄國界西段協定》。除少數地段（如黑瞎子島等）的歸屬尚存爭議外，俄中四千三百公里長的邊界第一次用法律形式得到正式確認，使之成為和平、開放和推動經濟發展的邊界。

一九九五年九月，俄中雙方又簽訂了中俄邊境安全協議，雙

方共同努力採取措施，與侵犯邊界的行為作鬥爭，進一步鞏固了俄中邊界協定的成果。此外，雙方還就在邊境地區相互裁減軍事力量、加強軍事領域的合作達成了一致，把邊境地區的軍事力量減少至只具有防禦性質的最低限度。這對保障雙方的國家安全具有實質性的效果。

(3)經貿關係發展迅速，雙邊經濟合作不斷深入。

俄中兩國有漫長的共同邊界，經濟具有很強的互補性，陸路交通也十分便利，因此兩國在一九九二～一九九五年間的經貿關係發展很快。一九九一年時中蘇貿易額為三十九億美元，這也是中蘇貿易史上的歷史最高水準。但中俄建交後，貿易額連續超過這一水準，一九九二年為五十八億六千二百萬美元，一九九三年達到創紀錄的七十六億八千萬美元，幾乎為一九九一年時的兩倍，一九九四年有所下降，但也達到五十一億美元。

這幾年的經貿發展的特點是①地方邊貿不斷擴大和加深。俄中兩國共開放了二十多處口岸，中國的黑龍江、吉林、內蒙等與俄接壤的地區發展雙邊貿易尤為迅速，形成了一個長條形的沿邊開放地帶，俄羅斯遠東地區與中國的經濟聯繫日益密切。俄的布拉戈維申斯克與中國的黑河已達成建立跨國自由經濟貿易區的協議，俄中在共同開發圖門江、建設扎魯比諾港、共同投資修建中俄邊境鐵路、共同修建跨國界大橋、開通哈巴羅夫斯克港至黑龍江的新航線等也已達成協議並開始動工。俄遠東地區與中國東北地區的經貿關係還將會得到更大發展，②俄中經貿正從易貨貿易向自由結算的外匯貿易轉變。俄中兩國的貨幣都不是國際通用的硬通貨，因此雙方的經貿都遇到了外匯短缺的瓶頸制約因素，因而雙方的貿易在這幾年大多以「以貨易貨」形式為主。但在這種

貿易形式中，雙方也產生了一些矛盾，主要表現爲中國商品質量低劣，而俄羅斯出口到中國的多爲原材料產品。俄羅斯爲此曾採取限制原材料出口許可證，提高中國產品的進口關稅，提高雙邊貿易中外匯結算產品的比例，以及重新實行嚴格的邊境簽證制度，限制中國「倒爺」進入，等強化貿易管理的措施。一九九四～一九九五年，俄中雙方在經貿問題上逐步達成共識，要使雙邊貿易局國際市場規範看齊，逐步用外匯結算取代易貨形式。③雙方經貿不斷向高層次、多領域方向發展。在最初幾年中，俄中經貿以地方性貿易爲主，規模、檔次都很有限。但在一九九四～一九九五年中，俄中的經貿結構和層次以及合作的領域都有較大變化。在合作領域上，已從最初的原材料和輕工、日用產品的交換發展到能源、機械製造、航天航空和宇宙空間開發、交通、軍工等領域。俄中合作的項目也有了一些大型的政府項目，如俄羅斯企業參加中國三峽水電站工程，參與遼寧省的核電站工程以及改造中國一五期間的一些俄羅斯援建的項目等。在一九九五年九月，俄副總理，對外經濟聯絡部部長達維多夫提出了俄中韓三國共同建設天然氣管道這一涉及數十億美元的大項目的方案。

(4)俄中兩國的國際合作也在不斷發展。

在冷戰結束後，世界格局發生了重大變化。俄中兩國在國內都在進行經濟體制的轉軌，在進入世界市場和加入國際組織以及建立新的、更加合理和公正的國際經濟新秩序方面有許多共同的需求；在極多國際關係體系中，俄中作爲兩個大國，在維護世界和平和穩定、參與國際事務的解決方面也有許多共同的語言。例如，一九九四～一九九五年間，俄中兩國都不同程度地受到了美國和西方的壓力，兩國在柬埔寨和平、朝鮮半島局勢、前南地區

的和平等方面的立場也比較接近，因而兩國在國際領域中的合作也是不斷擴大的趨勢。

總之，俄中建交以後的幾年中，由於雙方的國家利益和民族利益基本上趨於一致或接近，因而儘管在雙邊關係中也出現過一些矛盾和磨擦，例如大批中國低劣產品進入俄羅斯市場損害了俄消費者的利益、一些中國人非法進入俄遠東地區，在俄羅斯的一些中國不法分子結成黑社會擾亂俄社會秩序等問題，但總括來說，俄中關係在一九九二～一九九五年的四年中向前邁進了三大步，即從中蘇關係平穩過渡到中俄關係，從兩國關係正常化發展到睦鄰友好和互利合作關係，再發展到新型的面向二十一世紀的建設性伙伴關係，從一般的雙邊關係發展到具有一定戰略性意義的關係，並且在雙方的政治合作、邊界劃分、經貿關係和國際合作方面取得了很大成果。

㈢俄中關係發展的基礎和原因

俄羅斯獨立後，在如何處理對華政策上一直存在兩種不同的思潮。

第一種思潮認為，從地緣政治的角度看，中國是俄羅斯的潛在敵人，俄中關係應從屬或低於俄國與西方的關係，不應發展太熱。

葉利欽政權在一九九二年也是輕視俄中關係的。他是獨聯體國家中第八個到中國訪問的總統，和哈薩克斯坦、烏茲別克、吉爾吉斯等相比，俄羅斯對中的興趣較低。在葉利欽訪華和俄中關係向前發展後，俄國內仍有一股勢力對發展俄中關係持反對立場。

首先是俄遠東濱海邊疆區的領導人。他們認為，俄中國界東段協定損害了俄國的利益，因為該協議將使俄方把一千七百公頃的土地劃歸中國，因此他們一直堅持要求俄政府暫停執行這一協定。

　　此外，隨著開放邊界，大批中國人湧入海參崴等城市，使俄的這座遠東城市對中國的「移民」也產生一種疑慮。

　　俄遠東地區與中國的這種摩擦為俄羅斯國內的民族主義者所利用。一九九三年十月二十七日，俄《文學報》刊登了沙羅夫寫的文章《中國牌》在其中宣稱：「中國人雖然已在我們的邊界上顯耀武力，但他們從不用武力奪取土地，採取的是悄悄侵略的辦法」，「數以千計的中國人」在俄羅斯的土地上「設立自己的行政機關，建房；蓋學校、醫院⋯⋯這一切意味著什麼？中國精心安排的向俄羅斯遠東的滲透難道不正是為了用和平方式要回曾屬於中國的那部分土地？」作者認為，這使俄羅斯在衰落過程中「陷入了一個特別危險的局面」，人口眾多的中國「下個世紀初有可能發生社會大爆炸」，「會表現為尋找新的生存空間和公開地向毗鄰土地的擴張」，而俄羅斯遠東對中國開放使之成為中國人「擴張」的「主要方向」，這會使俄羅斯「受到比韃靼—蒙古人入侵更大的打擊」❸。

　　俄羅斯的一些政治家和學者也附和這種「中國威脅」的論調。俄外交家、國家杜馬國際事務委員會主席盧金對中國也抱有一種疑慮，認為俄中不應發生爭吵，因為「俄中之間的力量對比關係已經朝著不利於我們的方面發生了急劇變化」，因此俄中關係「不應該大大超過和西方的關係」❸。阿·阿爾巴托夫則在其文章中公開地談論「中國威脅論」，他認為中國不僅可能威脅吉

爾吉斯，而且認為俄安全的「最大的問題在於由於莫斯科現在向中國方面作出極大傾斜，可能陷於對中國的單方面依賴。如果考慮到中國日益飛速增長的實力及其長期以來對俄羅斯遠東領土要求的歷史和中國捲入哈薩克斯坦和中亞事務的潛在可能，莫斯科對中國的依賴將是十分不妙的」，「中國可能在更為遙遠的未來成為最大的外來威脅（也就是在十年左右的時間裡）。這種危險是與可能來自日本的一切危險所無法比擬的」，因此俄用出售武器來「討好」中國對俄「太危險」，「一旦時機合適，誰也不能妨礙中國把目光轉向北方」⑧。結論自然是，俄中關係不能發展太快。伊萬諾夫等人也認為，俄中高層領導人接觸太頻繁，而實際上俄與西方的關係應優先於俄中關係，「在戰略方面，俄羅斯對華應該採取防禦性戰略政策」⑧。

第二種思潮則相反，認為應把俄中關係放在極為重要的地位。例如，一些俄學者主張，「隨著世界核戰爭威脅的消失，從保障俄羅斯的安全這個角度上看，俄羅斯與中國的關係比它與美國的關係重要」，「在保障俄羅斯與經濟安全有關的利益方面，中國的作用也很大」⑧；「與偉大的遠東鄰邦中國的關係，對俄國將具有頭等重要的切身重要的意義。這不僅涉及俄國在亞洲的利益，還涉及它的整個國際政策」⑧。

這兩種思潮都對俄外交政策產生過影響，但占主導地位的是第二種。正如蘇聯最後一任外交、俄羅斯對外政策協會主席別斯梅爾特內赫在一九九四年十一月訪問北京時在其題為《俄羅斯在探索對外政策戰略》的演講時所指出的，俄的現實主義和實用主義外交中的優先次序是：第一是獨聯體，第二是中國，第三是東中歐，第四是西歐，第五是美國，第六是其他國家。這表明，俄

對華外交在其外交戰略中具有重要地位。

俄的對華政策之所以越來越受到重視，主要是基於以下考慮：

(1)中國是俄羅斯最大的鄰國，而且是一個大國，有四千三百五十五公里的共同邊界，中國又是安理會常任理事國，也是一個正在成長中的經濟大國，已經具有相當強的政治、軍事和經濟力量。這是俄羅斯無法選擇的事實。因此在俄外交戰略中，中國對俄羅斯的安全、經濟、政治都會產生較大的直接影響，搞好俄中關係對俄是有利的。

(2)俄羅斯振興和發展經濟的需要。俄中兩國過去曾有過密切的經濟聯繫，現在的中國又是一個經濟迅速增長的國家，有巨大的市場潛力，兩國經濟結構具有很強的互補性，又有比較便利的交通運輸條件，在西方國家的經濟援助有限而俄產品進入西方市場也有受限制的條件中，進一步發展俄中經濟合作對俄是十分實際的。

(3)透過與中國發展經濟政治合作關係，借助中國的支持進入亞太經濟合作區域。儘管俄也是亞太國家，但它長期被亞太國家視爲歐洲國家，在亞太地區的影響不大；相比之下，中國是亞太地區公認的重要國家之一，在東南亞國家中有較大的經濟和政治影響。俄羅斯要進入正在蓬勃發展的亞太地區，就要首先取得中國的支持。尤其是在俄日關係因北方領土問題而停滯不前之時，與中國發展好關係對此就更爲重要。正如一些學者指出的：「如果事態發展良好，中國這塊『跳板』將在某種程度上有助於俄國資本打入東南亞市場，因爲華商是東南亞國家社會經濟結構中的穩定因素」❸。

⑷是俄保證其南部安全的需要。俄許多人都認爲,在俄南方存在著「日益增長的威脅」,「如果侵略性的原教旨主義的擴張」在中亞成功,那麼俄高加索地區和優爾加河地區也將成爲問題,俄羅斯有可能被分割成東西兩部分,而且東俄羅斯將會因此而最終消失。因此,在抵禦伊斯蘭教原教旨主義擴張方面,中國和印度是俄羅斯的兩大可靠的和潛在的盟⑨。

⑸是俄推行其大國獨立外交戰略的需要。自蘇聯解體後,俄羅斯的綜合實力大大下降。要推行與美國有平等地位的大國外交政策,免不了在一些問題上會與美國發生局部衝突和摩擦,而在這一過程中,俄發展與中國的友好關係,對支撐這一外交戰略也具有微妙的作用,對美國起一種牽制作用。

正因爲如此,所以俄葉利欽政權對俄中關係越來越重視。正如俄副總理、俄對外經濟聯絡部部長達維多夫所説,「對於俄羅斯來講,中國是頭號伙伴,不僅是在東方,而且也在俄羅斯的對外政治和對外經濟戰略的總的方面」。

第六節　俄羅斯對美國和西方國家的外交政策

㈠俄羅斯與美國和西方國家關係的「浪漫時期」

一九九二～一九九四年初,俄羅斯奉行的是親西方的外交政策。這一政策的出發點,是認爲俄羅斯的最終目標是加入西方社會,成爲民主自由國家,近期目標則是爭取西方社會對俄經濟政治改革的支持。葉利欽和蓋達爾,科濟列夫等人一再聲稱,俄國與美國和西方國家之間不存在利益衝突,只有合作和伙伴關係,

美國和西方社會是俄羅斯的天然的盟友，俄將奉行西方的價值觀念，按照西方模式改造俄羅斯，俄將謀求與美國和西方國家結成盟國。

在這種政策的指導下，俄羅斯與美國和西方國家在一九九二～一九九四年初渡過了浪漫主義的「蜜月」時期。

俄羅斯獨立後，繼續推行戈爾巴喬夫實行的與美國的緩和和合作的政策。一九九二年二月一日，葉利欽總統在訪美時與布什總統簽署了俄美《戴維營聲明》，聲稱兩國不把對方視爲潛在的敵人，兩國將在相互信任和尊重基礎上共同致力於民主和經濟自由，建立「友誼和伙伴關係」；一九九二年六月十七日，布什和葉利欽又簽署了《美俄伙伴和友好關係憲章》，進一步鞏固兩國的「伙伴和友好關係」，並達成了削減戰略核武器的《聯合諒解協議》。

一九九三年初，俄美關係又有進一步升溫。爲了討好美國，俄羅斯不僅與美國達成了削減三分之二戰略核武器的協議，而且主動同意全部銷毀其核武庫中占有優勢的多彈頭陸基重型彈道導彈。俄美雙方爲此宣布雙方關係進入了新紀元。

美國克林頓政府上台後，俄對美繼續奉行發展盟友關係的方針。一九九三年四月四日，俄美首腦在加拿大溫哥華發表了《聯合聲明》，一九九四年一月，在克林頓訪問莫斯科期間，俄美關係達到了高潮。在葉利欽與克林頓簽署的《莫斯科宣言》中，俄美關係從過去的「友好伙伴關係」升格爲「成熟的戰略伙伴關係」，雙方宣布，雙方的核彈頭不再彼此瞄準對方；美俄在原蘇聯中的白俄羅斯、哈薩克斯坦和烏克蘭三國實行無核化達成一致；俄接受美國提出的北約和平伙伴關係計劃。作爲俄羅斯在許

多國際問題追隨西方的回報，克林頓政府帶頭倡議西方給予俄羅斯以更多的經濟援助。

與此同時，俄羅斯與西歐國家的關係也進入了一個新時期。例如，一九九二年一月和十一月，葉利欽兩次訪問英國，與梅杰首相簽署了《俄英友好條約》；同年二月八日，在葉利欽訪問法國期間，俄法兩國也簽訂了《俄法友好條約》。此外，葉利欽還先後訪問了意大利和德國等國。俄羅斯一向認爲自己是個歐洲國家，因而在獨立後也十分重視與西歐國家發展關係。甚至在俄內部還一度出現了批評俄外交中的「美國中心主義」，要求把親西方政策的重點變爲「歐洲主義」，即把與西歐國家發展關係放到高於俄美關係的地位上。

在一九九二～一九九四年初，俄羅斯與美國和西方國家的關係總括來說是比較協調的，沒有發生什麼大的衝突。一九九二年七月，西方七大國宣布將向俄羅斯提供二百四十億美元的經濟援助；一九九三年七月，西方七大國又宣布給俄羅斯提供四百三十億美元援助。

(二)俄羅斯對西方的既合作又鬥爭的政策

隨著俄羅斯推行新東方政策和大國獨立外交政策，俄羅斯與西方的關係也有了很大變化。一九九四年二月，俄公開表示反對北約對波黑塞族進行空中突擊，並派俄維和部隊進入塞族控制區。這既是俄推行大國獨立外交政策的開始，也是俄改變過去親西方政策的重大標誌。從此，美國和西方與俄羅斯的「蜜月」和「浪漫主義」時期宣告結束，俄羅斯與美國和西方的關係也從「盟友」、「戰略伙伴關係」轉變爲既合作又鬥爭的關係。

從一九九四年以來，俄羅斯在一系列問題上與西方和美國產生了矛盾、摩擦和局部的鬥爭、對抗。這表現爲：

(1)在波黑問題上，俄羅斯對美國和西歐排斥俄羅斯的作用表示強烈不滿。俄在波黑問題上主張聯合國發揮作用，主張對塞、穆、克三族一視同仁，反對西方國家對塞族採取不公正立場，實際上俄對波黑塞族和塞爾維亞共和國持同情態度；俄羅斯對北約部隊不顧俄羅斯的強烈反對，堅持對在一九九五年七至八月對塞族武裝實施大規模空中打擊表示強烈譴責，對美國和北約抛開聯合國單獨控制維和部隊的行動表示不滿。

(2)在北約東擴問題上。俄羅斯曾一度同意美國提出的北約和平伙伴關係計劃，但強烈反對東歐各國正式加入北約。一九九五年五月二十四日，俄安全會議作出正式決定，俄絕不接受北約東擴計劃。一九九五年九月，在俄羅斯軍界頗有影響力的列別德將軍聲稱，北約東擴將可能引發世界大戰；十月，俄軍事專家認爲，一旦波羅的海沿岸國家被納入北約，俄國將派軍隊進入這三國，如北約試圖用軍隊阻止，就可能引發核戰爭；此外，北約東擴至波捷匈三國時，俄軍將在這一地區重新布署核武器；一九九五年十月一日，俄總理切爾諾梅爾金也公開指出，俄堅決反對北約東擴，這會重新導致歐洲的分裂。在俄的反對下，北約不得不在一九九五年十月決定推遲東擴計劃。

(3)在獨聯體地區問題上，俄宣布該地區爲俄的切身利益和勢力範圍地區，反對西方在該地區介入獨聯體國家的内部事務。而西方則拒絶承認俄羅斯在這一地區的特殊作用，反對俄羅斯單獨在這一地區執行維和使命。在烏克蘭問題上，西方尤其反對俄烏兩國重新結成軍事政治聯盟，並把烏克蘭作爲遏制俄羅斯帝國重

新復活的戰略力量。

(4)在裁軍問題上，俄羅斯首先要求重新修改一九九〇年十一月由北約與華約簽署的歐洲常規力量條約，認爲該條約不能反映蘇聯解體後的現實，使俄羅斯在高加索地區的軍事安全得不到保證，因此俄要求組建高加索地區的新的集團軍，同時俄還要求加強它在西部的力量；另外，俄議會還推遲批准俄美第二階段限制戰略武器條約，國内有不少人主張俄應繼續保留戰略性進攻力量。

(5)西方反對俄向伊朗出售核設備。一九九五年一月，俄羅斯不顧西方和美國的强烈反對，堅持與伊朗達成了俄向伊朗出售兩個輕反應堆的合約。美國認爲，這可能會幫助伊朗獲得製造核武器的能力。

(6)重新返回世界軍火市場。俄曾一度停止或減少軍火生産，把大批軍工企業轉爲民用生産。一九九二年俄軍火出口只有十多億美元，比一九八九年蘇聯時期的軍火出口減少了一半。一九九三年也只有二十億美元。一九九四年，俄決定停止軍轉民方針，恢復武器生産並重返世界軍火市場。一九九四年俄的軍火出口達三十多億美元。俄除向原來的傳統盟友提供武器外，還打進了東南亞市場。俄不顧美國和西方的反對，堅持向印度出售火箭發射技術，俄還頂住西方和美國的壓力，向中國出售包括米格—29型飛機在内的先進武器裝備。

(7)在中東地區，俄從自己的利益出發，主張放輕對利比亞和伊拉克的禁運和制裁，以從兩國的石油收入中收回過去蘇聯時期給兩國的大批欠款，而美國則繼續主張維持對兩國的嚴厲制裁。

其實，還在一九九二年，俄國内就有人對親西方政策提出過

嚴厲批評，認為俄羅斯與美國和西方存在著重大的利益分歧。一九九三年，這種批評越來越嚴厲，呼聲也越來越高，終於導致俄對西方政策的重大改變。發生這種變化的主要原因在於：

(1)俄國內政治力量對比的變化。在一九九三年十二月議會大選中，以蓋達爾為代表的親西方派遭到失敗，而民族主義和反西方的勢力在選舉中獲得了較高的支持率，這促使俄外交政策發生重大變化。

(2)俄對西方的退步、妥協並未換來西方對俄羅斯的大規模援助，反而損壞了俄羅斯的國際形象和國家利益。例如，西方許諾援助俄四百三十億美元，但實際上只有五十多億美元。但俄羅斯卻為此付出了很大的代價。一些俄專家指出，俄得到西方的五十億美元，並不能解決俄的經濟問題，但俄羅斯一年中用於軍轉民的費用為五十億美元；每年流向國外的美元為一百五十億美元，在外貿條件惡化時出口原材料一年要損失六十～八十億美元，俄每年支付蘇聯時期所欠西方國家的債務利息為一百億美元，這樣，俄羅斯一年有三百五十多億美元流向西方。因此，不是西方援助了俄羅斯，而是俄羅斯給了西方大量好處❾❶。西方國家的這種立場使俄產生反感，轉而放棄依賴西方的思想，不再用單方面的讓步來換取西方的「恩賜」。

(3)俄羅斯與美國和西方的利益有矛盾。美國對俄外交戰略的三個原則是：促使俄向西方社會轉變，在政治上民主化，在經濟上自由化和私有化；遏制俄羅斯在東歐和獨聯體國家中恢復蘇聯時期的影響；透過裁軍削弱俄軍實力。西歐對俄羅斯的強大也格外警戒。因此，西方的國家利益既不希望俄羅斯過於削弱，以至引起其大量的核武器和核技術的失控從而威脅西方，又不希望俄

羅斯重新強大到蘇聯時期的程度。

而俄羅斯在與西方打交道的過程中，則謀求西方支持俄羅斯的經濟改革，幫助俄羅斯渡過經濟難關；希望西方支持俄羅斯的「大國」地位，使俄羅斯在冷戰後的世界中發揮其「大國」作用；而不僅僅是充當美國和西方的小伙伴，確保俄在原蘇聯地區的「特殊利益」。

這些因素推動俄對西方外交政策的變化，使其相互矛盾、相互摩擦的因素突出起來，使原來的戰略關係、盟友關係趨於瓦解。

當然，這種矛盾、摩擦因素與過去蘇美對抗又有不同的性質，不會發展為全面對抗，因為俄羅斯現在的實力無力與美國抗衡，其次，對抗和衝突也不利於俄羅斯的發展，因此，這種矛盾、鬥爭只能是有限的、局部的。

所以，俄羅斯與美國和西方國家在矛盾、鬥爭增多之時，仍有合作的一方面。例如，俄一方面反對北約東擴，但另一方面又在一九九四年六月簽署了俄羅斯加入北約和平伙伴關係計劃的協定；俄羅斯一九九四年在歐洲外交上取得了突破性進展，與歐洲聯盟達成了俄與歐洲聯盟伙伴與合作協議，標誌著俄與歐洲聯盟在發展經貿關係上取得了重大進展；俄羅斯還在一九九四年完成了從德國撤軍的步驟；俄美兩國合作和努力迫使烏克蘭放棄核武器；在波黑問題上，儘管俄強烈批評美國和北約對波黑塞族的襲擊，但一九九五年十月，俄國防部長格拉齊夫和總統葉利欽在訪美時，仍與克林頓總統和美國防部長佩里就俄軍參加北約維和部隊一事達成了初步協議；俄美兩國在歐洲常規力量條約上的分歧到一九九五年十月時也有所縮小，達成了新的共識。

這些表明，俄對美國和西方國家的基本政策，既不是蘇美時代的「全面對抗」政策，也不是一九九二～一九九三年間的對西方一邊倒的政策，而是既合作又抗爭的政策。這一政策將會在較長時期內發揮作用。

一註釋一

❶ 見《Независимая Гαzета》,16 Июля 1994。

❷ 參見：斯莫利尼科夫（Смориников）：《俄羅斯改革派應走的道路》，中譯文見《國外社會科學》，1994年第4期。

❸ 見「季利根斯基」（Зирикинский）：《俄羅斯的抉擇》，（俄）《世界經濟與國際關係》，雜誌1993年第9期。中譯文見《東歐中亞問題譯叢》，1994年第2期。

❹ 《馬克思恩格斯全集》，第39卷，第147頁。

❺ 《馬克思恩格斯全集》，第19卷第451頁。

❻ 見葉自成：《落後國家向社會主義過渡理論的歷史發展》，《中國社會科學》，1991年第3期。

❼ 見《俄國民粹派文選》，人民出版社，1983年版，第69頁。

❽ 《馬克思恩格斯選集》，第2卷，第147頁。

❾ 見《列寧全集》，第13卷，第400頁。

❿ 《見俄國民粹派文選》，人民出版社，1983年版，第30頁。

⓫ 見「季利根斯基」：《俄羅斯的抉擇》，（俄）《世界

經濟與國際關係》，雜誌1993年第9期。中譯文見《東歐中亞問題譯叢》，1994年第2期。

⓬⓭⓮　見 B‧米羅諾夫（Мирнов）：《俄羅斯與中派主義》，（俄）《自由思想雜誌》，1993年第12期，中譯文見《東歐中亞問題譯叢》，1994年第2期。

⓯　符‧斯‧米亞斯尼科夫（Миясников）：《論俄羅斯對外政策史研究》，《近現代史》雜誌，1992年第5期。

⓰　伊‧薩爾奇斯揚茲：《再論俄羅斯帝國主義》，見《俄羅斯帝國主義》，三聯書店1978年版，第46頁。

⓱　參見戈博佐夫（Гобозов）：《俄羅斯存在的意義》（俄）《莫斯科大學學報》（社會政治類），1994年第1期。中譯文見《國外社會科學》，1994年第7期。

⓲　見約‧阿‧克雷維列夫（Клывилев）：《宗教史》，中國社會科學出版社，1981年版，第251頁。

⓳　《馬克思恩格斯全集》，第18卷，第621頁。

⓴　見 B‧索洛韋伊（Соловий）：《現代俄羅斯的民族主義》，（俄）《社會科學與當代》，1992年第2期。中譯文見《國外社會科學》，1994年第6期。

㉑　見尤‧阿法納西耶夫（Афансьев）：《復舊》，（俄）《新時代》，1994年第5期。中譯文見《政黨與當代世界》，1994年第7—8期。

㉒　《馬克思恩格斯全集》，第8卷，第218頁。

㉓　《列寧全集》，第13卷，第311頁。

㉔　享利‧赫坦巴哈等著：《俄羅斯帝國主義》，三聯書店19

78年版，第4頁。

㉕ 《馬克思恩格斯全集》，第9卷，第18頁。

㉖ 轉引自：《俄羅斯帝國主義》，三聯書店，1978年版，第121頁。

㉗ 尤·阿法納西耶夫：《復舊》，（俄）《新時代》雜誌，1994年第5期，中譯文見《政黨與當代世界》，1994年第7—8期。

㉘ 參見：劉克明·金揮主編：《蘇聯政治經濟體制七十年》，中國社會科學出版社1990年版，第38—41頁。

㉙ А·Пумпянский：《Свободные люди В несвободном обществе》,《Новое Время》,Ho：12,1995.

㉚ 《Известия》,17 Мая 1994.

㉛ Трезияков：《Что произошло в России？Почему？》,《Независимая Газета》,4 Фев.1994ᵢ.

㉜ 《Правда》,31 Августа 1994ᵢ.

㉝ 《Известия》,16 Марта 1990.

㉞ 《Известия》,2 Июля 1994.

㉟ 《Московские Новости》,21, Авгуета 1994.

㊱ 《Известия》,22 Ноября 1991.

㊲ 《Независимая Газета》,18 Окт 1994.

㊳ 《Правда》,21 Июня 1995.

㊴ 《Известия》,5 Июля 1994.

㊵ 《Новое Время》,8 Июля 1995.

㊶ 《Известия》,5 Июля 1994.

㊷ 參見本書第四章〈政府體制〉第二節中第一部分。

㊸ 《Россия》,27 Апреля 1994.

㊹ 參見：《外國法制史》，北京大學出版社1982年版，119—136頁。

㊺ 《列寧全集》，第19卷，第501頁。

㊻ 《列寧選集》，第3卷，第404頁。

㊼ 參見：李靖宇、王應樹：《蘇聯民族問題探源》，《蘇聯東歐問題》，1990年第6期。

㊽ 《Независимая》,1 Марта 1994.

㊾ 參見：江流。陳之驊主編：《蘇聯演變的歷史思考》，中國社會科學出版社，1994年版第338－350頁。

㊿ 《Правда》, 8 Июля 1994.

(51) 《Независимая》,1 Аиреля 1992.

(52) 《Известия》,31 Марта 1992.

(53) 《Независимая》,1 Апреля 1992.

(54) 《Московская Новасть》,1 Марта 1992.

(55) 《Независимая》,11 Апреля 1992.

(56) 《Независимая》,20 Августа 1992.

(57) 《Независимая》,11 Апреля 1992.

(58) 《Независимая》,24 Мая 1992.

(59) 《Россия》,14 Августа 1992.

(60) 《Известия》,11 Марта 1994.

(61) 《Известия》,11 Марта 1994.

(62) 《Литературая Гозеда》,16 Марта 1994.

(63) 《Независимая》,27 Мая 1994.

(64) 《Независимая》,12 Ян. 1994.

(65) 《Известия》 ,20 Окт. 1993.

(66) 《Красная Звезда》 ,20. Ноя. 1993.

(67) 《Независимая》,19 Ноя. 1993.

(68) 《Независимая》,19 Ноя. 1994.

(69) 《Красная Зведа》,14 Ян. 1994.

(70) 《Независимая》,18 Ян. 1994.

(71) 《Независимая》,27 Мая. 1994.

(72) 《Независимая》,15 Июня. 1994.

(73) 《Независимая》,12 Марта 1994.

(74) 《Ежедневная Газета》,3 Сен 1994.

(75) 《Мировая Экономия и Международные Отношения》,Но：7，1994.

(76)(78) 《Мировая Экономия и Международные Отношения》Но：12， 1993.

(77)(79) 《Независимая》,19 Ян. 1994.

(80) 《Мировая Экономия и Международные Отношения》,Но：8—9,1994.

(81) 《Извстия》,18 Мар 1992.

(82) 《Независимая》,10 Дек 1992.

(83) 《Литературая Газета》,27 Окт 1993.

(84) 《Независимая》,14 Мая 1994.

(85) 《Мировая Экономия и Международные

Отношения 》, Ho : 8—9 , 1994 .

⑧⑥　《 Московская Новость 》, 2 Июля 1995 .

⑧⑦　《 Независимая 》, 14 Ян . 1994 .

⑧⑧　《 Независимая 》, 22 Мар. 1994 .

⑧⑨　《 Независимая 》, 22 Мар. 1994 .

⑨⓪　《 Независимая 》, 15 Сен. 1994 .

⑨①　《 Россия 》, 5 Апреля 1994 .

附一　當代俄羅斯主要政治人物人名俄英漢（大陸、台灣）譯名對照

俄文人名	英文譯名	漢譯（大陸）	漢譯（台灣）
Горбачев	Gorbachev	戈爾巴喬夫	戈巴契夫
Ельцин	Yelesin	葉利欽	葉爾欽、葉爾辛
Гайдар	Gaydar	蓋達爾	蓋達爾、蓋達
Зюганов	Zukanov	久加諾夫	朱吉亞諾夫
Козылев	Kozyrev	科濟列夫	柯茲累夫
Руцкой	Rutskoi	魯茨科伊	魯茨柯伊
Хасбулатов	Khasbulatov	哈斯布拉托夫	哈斯布拉托夫
Лобов	Lobov	洛博夫	羅勃夫
Илюшин	Llyshin	伊柳辛	伊留申

Явлинский	Yavlinsky	亞夫林斯基	雅夫林斯基
Сахлай	Shakrai	沙赫賴	沙赫賴
Чубайс	Chubais	丘拜斯	楚拜斯
Рыбкин	Rubkin	雷布金	芮布金
Черномырдин	Chernomildin	切爾諾梅爾金	齊諾米爾丁，切爾諾梅爾金
Грачев	Grachev	格拉喬夫	格拉喬夫，格拉契夫
Шумейко	Schumiko	舒梅科	舒梅科
Скоков	Skokov	斯科科夫	斯科科夫
Сосковец	Soskovetz	索斯科韋茨	索斯科維次
Лебедь	Iebed	列別德	列別得
Шатаров	Satarov	薩塔羅夫	薩達羅夫
Кожаков	Korjakov	科爾扎科夫	科爾扎科夫
Жириновский	Rilinovsky	日里諾夫斯基	吉利諾夫斯基

Филатов	Filatov	菲拉托夫	菲拉托夫
Шосин	Shokhin	紹欣	沙辛
Иубайс	Thubaic	丘拜斯	秋巴依斯
Примаков	Primakov	普里馬科夫	普里馬科夫

附二　俄羅斯政治主要術語漢譯名對照

俄　　文	漢譯（大陸）
Конституция Россйской Федерации	俄羅斯聯邦憲法
Референдум	全民公決
Федеральное Собрание	聯邦會議
Совет Федерация	聯邦委員會
Государственная Дума	國家杜馬
Президент Россиской Федерауия	俄羅斯聯邦總統
Председататель Правительства	政府主席，政府總理
Верховный Совет	最高蘇維埃
Канцелярия Президента	總統辦公廳
Совет Безопасности Федераия	聯邦安全會議
Министерство Обороны	國防部

Министерество Иностраных Дел	外交部
Министерство Внутренних Дел	内務部
Верховный Суд РФ	俄羅斯聯邦最高法院
Прокуратура РФ	俄羅斯聯邦检察院
Конститучионный Суд РФ	俄羅斯聯邦憲法法院

附三 俄羅斯政治主要政黨俄漢譯名對照

俄 文 名 稱	漢 譯 名
「Наш Дом—Россия」	「我們的家園—俄羅斯」
Яблоко	亞博盧集團
Конгресс Русских Обшин	俄羅斯公眾大會
Партия Россиского Eгинства Согласия	俄羅斯統一和諧黨
Демократическая Россия	民主俄羅斯
Гражданский Союз	公民聯盟
Коммунистическая Партия РФ	俄羅斯聯邦共產黨
Либеральная Демакратическая Партия Россия	俄羅斯自由民主黨
Демократический Выбор России	俄羅斯民主選擇
Аграная Партия	農業黨
「Впереg Россия」	「前進,俄羅斯」

附四　本書引用的俄羅斯主要報刊俄英漢譯名對照

俄文名稱	英譯名稱	漢譯名
《Прада》	《Pravda》	《真理報》
《Известия》	《lzvestiya》	《消息報》
《Независимая Газета》	《Nezavisimaya Gazeta》	《獨立報》
《Россиская Газета》	《Rossiskaya Gazeta》	《俄羅斯報》
《Московские Новости》	《Moskovskie Novosti》	《莫斯科新聞》
《Красная Звезда》	《Krasnaya Zrezda》	《紅星報》

ー後記ー

　　近年來，俄羅斯政治發生了巨大變化，這也爲研究俄羅斯政治的學者提出了新的課題，爲了幫助讀者系統地了解俄羅斯的政治，作者從歷史和比較的角度，對俄羅斯近現代的政治特徵及其變化作了簡要的介紹，尤其是對一九九一年俄羅斯成爲一個新的獨立國家之後政治體制的形成、演變和特點進行了概括性的分析。

　　由於作者掌握的材料和水準有限，特別是俄羅斯政治尚處在大變化的年代，因此本書難免存在錯誤和疏漏，還請各位讀者一一指正。

　　在寫作本書的過程中，我的工作得到了許多老師、同行和朋友的支持、幫助和鼓勵，在此謹向他們表示衷心的感謝，尤其要感謝台北揚智文化事業股份有限公司給予作者機會出版此書。這也是海峽兩岸研究當代俄羅斯政治的一種交流方式。願海峽兩岸同行有更多的交流和合作的機會。

葉　自　成

寫於北京大學燕北園

俄羅斯政府與政治　　比較政府與政治　2

著　　　者／葉自成

出　　　版／揚智文化事業股份有限公司

發 行 人／林智堅

副總編輯／葉忠賢

責任編輯／賴筱彌

執行編輯／陶明潔

登 記 證／局版臺業字第 4799 號

地　　　址／台北市新生南路三段 88 號 5 樓之 6

電　　　話／002-86-3660309　　002-86-3660313

傳　　　真／002-86-3660310

郵　　　撥／1453497-6

印　　　刷／偉勵彩色印刷股份有限公司

法律顧問／北辰著作權事務所　蕭雄淋律師

初版一刷／1997 年 8 月

定　　　價／新臺幣：350 元(平裝)

ISBN：957-8446-19-5

國家圖書館出版品預行編目資料

俄羅斯政府與政治／葉自成著. -- 初版，臺
　北市 ：揚智文化， 1997 [民 86] 面；
　公分. -- (比較政府與政治；2)

ISBN　957-8446-19-5 (平裝)

1.俄國 - 政治與政府

574.48　　　　　　　　　　　86005620